スッキリわかる

日商簿記 1級

TAC出版開発グループ

工業簿記・原価計算

I 費目別・個別原価計算編

はしがき

工業簿記・原価計算は内容を正確に理解することが大切です。

　１級の試験において、商業簿記・会計学はもちろん大切ですが、合格の鍵を握っているのは、工業簿記・原価計算といっても過言ではありません。というのも、工業簿記・原価計算の試験では、満点もねらえる反面、ひとつの間違いがその後の解答へと影響し、大きな失点につながることもあるからです。

　そこで、工業簿記・原価計算の対策として何よりも必要なのは、**内容を正確に理解しておくこと**です。

特徴１　「場面をイメージしやすいテキスト」にこだわりました

　そこで本書は、工業簿記・原価計算の理解を深めるため、２級でもおなじみのゴエモンというキャラクターを登場させ、工業簿記・原価計算の場面がイメージしやすいようにしてあります。みなさんもゴエモンといっしょに工業簿記・原価計算について正確な知識を学んでいきましょう。

特徴２　テキスト&問題集

　１級の試験対策として、ただテキストを読んで重要事項を暗記するだけでは通用しません。知識の正確な理解と**問題を繰り返し解くこと**が重要になってきます。

　特に、工業簿記・原価計算は多くの資料の中から必要な資料を選び出して計算します。どの資料を使うかはその内容を正確に理解する必要があります。

　そこで、テキストを読んだあとに必ず問題を解いていただけるよう、本書はテキストと問題集を一体にしました。問題集には、テキストの内容を理解するための基本問題はもちろん、本試験レベルの応用問題も入っています。

　また、実力を確認するためのチェックテスト１回分（工簿・原計）を収載しています。テキストⅠ～Ⅳを学習したあとに、チャレンジしてください。

　簿記の知識はビジネスのあらゆる場面で活かすことができます。

　本書を活用し、簿記検定に合格され、みなさんがビジネスにおいてご活躍されることを心よりお祈りいたします。

第３版から第４版への主な改訂点

　第４版は、第３版につき、下記の内容の改訂を行っています。
- ・収益認識基準の適用により影響を受ける箇所に補足
- ・最近の試験傾向に対応

簿記の学習方法と合格までのプロセス……

1. テキストを読む

まずは、**テキストを読みます**。

テキストは自宅でも電車内でも、どこでも手軽に読んでいただけるように作成していますが、机に向かって学習する際には鉛筆と紙を用意し、取引例や新しい用語がでてきたら、**実際に紙に書いてみましょう**。

また、本書はみなさんが考えながら読み進めることができるように構成していますので、ぜひ**答えを考えながら**読んでみてください。

2. テキストを読んだら問題を解く！

問題編

簿記は**問題を解く**ことによって、**知識が定着**します。本書はテキスト内に、対応する問題番号を付していますので、それにしたがって問題を解きましょう。

また、まちがえた問題には付箋などを貼っておき、あとでもう一度、解きなおすようにしてください。

3. もう一度、すべての問題を解く！＆チェックテストを解く！

問題編

上記1、2を繰り返し、テキストが全部終わったら、**テキストを見ないで**問題編の**問題をもう一度最初から全部解いてみましょう**。

こうすることで、知識を完全に身につけることができます。

そのあと、次のテキストに進みます。テキストIVまで学習したら、巻末の別冊に入っている**チェックテスト**を解きましょう。

4. そして過去問題集を解く！

過去問題集

すべてのテキストの学習が終わったら、本試験の出題形式に慣れ、時間内に効率的に合格点をとるために**過去問題集（別売）***を解くことをおすすめします。

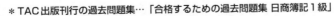

＊TAC出版刊行の過去問題集…「合格するための過去問題集 日商簿記1級」

合格

● 工業簿記・原価計算で学習する主な内容 ……… ●

テキストⅠ　費目別・個別原価計算編

工業簿記・原価計算の基礎			
費目別計算	材料費会計	労務費会計	経費会計
(単純)個別原価計算	一連の流れ	製造間接費の配賦と差異分析	
部門別個別原価計算	部門個別費と部門共通費の集計	補助部門費の製造部門への配賦	補助部門費の配賦方法と責任会計
個別原価計算の仕損			

テキストⅡ　総合・標準原価計算編

総合原価計算の基礎				
仕損・減損が生じる場合の計算	異常仕損・減損	正常仕損・減損（度外視法）	正常仕損・減損（非度外視法）	
工程別総合原価計算	累加法	非累加法		
組別・等級別総合原価計算	組別総合原価計算	等級別総合原価計算		
連産品の原価計算	連産品	副産物		
標準原価計算の基礎	標準原価計算とは	標準原価計算の計算手続	勘定記入	材料受入価格差異
標準原価計算の応用	標準工程別総合原価計算		標準個別原価計算	
標準原価計算における仕損・減損	原価標準の設定	第1法	第2法	配合差異・歩留差異
原価差異の会計処理	原価差異の会計処理	材料受入価格差異		

テキストⅢ　直接・CVP・予算実績差異分析編

直接原価計算	直接原価計算とは	損益計算書の表示と勘定連絡	
	固定費調整	直接標準原価計算とは	
CVP分析	固変分解	CVP分析	多品種のCVP分析
最適セールス・ミックス	制約条件が1種類の場合		制約条件が2種類の場合
予算編成			
事業部の業績測定	セグメント別損益計算書	資本コスト	事業部長と事業部自体の業績測定
予算実績差異分析	直接実際原価計算	直接標準原価計算	セグメント別の予算実績差異分析

テキストⅣ　意思決定・特殊論点編

差額原価収益分析	特別注文引受可否の意思決定	内製・購入の意思決定	追加加工の要否の意思決定
	セグメントの継続・廃止の意思決定	経済的発注量の計算	
設備投資の意思決定	設備投資の意思決定モデル		
	新規投資	取替投資	
新しい原価計算	品質原価計算	活動基準原価計算	

※上記収録論点は変更になる可能性があります。

日商簿記1級の出題傾向と対策（工業簿記・原価計算）

1. 配点と合格点

　日商簿記1級の試験科目は、商業簿記、会計学、工業簿記、原価計算の4科目で、各科目の配点は25点です。また、試験時間は商業簿記・会計学であわせて90分、工業簿記・原価計算であわせて90分です。

商業簿記	会 計 学	工業簿記	原価計算	合計
25点	25点	25点	25点	100点

試験時間90分　　　　試験時間90分

　合格基準は100点満点中70点以上ですが、10点未満の科目が1科目でもある場合は不合格となりますので、苦手科目をなくしておくことが重要です。

2. 出題傾向と対策（工業簿記・原価計算）

　1級工業簿記・原価計算の出題傾向と対策は次のとおりです。

出題傾向 / 対 策

工業簿記

工業簿記では、製品原価計算を前提とした勘定記入、差異分析、財務諸表の作成などが出題されます。

　2級で学習した内容が大部分を占めますが、1級では正確な理解がともなわないと、解答するのが困難な問題が出されます。テキストⅠ・Ⅱをよく読み、背景にある理論体系をしっかりと理解したうえで、問題演習を繰り返してください。

原価計算

原価計算では管理会計を中心とした計算問題が出題されます。

　1級ではじめて学習する管理会計は、学習内容がつかみづらい論点でもあります。まずはテキストⅢ・Ⅳをしっかりと読んで、学習をすすめてください。また、長文で出題され、応用力が問われる問題が多く出されます。必要な資料を的確にピックアップできるよう、正確に理解することを心がけてください。

※日商簿記1級の試験日は6月（第2日曜）と11月（第3日曜）です。試験の詳細については、検定試験ホームページ（https://www.kentei.ne.jp/）でご確認ください。

●CONTENTS

第1章

工業簿記・原価計算の基礎

これまで2級では、「工業簿記」について学習してきたんだけど、
1級では、「工業簿記と原価計算」の2科目が学習対象となるんだって。
2級でも原価計算っていう言葉は聞いたことがあるけど
何が違うのかなぁ?

ここでは、1級工業簿記・原価計算の全体像と
原価計算の基礎知識についてみていきましょう。

日商簿記1級で学習すること

工業簿記と原価計算
どういうことを
学習していくのだろう？

2級では工業簿記について学習してきましたが、1級では、工業簿記・原価計算の2科目について学習していきます。いままで学習してきた工業簿記と何が違ってくるのでしょうか？

2級工業簿記との違い

　これから学習する1級の工業簿記・原価計算では、2級と同様、材料を仕入れ、加工を加えて製品を作り、その製品を売るという**製造業**を対象にした企業会計についてみていきます。

　製造業では、材料の仕入れのみならず加工による労働の消費や製造に関する経費の発生をそれぞれ計算し、製品にかかった費用を計算する必要があります。

　この製品の製造にかかった費用を**原価**といい、原価を計算することを「**原価計算**」といいます。この原価計算の結果を記録し、報告する手続きが「**工業簿記**」であり、2級では両者が密接に関係しあうことから、**大きく「工業簿記」とひとまとめにして学習してきました。**

　1級では、この密接に関係しあう両者が別の科目として出題され、さらに詳しく学習していくことになります。

商品売買業では仕入れた商品をそのまま売るため、売り上げた商品の原価（売上原価）は、仕入れたときの価額（仕入原価）となるので原価を計算する必要はありません。

財務会計と管理会計

　財務会計とは、投資などの意思決定を助けるため、過去の取引の結果について、株主や投資家など**会社外部の者（利害関係者）に対して報告する方法**であり、その最終的な目標は、財務諸表（損益計算書や貸借対照表など）を通じて利害関係者に会社の状況を報告することにあります。

　これに対して管理会計とは、経営管理のため過去と将来の取引について、現場管理者や経営者など**会社内部の者（利害関係者）に対して報告する方法**であり、その最終的な目標は、経営管理者に対して経営管理に必要な情報を報告することにあります。

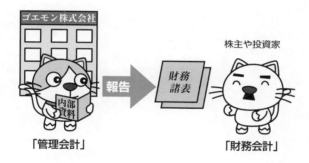

「管理会計」　　　　　　　　　「財務会計」

原価計算の必要性

　これから学習する「工業簿記」「原価計算」について共通して言えることは、「製品が1個いくらで作られているか」という**原価情報が重要**であるということです。

　財務会計においては、株主・投資家などが財務諸表を通じて会社の状況（経営成績、財政状態）を知るために原価情報は必要不可欠であり、管理会計においては、経営管理者が今期の業績を評価したり、来期の予算を編成したり、さまざまな意思決定をする際に原価情報が必要不可欠となります。

　そこで、これら企業内外の関係者に対して必要不可欠な原価情報を提供するためのツール（道具）が「原価計算」であり、これからの学習の中心課題となります。

> 管理会計においては原価に関する情報だけではなく利益に関する情報も必要となってきます。詳しくはテキストⅢで見ていきます。

```
        財務会計                    管理会計
   財務諸表を作成し、    原価    経営管理に役立てるための
   株主・投資家に報告する  計算    原価資料を作成し、
                              経営管理者に報告する


     工業簿記で              原価計算で
      出題                   出題
```

原価計算の目的

ゴエモン(株) 埼玉工場

原価計算の目的とは？

原価情報の重要性はわかりましたが、そもそも経営管理のためってどういうことなんだろう？
そこで原価計算の目的についてもう少し調べてみることにしました。

● 原価計算の目的

企業内外の利害関係者の必要に応じて原価情報が提供されます。この観点から原価計算の目的を分類していきましょう。

● 「財務会計」目的

⇨企業外部の株主、投資家などの利害関係者が必要とする原価情報

原価計算は、株主・投資家など、企業外部の利害関係者が利用する財務諸表（損益計算書や貸借対照表など）を作成するために必要な原価データを提供します。

> 商業簿記のB/S、P/Lとは ▮▮ 部分の科目が違うので見比べてみよう。

損　益　計　算　書		
××社　　　自×年×月×日		
至×年×月×日　（単位：円）		
Ⅰ　売　上　高		×××
Ⅱ　売　上　原　価		
1．期首製品棚卸高	××	
2．当期製品製造原価	×××	
合　　　計	×××	
3．期末製品棚卸高	××	×××
売　上　総　利　益		×××
Ⅲ　販売費及び一般管理費		××
営　業　利　益		×××

原価計算の提供する原価情報

貸　借　対　照　表		
××社　　　　×年×月×日　　（単位：円）		
資　産　の　部		
Ⅰ　流　動　資　産		
現　金　預　金		×××
売　　掛　　金	×××	
貸　倒　引　当　金	××	×××
製　　　　　品		××
材　　　　　料		××
仕　　掛　　品		××
流動資産合計		×××
Ⅱ　固　定　資　産		
1．有形固定資産		××

● 「経営管理」目的

⇨経営管理者などの企業内部の利害関係者が必要とする原価情報

原価計算は経営管理者などの企業内部の利害関係者が経営管理のために必要とする情報を提供しますが、この情報はいつも必要とされるものかどうかで、(1)経常的目的と(2)臨時的目的に区別されます。

(1) 経常的目的：業績評価目的

原価計算は、経営管理者に対して業績の評価に必要な情報を提供します。

業績評価を適切に行うためには、事前の計画とその計画が実施されているかどうかについてきちんと監視していく必要があります。

① 経営計画

経営管理者は5～10年の長期的な経営計画にもとづき、来年1年間の目標利益を獲得するために必要な業務活動計画を立てていきます。

原価計算は、経営管理者に対して、業務活動に必要な原価（および利益）に関する情報を提供していきます。そしてこの情報を総合的にとりまとめた予算が編成されることになります。

> この予算編成についてはテキストⅢで具体的に学習していきます。

② 経営統制

企業は、①の計画にもとづき日々活動していきます。経営管理者は日々の業務活動が事前の計画に沿うように、絶えず監視し、必要な指導や規制を行う必要があります。

原価計算は、予算・実績の比較や原価差異の分析の結果を通じて原価（および利益）の管理に役立つ情報を提供していきます。

> この予算・実績の差異分析についてはテキストⅢで具体的に学習していきます。

(2) 臨時的目的：問題解決のための経営意思決定目的

　経営管理者は、企業の現状を調査・分析し、経営上の問題点を発見します。そしてこの問題点を解決するために、多くの改善案のなかから、最善策を選択する意思決定をしなければなりません。

　原価計算は、このような経営意思決定に必要な原価（および利益）に関する情報を提供します。

　なお、経営意思決定は必要に応じて随時行われますが、長期的な経営計画に関連して決定される「構造的意思決定」と短期の経営計画に関連して決定される「業務的意思決定」の2つに分類されます。

> この経営意思決定については、テキストⅣで詳しくみていきます。

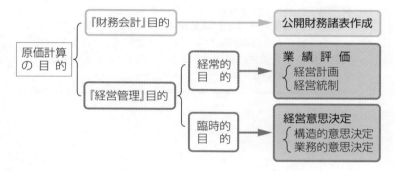

『原価計算基準』の特徴

　　原価計算基準とは、昭和37年に発表された原価計算の**実践規範**のことです。本試験では、原価計算基準にもとづく穴埋め等の理論問題が出題されることがあります。多くは計算処理を理解していれば解ける問題ですが、いくつかは原価計算基準の基本的な考え方が問われることがあります。

　　原価計算基準の前文において原価計算は、真実の原価を確定して**財務諸表の作成**に役立つとともに、**原価を分析**して、これを経営者等に提供し、もって**業務計画**および**原価管理**に役立つことが必要とされています。そして、原価計算基準は、いずれの計算目的にもともに役立つように形成され、一定の計算秩序として常時継続的に行われるべきものとされています。

　　ただし、原価計算基準が規定する処理は絶対的なものではなく、あくまでも「**基本的なわく**」を定めたもので、各企業の活動実態や取り巻く条件に適合するよう、「**弾力性**」をもつものであることを示しています。

財務諸表の作成に使用されうる原価を「真実の原価」と呼びます。
実際原価と標準原価が真実の原価に該当します。

原価計算の種類

原価計算には
どんな種類が
あるのかなぁ？

原価計算にはさまざまな目的があることがわかりました。
目的に応じて計算方法も違ってくるのかなぁ？
そこで原価計算の種類について調べてみることにしました。

原価計算制度と特殊原価調査

原価計算は複式簿記と結合して常時継続的に計算と記録が行われるか否かによって、(1)原価計算制度と(2)特殊原価調査に分類できます。

(1) 原価計算制度

原価計算制度とは、財務諸表作成や経営計画などの経常的な目的を達成するために、複式簿記と結合して常時継続的に行われる原価計算をいいます。

> 原価計算制度が工業簿記の学習内容となります。

(2) 特殊原価調査

特殊原価調査とは、経営意思決定を行うために、原価計算制度では使用されない原価概念（差額原価、機会原価など）を使用して、必要に応じて随時行われる原価計算をいいます。

> 特殊原価調査が原価計算の学習内容となります。

実際原価計算制度と標準原価計算制度

原価計算制度はさらに(1)実際原価計算制度と(2)標準原価計算制度に分けることができます。

(1) 実際原価計算制度

実際原価計算制度とは、製品1個あたりの製造原価を**実際にかかった原価**で計算し、これを帳簿に記録することによって、製品原価の計算と財務会計が**実際原価**をもって結びつく原価計算をいいます。

(2) 標準原価計算制度

標準原価計算制度とは、製品1個あたりの製造原価を**あらかじめ定めた目標とする原価（標準原価）**で計算し、これを帳簿に記録することによって、製品原価の計算と財務会計が**標準原価**をもって結びつく原価計算をいいます。

● 個別原価計算と総合原価計算

原価計算は製品の生産形態の違いによって、(1)個別原価計算と(2)総合原価計算に分けることができます。

(1) 個別原価計算

個別原価計算とは、顧客の注文に応じて、特定の製品を個別に生産する場合に適用される原価計算の方法をいいます。

(2) 総合原価計算

総合原価計算とは、同じ規格の製品を連続して大量に生産する場合に適用される原価計算の方法をいいます。

以上をまとめると次のようになります。

抽象的でわかりにくいかもしれませんが、これから実際に問題を通じて学習していきますので、折にふれて見返してみてください。全体像を見直すことで頭の整理に役立ちますよ。

原価計算 ┤

原価計算制度「工業簿記」で出題 ┤ 実際原価計算制度 ╳ 個別原価計算 / 標準原価計算制度 ╳ 総合原価計算

特殊原価調査「原価計算」で出題

CASE 4 原価について

原価とは？

ゴエモン㈱
埼玉工場

ネコでもわかる
工業簿記

原価とは？

そもそも原価に含まれるものって何だったっけ？　たしか、製造原価…販売費…。
そこで、原価とは何か？　についてしっかりと調べてみることにしました。

例　以下の項目について、「製造原価」「販売費」「一般管理費」「非原価項目」に分類しなさい。

(1)　工員募集費　　(2)　本社企画部費　　(3)　広告費

(4)　工場固定資産税　　(5)　法人税　　(6)　本社の役員賞与

(7)　長期休止設備の減価償却費　　(8)　工場の電力・ガス・水道代

(9)　固定資産売却損　　(10)　掛売集金費

● 原価と非原価

　原価計算制度において原価とは、次の要件を満たすものでなくてはなりません。

原価計算
制度上の原価
{

①原価は経済価値（物品やサービスなど）の消費である。

②原価は給付に転嫁される価値である。
　★給付とは、経営活動により作り出される財貨または用役をいい、最終給付である製品のみでなく、中間給付をも意味します。
　　{ 最終給付…製品など
　　　中間給付…中間製品、半製品、仕掛品、補助部門の提供するサービスなど

③原価は経営目的（生産販売）に関連したものである。

④原価は正常なものである。

したがって、この4要件を満たすものについて、これから詳しく学習していくことになります。

　一方、この要件を満たさないものを非原価項目といい、原価計算の対象外となります。この非原価項目の具体的なものは以下のようになります。

(1)　**経営目的に関連しないもの（営業外費用）**
　　①　次の資産に関する減価償却費、管理費、租税等の費用
　　　a　投資資産たる不動産、有価証券
　　　b　未稼動の固定資産
　　　c　長期にわたり休止している設備
　　②　支払利息、割引料などの財務費用
　　③　有価証券評価損および売却損

(2)　**異常な状態を原因とするもの（特別損失）**
　　①　異常な仕損・減損・棚卸減耗・貸倒損失など
　　②　火災・風水害などの偶発的事故による損失
　　③　予期しえない陳腐化等によって固定資産に著しい減価が生じた場合の臨時償却費など
　　④　固定資産売却損および除却損

(3)　**税法上特に認められている損金算入項目**
　　　（課税所得算定上、いわゆる経費として認められるもの）
　　①　特別償却（租税特別措置法による償却額のうち通常の償却範囲額を超える額）など

(4)　**その他利益剰余金に課する項目**
　　①　法人税、所得税、住民税など
　　②　配当金など

> 異常な状態とは、いつもより多く仕損が発生するなど、通常の製造活動では起こりえない状態をいいます。このような原因によって生じた費用は非原価項目となります。

⇔ **問題編** ⇔
問題1

〈1級の出題ポイント〉
非原価項目

　1級の試験では、原価の4要件を暗記する必要はありません
が、問題文の資料に非原価項目が与えられることがあるため、
非原価項目には何があるのか、覚えておく必要があります。

　特に原価の4要件の③④を満たさない非原価項目の(1)経営目
的に関連しないもの(2)異常な状態を原因とするものは、出題
頻度が高いので、しっかりと覚えておこう。

この2つは商業簿
記で学習した営業
外費用、特別損失
の区分に属する費
用となるので、商
業簿記とリンクさ
せて覚えよう。

製造原価と総原価

　原価計算制度においては、いかなる活動のために発生したか
によって原価を次のように分類します。

このような分類を
職能別分類といい
ます。

(1) 製造原価

　製造活動のために発生した原価

(2) 販売費

　販売活動のために発生した原価

(3) 一般管理費

　一般管理活動のために発生した原価

　これらを総称して**総原価**といいます。また、販売費と一般管
理費をあわせて営業費といいます。

このうち原価計算
では、製品原価の
計算が中心となり
ますので、製造原
価の取扱いが重要
となってきます。

〈1級の出題ポイント〉
総原価の分類

　1級の試験では、総原価の細かい分類が問われることがあります。その際に、その原価がどの場所で発生する原価なのかを考えると、分類しやすくなります。

　製 造 原 価⇒工場で発生する原価
　販　売　費⇒広告代や販売員の給料など、営業所で発生する原価
　一般管理費⇒本社建物の減価償却費など、本社で発生する原価

以上より CASE 4 の分類は以下のようになります。

CASE 4 の分類

(1)　工員募集費→製造原価
(2)　本社企画部費→一般管理費
(3)　広告費→販売費
(4)　工場固定資産税→製造原価
(5)　法人税→非原価項目
(6)　本社の役員賞与→一般管理費
(7)　長期休止設備の減価償却費→非原価項目
(8)　工場の電力・ガス・水道代→製造原価
(9)　固定資産売却損→非原価項目
(10)　掛売集金費→販売費

原価の具体的な分類

製造原価について調べてみよう。

原価の中でも製造原価の取扱いが重要であることがわかりました。そこでさらにその製造原価について調べてみることにしました。

原価の具体的な分類

CASE 4でみた原価は、さらに(1)**形態別**、(2)**製品との関連**、(3)**操業度との関連**、(4)**管理可能性**により分類することができます。

(1) 形態別分類

製品を製造するために、何を消費して発生した原価なのかという基準で、材料費・労務費・経費に分類する方法を形態別分類といいます。

> 要するにモノにかかった金額が材料費、ヒトにかかった金額が労務費、それ以外が経費です。

形態別分類

- 材料費…物品を消費することによって発生する原価
- 労務費…労働力を消費することによって発生する原価
- 経　費…物品・労働力以外の原価要素を消費することによって発生する原価

材料費　　　　労務費　　　　経　費

I am a cat.

(2) 製品との関連における分類

製品を製造するために、ある製品にどれくらい原価が消費されたかを個別に計算できるかどうか、という基準で製造直接費と製造間接費に分類する方法を製品の関連における分類といいます。

製品との関連における分類

●製造直接費…一定単位の製品の製造に関して直接的に認識
　　　　　　　される原価
●製造間接費…一定単位の製品の製造に関して直接的に認識
　　　　　　　されない原価

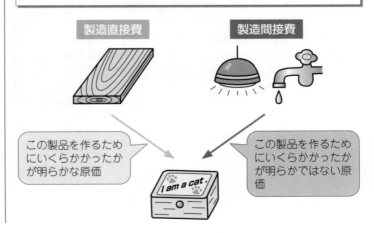

製造直接費　　　　　　　　　製造間接費

この製品を作るためにいくらかかったかが明らかな原価

この製品を作るためにいくらかかったかが明らかではない原価

I am a cat.

以上をまとめると次のようになります。

製造原価の分類

		形態別分類		
		材料費	労務費	経　費
製品との関連における分類	製　造直接費	直接材料費	直接労務費	直 接 経 費
	製　造間接費	間接材料費	間接労務費	間 接 経 費

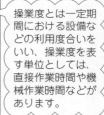

2級でも学習しましたが、この表は原価計算を学習するうえで、とても重要なものなので、しっかりと覚えておこう。

(3) 操業度との関連における分類

原価は、**操業度の変化に比例して発生しているか**どうかという視点から**変動費、固定費**に分類することができ、この分類を操業度との関連における分類といいます。

製品を作る人に支払う賃金は、操業度である直接作業時間に比例して変動的に発生するので**変動費**といい、製品を作る場所である工場の建物の減価償却費は、操業度とは関係なく固定的に発生するので**固定費**といいます。

操業度とは一定期間における設備などの利用度合いをいい、操業度を表す単位としては、直接作業時間や機械作業時間などがあります。

(4) 管理可能性にもとづく分類

原価は、**一定の階層の管理者**（事業部長など）**にとって管理可能かどうか**という視点から**管理可能費**と**管理不能費**に分類することができ、この分類を管理可能性にもとづく分類といいます。

この分類はテキストⅢで学習する業績評価を行ううえで重要なものであり、詳しくはテキストⅢで学習します。

第2章

原価記録と財務諸表

製造業を営む会社で作成する財務諸表ってどういうものだったっけ?
経営成績や財務状態のほかに製造活動の状況についても
報告するんだったよね。
製造過程での勘定連絡と絡めてきちんとおさえておかなくちゃ。

ここでは、2級で学習した勘定連絡図と財務諸表について
みていきましょう。

学習済
2級で
学習しました

原価計算の基本的手続

ゴエモン(株)
埼玉工場

この製品の原価は
どうやって計算す
るんだろう?

財務諸表を作成するための元データとなる原価はどのような流れで記録するのでしょうか。まずは原価計算の基本的手続について復習しておきましょう。これには3段階あったことを覚えていますか?

例 次の取引について仕訳しなさい。

① 材料5,000円を掛けで購入した。

② 材料を次のとおり消費した。
   直接材料費3,500円　間接材料費1,500円

③ 当月の賃金（労務費）5,500円を小切手で支払った。

④ 賃金（労務費）を次のとおり消費した。
   直接労務費4,000円　間接労務費1,500円

⑤ 当月の経費3,600円を小切手で支払った。

⑥ 経費を次のとおり消費した。
   直接経費600円　間接経費3,000円

⑦ 製造間接費をすべて仕掛品勘定に振り替えた。

⑧ 当月の製品完成高は14,100円であった。

⑨ 上記製品を20,000円で掛売りした。
   なお、売上製品の製造原価は14,000円であった。

原価計算の手続き

原価計算は次の3段階の手続きを経て行われます。

Step 1 費目別計算……材料費、労務費、経費の計算

↓

Step 2 部門別計算……製造間接費の配賦

↓

Step 3 製品別計算……製品原価の計算

費目別計算(材料費、労務費、経費の計算) Step 1

　製品を製造するために、材料費、労務費、その他の費用が発生したときは、それらを材料、賃金、経費の各勘定の借方へ記録します。そして消費したときは、それらのうち製造直接費は仕掛品勘定へ、製造間接費は製造間接費勘定へ振り替えます。

　したがってCASE 6の①～⑥までの仕訳は次のようになります。

CASE 6 ①～⑥の仕訳

①

| （材　　　　料） | 5,000 | （買　掛　金） | 5,000 |

②

| （仕　掛　品） | 3,500 | （材　　　　料） | 5,000 |
| （製造間接費） | 1,500 | | |

③

| （賃　　　　金） | 5,500 | （当座預金） | 5,500 |

④

| （仕 掛 品） | 4,000 | （賃 金） | 5,500 |
| （製 造 間 接 費） | 1,500 | | |

⑤

| （経 費） | 3,600 | （当 座 預 金） | 3,600 |

⑥

| （仕 掛 品） | 600 | （経 費） | 3,600 |
| （製 造 間 接 費） | 3,000 | | |

● 部門別計算（製造間接費の配賦） Step2

いったん**製造間接費勘定**に集計された製造間接費は、直接作業時間など適切な基準により**各製品（仕掛品勘定）**に配賦します。このとき、より正確な原価計算を行うために、部門別に製造間接費を集計し、配賦することがあります。

以上より、CASE 6の⑦の仕訳は次のようになります。

> 詳しくは第7・8章でみていきます。

CASE 6 ⑦の仕訳

| （仕 掛 品） | 6,000 | （製 造 間 接 費） | 6,000 |

● 製品別計算（製品原価の計算） Step3

仕掛品勘定の借方で集計したすべての原価のうち完成した製品の原価部分を**仕掛品勘定**から**製品勘定**に振り替えます。

その後、製品を販売した時は、売上を計上するとともに、その原価部分を製品勘定から売上原価勘定に振り替えます。

以上より、CASE 6の⑧⑨の仕訳は次のようになります。

> 具体的な製品原価計算方法としてテキストⅠの個別原価計算とテキストⅡの総合原価計算があります。

CASE 6 ⑧⑨の仕訳

| （製 品） | 14,100 | （仕 掛 品） | 14,100 |

| （売　掛　金） | 20,000 | （売　　　　上） | 20,000 |
| （売　上　原　価） | 14,000 | （製　　　　品） | 14,000 |

以上の手続きを勘定連絡図で示すと次のようになります。

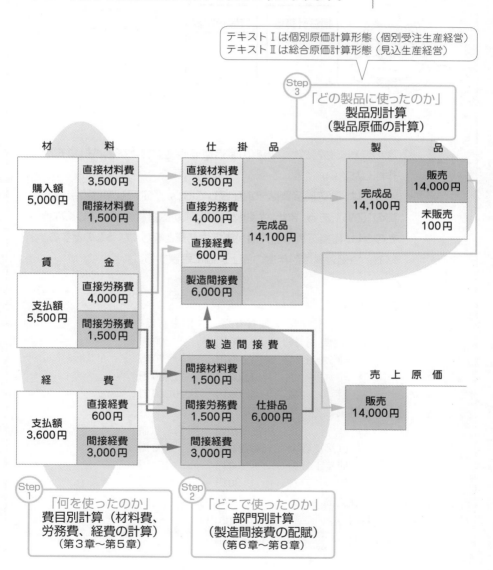

テキストⅠは個別原価計算形態（個別受注生産経営）
テキストⅡは総合原価計算形態（見込生産経営）

Step 3 「どの製品に使ったのか」
製品別計算
（製品原価の計算）

材　料
購入額 5,000円
直接材料費 3,500円
間接材料費 1,500円

賃　金
支払額 5,500円
直接労務費 4,000円
間接労務費 1,500円

経　費
支払額 3,600円
直接経費 600円
間接経費 3,000円

仕　掛　品
直接材料費 3,500円
直接労務費 4,000円
直接経費 600円
製造間接費 6,000円
完成品 14,100円

製造間接費
間接材料費 1,500円
間接労務費 1,500円
間接経費 3,000円
仕掛品 6,000円

製　品
完成品 14,100円
販売 14,000円
未販売 100円

売　上　原　価
販売 14,000円

Step 1 「何を使ったのか」
費目別計算（材料費、労務費、経費の計算）
（第3章～第5章）

Step 2 「どこで使ったのか」
部門別計算
（製造間接費の配賦）
（第6章～第8章）

工業簿記の財務諸表

ほかにも何か
あるのかニャ？

損益計算書	貸借対照表

会計年度末には企業外部の利害関係者が利用する公開財務諸表を作成しなければなりません。工業簿記では何を作成するのか覚えていますか？

> **例** 次の資料にもとづき、当期の製造原価明細書および損益計算書を作成しなさい。
>
> 当社では、製造間接費は予定配賦しており、予定配賦率は直接労務費の150％である。また、主要材料消費額が直接材料費と等しくなるものとし、直接工賃金消費額が直接労務費と等しくなるものとする。なお、原価差異は当年度の売上原価に賦課する。

［資　料］
1．棚卸資産有高

	期首有高	期末有高
主 要 材 料	400円	300円
補 助 材 料	40円	70円
仕 掛 品	1,600円	1,400円
製 品	4,500円	6,300円

2．賃金・給料未払額

	期首未払額	期末未払額
直 接 工 賃 金	300円	200円
間 接 工 賃 金	160円	150円
給 料	30円	20円

3．材料当期仕入高

主要材料 ……………………6,300円
補助材料 ……………………360円

4．賃金、給料当期支給額

　　直接工賃金 ………………………3,900円

　　間接工賃金 ………………………1,860円

　　給料 ………………………………320円

5．当期経費

　　水道光熱費 ………………………380円

　　租税公課 …………………………440円

　　賃借料 ……………………………600円

　　減価償却費 ………………………1,740円

　　雑費 ………………………………150円

6．その他

　　売上高 ……………………………24,500円

　　販売費及び一般管理費 ……2,900円

● 財務諸表

　会社は会計年度末において外部報告のために損益計算書や貸借対照表を作成しますが、製造業を営む会社ではこのほかに**製造原価明細書**も作成します。

> これらの財務諸表の記載内容は勘定記録にもとづいて作成されることから、製造原価明細書は仕掛品勘定と、損益計算書の売上原価の内訳は製品勘定の記録とそれぞれ対応しています。

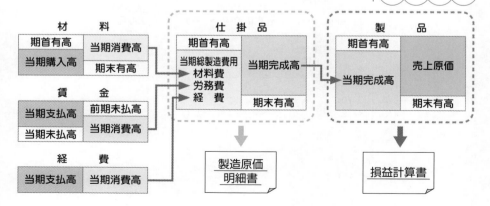

● 原価差異がある場合の製造原価明細書の記入

製造間接費が予定配賦されている場合、仕掛品勘定には予定配賦額が振り替えられるため、仕掛品勘定との対応関係から製造原価明細書には予定配賦額が計上されます。

その際、製造間接費の内訳を表示する場合には、**いったん実際額で表示しておき、これに製造間接費配賦差異を加算（または減算）することで予定配賦額に修正します。**

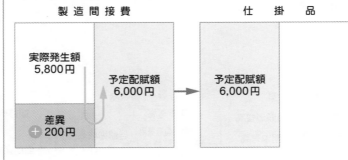

予定＜実際
↓
予定より原価が多くかかってしまった
↓
借方（不利）差異

(1) **借方差異（予定＜実際）の場合…実際発生額から減算**

予定＞実際
↓
予定より原価が少なく済んだ
↓
貸方（有利）差異

(2) **貸方差異（予定＞実際）の場合…実際発生額に加算**

原価差異がある場合の損益計算書の記入

　製造間接費配賦差異などの原価差異は損益計算書上、原則として売上原価に賦課します。

売上原価に賦課しない例外の処理はテキストⅡで学習します。

(1)　借方差異（予定＜実際）の場合…売上原価に加算

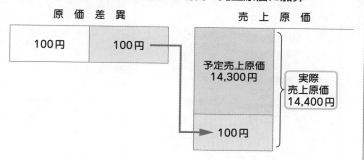

(2)　貸方差異（予定＞実際）の場合…売上原価から減算

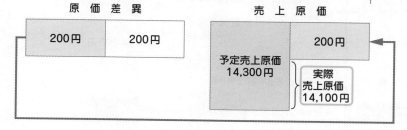

● 製造原価明細書と損益計算書の作成

　まずは、CASE 7について勘定連絡図を示すと次のようになります。

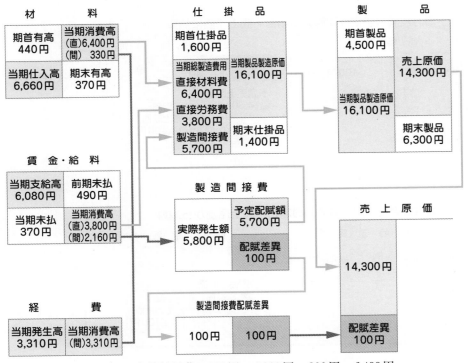

直接材料費：400円 + 6,300円 − 300円 = 6,400円
間接材料費：40円 + 360円 − 70円 = 330円
直接労務費：3,900円 − 300円 + 200円 = 3,800円
間接労務費
　　間接工賃金：1,860円 − 160円 + 150円 = 1,850円
　　給　　　料：320円 − 30円 + 20円 = 310円
製造間接費予定配賦額：3,800円 × 150% = 5,700円
製造間接費配賦差異：5,700円（予定）− 5,800円（実際）
　　　　　　　　　　　　　　　　 = △100円（借方）

この勘定連絡図をもとに製造原価明細書と損益計算書を作成すると次のようになります。

製造原価明細書		(単位：円)
自×年×月×日 至×年×月×日		
Ⅰ　直接材料費		
1．期首材料棚卸高	400	
2．当期材料仕入高	6,300	
合　　計	6,700	
3．期末材料棚卸高	300	6,400
Ⅱ　直接労務費		3,800
Ⅲ　製造間接費		
1．補助材料費	330	
2．間接工賃金	1,850	
3．給　　　料	310	
4．水道光熱費	380	
5．租税公課	440	
6．賃借料	600	
7．減価償却費	1,740	
8．雑　　　費	150	
合　　計	5,800	
製造間接費配賦差異	100	5,700
当期総製造費用		15,900
期首仕掛品棚卸高		1,600
合　　計		17,500
期末仕掛品棚卸高		1,400
当期製品製造原価		16,100

また、形態別分類による製造原価明細書を作成すると次のようになります。

製造原価明細書		(単位：円)

自×年×月×日 至×年×月×日

Ⅰ　材　料　費		
1．期首材料棚卸高	440	
2．当期材料仕入高	6,660	
合　　計	7,100	
3．期末材料棚卸高	370	6,730
Ⅱ　労　務　費		
1．直 接 工 賃 金	3,800	
2．間 接 工 賃 金	1,850	
3．給　　　　料	310	5,960
Ⅲ　経　　　費		
1．水 道 光 熱 費	380	
2．租 税 公 課	440	
3．賃　借　料	600	
4．減 価 償 却 費	1,740	
5．雑　　　費	150	3,310
合　　計		16,000
製造間接費配賦差異		100
当 期 総 製 造 費 用		15,900
期首仕掛品棚卸高		1,600
合　　計		17,500
期末仕掛品棚卸高		1,400
当 期 製 品 製 造 原 価		16,100

損　益　計　算　書　（単位：円）
自×年×月×日 至×年×月×日

Ⅰ	売　　上　　高		24,500
Ⅱ	売　上　原　価		
	1．期首製品棚卸高	4,500	
	2．当期製品製造原価	16,100	
	合　　　計	20,600	
	3．期末製品棚卸高	6,300	
	差　　　引	14,300	
	4．原　価　差　異	100	14,400
	売　上　総　利　益		10,100
Ⅲ	販売費及び一般管理費		2,900
	営　業　利　益		7,200

⇔ 問題編 ⇔
問題2、3

本社工場会計

本社工場会計とは、一般に、工場の会計を本社から切り離し、本社と工場を独立の会計単位として処理することをいいます。工場の会計を本社から独立させることにより、工場独自の業績評価ができ、工場の管理責任者にとって、必要な意思決定に役立てることが可能となります。

> 本社工場合併財務諸表は、帳簿外の合併精算表上で作成することになります。

> 商業簿記における本支店会計の考え方と似ています。

会社組織

外部取引　ゴエモン株式会社　本社　内部取引　ゴエモン(株)工場　外部取引

【営業活動】　　　【製造活動】

本社の取引を記録　　工場の取引を記録

本社の業績評価　　工場の業績評価

会社全体の業績を評価

(1) 本社勘定と工場勘定

本社工場会計においては、本社工場間で生じる取引は会社内部の貸借関係、つまり債権・債務の関係とみなされ、本社では**工場（元帳）勘定**を、工場では**本社（元帳）勘定**を設けて処理します。

本社における工場勘定と工場における本社勘定は、それぞれ独立した会計単位を構成する本社と工場の帳簿を結びつける役割を果たしています。この両勘定は、本社工場間の貸借関係を処理するためのものであり、その残高は必ず一致することから**照合勘定**とよばれます。

(2) 簿記一巡の手続き

本社工場会計では、本社と工場がそれぞれ独立の会計単位となるので、それぞれの帳簿において期中取引や決算事項の記入が行われます。その後、会社全体の財政状態および経営成績を明らかにするために、本社と工場の独立した帳簿をもとに、本社において**本社工場合併財務諸表**を作成します。

> 会社全体から見ると、会社内部で材料や製品が移動しただけにすぎないので、利益は実現していないと考えます。

(3) 本社工場合併財務諸表の作成手順

本社工場合併財務諸表は次の流れで作成します。

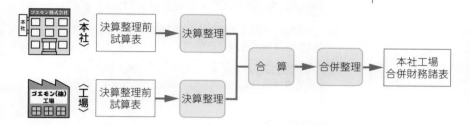

なお、**合併整理事項**とは、本社工場合併財務諸表を作成するうえで、一つの会社としては不要となる項目を消去する事項のことをいいます。

合併整理事項

1. 照合勘定の相殺消去
   ① 本社勘定と工場勘定の相殺消去
   ② 内部取引の相殺消去
2. 内部利益の調整

---

(4) 内部利益の調整

「本社で仕入れた材料に利益を加算して工場へ送付し、工場がこの材料に加工を加えて製品を製造し、製造した製品に利益を加算して本社へ送付している」場合において、受入側がその材料や仕掛品、製品を決算日時点で保有しているときは、送付側で計上されている利益は**未実現利益**となります。

このように、本社と工場という独立した会計単位の内部取引から生じた未実現利益のことを**内部利益**といい、**会社全体の純損益を算定する際には、この内部利益の金額を調整する必要があります。**

内部利益の調整と総合損益勘定への振替えの仕訳は、以下のとおりです。

本社で仕入れた材料に内部利益を加算して工場へ送付した場合には、工場で保有する材料や仕掛品、製品に内部利益が含まれています。また、本社が保有する製品には、このほかに、工場が製品に加算した内部利益が含まれることになります。

① 棚卸資産に含まれる内部利益の調整

（繰延内部利益）×××　　（繰延内部利益戻入）×××　…期首
（繰延内部利益控除）×××　　（繰延内部利益）×××　…期末

② 内部利益の戻入・控除と総合損益勘定への振替え（本社で総合損益勘定を設ける場合）

（繰延内部利益戻入）×××　　（総　合　損　益）×××
（総　合　損　益）×××　　（繰延内部利益控除）×××

(5) 外部報告用財務諸表の作成

　会社の財政状態や経営成績を外部へ報告する際には、内部取引や内部利益に関する項目はすべて消去して、外部取引のみを表示する必要があります。しかし、本社工場合併財務諸表上では、内部取引は相殺消去しているものの、内部利益については「繰延内部利益」、「繰延内部利益戻入」および「繰延内部利益控除」を計上することで間接的に控除したのみとなります。そのため、**外部報告用財務諸表においては内部利益を直接控除**しなければなりません。

　したがって、外部報告用の製造原価報告書・損益計算書では「繰延内部利益戻入」および「繰延内部利益控除」は計上されず、また、外部報告用の貸借対照表では「繰延内部利益」は計上されません。

① 製造原価報告書

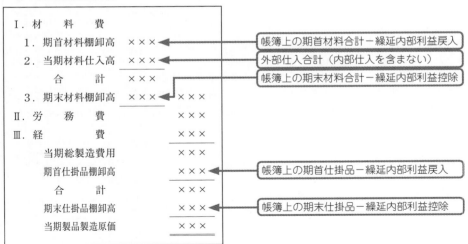

I. 材　料　費
　1. 期首材料棚卸高　×××　◀ 帳簿上の期首材料合計−繰延内部利益戻入
　2. 当期材料仕入高　×××　◀ 外部仕入合計（内部仕入を含まない）
　　　合　　計　　×××
　　　　　　　　　　　　　　帳簿上の期末材料合計−繰延内部利益控除
　3. 期末材料棚卸高　×××◀×××
II. 労　務　費　　　　　×××
III. 経　　費　　　　　×××
　　当期総製造費用　　×××
　　期首仕掛品棚卸高　　×××　◀ 帳簿上の期首仕掛品−繰延内部利益戻入
　　　合　　計　　　×××
　　期末仕掛品棚卸高　　×××　◀ 帳簿上の期末仕掛品−繰延内部利益控除
　　当期製品製造原価　×××

② 損益計算書（売上総利益まで）

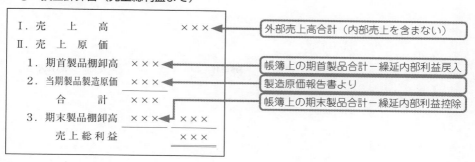

③ 貸借対照表

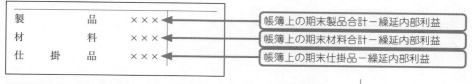

第3章

材料費会計

・・・・・・

材料を仕入れた時や使った時の処理は2級でも
学習したけど、購入額がわかるのが遅くて
処理に手間どるんだよね。何かよい方法はないかなあ。

ここでは、主たる材料と補助的な材料に分類しつつ、
その計算と処理についてみていきましょう。
この章はほとんどが2級の復習です。

この章で学習する項目

1. 材料費の分類
   : 形態的分類と製品との関連における分類
2. 材料購入時の処理
   : 購入原価の決定
   : **材料副費の処理**
   : **予定購入価格による場合** 1級 新 論点
3. 材料消費時の処理
   : 原価配分方法
   : 予定価格法
4. 材料棚卸減耗の処理

材料費の分類

この材料を使って製品を作っているニャ。

材料費はきわめて重要な要素で正確に分類・計算しなければなりません。ゴエモン㈱で作っている木製の小物入れ（オルゴール付き）は、木材、オルゴール、接着剤などを材料として使っています。これらはどのように分類されるのでしょうか？

● 材料費の分類

　材料費は、製品との関連により、直接材料費と間接材料費に分類されます。

　具体的には、それぞれ次のようになります。

材料費の分類		
製品との関連における分類	形態別分類	具　体　例
直接材料費	主要材料費	家具の製造業の木材、自動車製造業の鋼板
	買入部品費	小物入れに取り付けるオルゴール、自動車に取り付けるタイヤ、ガラス
間接材料費	補助材料費	接着剤、ペンキ、修理用木材
	工場消耗品費	石けん、軍手、機械油
	消耗工具器具備品費	ものさし、ドライバー、はかり、机、椅子

主要材料費　　買入部品費

間接材料費

補助材料費　　工場消耗品費　　消耗工具器具備品費

〈1級の出題ポイント〉
材料費の分類

　1級の試験では細かい分類が問われることがありますので、しっかりと覚えておきましょう。

特に、工場消耗品費（製品を製造するための消耗品の消費額）、消耗工具器具備品費（耐用年数が1年未満または取得原価が低いために固定資産とならない工具・器具・備品の消費額）は分類上間違えやすいので、試験でもよく出題されます。

材料を購入したときの処理

ゴエモン㈱は、小物入れ（製品）の材料である木材を購入しました。このときの処理についてみてみましょう。

取引 A製品の主要材料A30kg（@100円）とB製品の主要材料B20kg（@75円）を掛けで購入した。なお、購入にあたり支払運賃900円、保管費500円が生じたが、支払運賃は購入代価を基準に、保管費は購入数量を基準にA材料とB材料に配賦する（購入原価は購入代価にすべての副費を加えて計算している）。

用語 **購入代価**…購入代価とは、材料そのものの価額をいい、値引、割戻しがあれば、仕入先からの代金請求額である送状記載価額から差し引いて計算します。

> 仕入割引は収益として処理するので差し引きません。

> 購入代価＝送状記載価額－（値引額＋割戻額）

引取費用…引取費用とは、買入手数料、引取運賃など材料を購入してから材料倉庫に入庫されるまでにかかった付随費用をいい、**外部材料副費**ともいいます。

引取費用以外の材料副費…引取費用以外の材料副費とは、検収費、保管費など材料倉庫に入庫してから出庫するまでにかかった付随費用をいい、**内部材料副費**ともいいます。

● 材料を購入したときの処理

　材料を購入したときは、その**購入原価**を計算して材料勘定の借方に記録します。材料の**購入原価**とは原則として**購入代価**に**付随費用（材料副費）**を加算した金額をいい、次の式で示すことができます。

> 購入原価＝購入代価＋引取費用
> または
> 購入原価＝購入代価＋引取費用＋引取費用以外の材料副費

購入代価に加算する材料副費は予定配賦率により計算することができます（CASE10）。

　なお、材料副費が2種類以上の材料の購入に際して共通に発生するときは、材料の購入代価や数量などを基準にして**材料副費をそれぞれの材料に振り分けます（配賦します）**。

　したがって、CASE9の購入原価は次のように計算します。

CASE9の材料副費の配賦率

支払運賃：$\dfrac{900\text{円}}{@100\text{円}\times30\text{kg}+@75\text{円}\times20\text{kg}}=@0.2\text{円}$

保管費：$\dfrac{500\text{円}}{30\text{kg}+20\text{kg}}=@10\text{円}$

CASE9の材料副費の配賦額

A　材　料：支払運賃；@0.2円 × @100円 × 30kg = 600円
　　　　　　　　　　　　配賦率　　　　購入代価

　　　　　　保　管　費；@10円 × 30kg = 300円
　　　　　　　　　　　配賦率　　購入量

B　材　料：支払運賃；@0.2円 × @75円 × 20kg = 300円
　　　　　　　　　　　　配賦率　　　　購入代価

　　　　　　保　管　費；@10円 × 20kg = 200円
　　　　　　　　　　　配賦率　　購入量

CASE 9の購入原価

A材料：@<u>100円 × 30kg</u> + <u>600円</u> + <u>300円</u> = 3,900円
　　　　　　購入代価　　　　支払運賃　保管費

B材料：@<u>75円 × 20kg</u> + <u>300円</u> + <u>200円</u> = 2,000円
　　　　　　購入代価　　　　支払運賃　保管費

CASE 9の仕訳

（材　　　料）	5,900	（買　掛　金）	4,500
		（材　料　副　費）	1,400

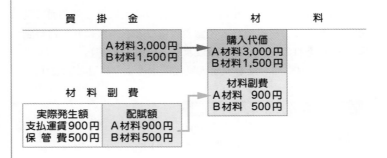

⇔ 問題編 ⇔
問題4

材料購入時の処理

材料副費の予定配賦

材料副費は、材料の購入代価に加算しますが、材料の購入時点では金額がわからないものもあります。金額が確定してから処理していたら計算が遅れてしまうため、あらかじめ一定額をのせて購入原価を計算することにしました。

取引 次の資料にもとづいて各材料の購入原価と材料副費配賦差異を計算しなさい（購入原価は購入代価にすべての副費を加えて計算している）。

［資料1］ 年間資料

(1) 年間予定送状価額（購入代価）と購入数量

	A 材 料	B 材 料
予定送状価額	33,000円	17,000円
予定購入数量	390kg	260kg

(2) 材料副費年間予算額

支払運賃	保 管 費
10,400円	5,850円

［資料2］ 当月実績資料

(1) 送状価額（購入代価）と購入数量

	A 材 料	B 材 料
送状価額	3,000円	1,500円
購入数量	30kg	20kg

(2) 材料副費実際発生額

支払運賃	保 管 費
900円	500円

［問1］ すべての材料副費を購入数量を基準に一括して予定配賦する場合

［問2］ 支払運賃は送状価額（購入代価）を基準に、保管費は購入数量を基準に予定配賦している場合

材料副費の予定配賦

材料副費のなかには、購入時点で、金額がいくら発生するのかわからないものが多くあり、金額が確定してから材料の購入原価に含めて処理していると、計算が遅れてしまいます。そこで、**材料副費の一部または全部について、予定配賦率を使った予定配賦額を購入原価に含めることが認められています。**

予定配賦率の算定

材料副費を予定配賦するには、まず期首に1年間の材料副費の予定総額(予算額)を見積り、これを1年間の購入代価や購入数量などの予定配賦基準数値で割って、**予定配賦率**を求めます。

この場合、**材料副費全体で1つの予定配賦率（総括配賦率）を用いる方法**と**材料副費の費目ごとに別個の予定配賦率（費目別配賦率）を用いる方法**の2つがあります。

$$予定配賦率＝\frac{1年間の材料副費予算額}{1年間の予定配賦基準数値}$$

CASE10の予定配賦率

問1. 総括配賦率：$\dfrac{10,400円＋5,850円}{390kg＋260kg}＝@25円$

問2. 費目別配賦率：支払運賃；$\dfrac{10,400円}{33,000円＋17,000円}$

$＝@0.208円$

保管費；$\dfrac{5,850円}{390kg＋260kg}＝@9円$

問1：材料1kg分に対し、25円の材料副費（運賃と保管費）を上乗せすることに決めました。

問2：材料1円分に対し、0.208円の運賃を上乗せし、材料1kg分に対し9円の保管費を上乗せすることに決めました。

予定配賦率に「実際」を掛けるのは製造間接費の予定配賦などといっしょですね。

予定配賦額の計算と購入原価の計算

当月の材料の購入原価に含める材料副費の予定配賦額は**予定配賦率**に当月の支払運賃や購入数量などの**実際配賦基準数値**を掛けて求めます。

$$予定配賦額＝予定配賦率×実際配賦基準数値$$

したがってCASE10の材料副費予定配賦額および材料の購入原価は次のようになります。

CASE10の材料副費予定配賦額

問1．A材料：@25円×30kg＝750円

　　　B材料：@25円×20kg＝500円

問2．A材料：支払運賃；@0.208円×3,000円＝624円

　　　　　　保 管 費；@9円×30kg＝270円

　　　B材料：支払運賃；@0.208円×1,500円＝312円

　　　　　　保 管 費；@9円×20kg＝180円

CASE10の材料の購入原価

問1．A材料：3,000円 + 750円 ＝ 3,750円
　　　　　　　購入代価　　材料副費

　　　B材料：1,500円 + 500円 ＝ 2,000円
　　　　　　　購入代価　　材料副費

問2．A材料：3,000円 + 624円 + 270円 ＝ 3,894円
　　　　　　　購入代価　　支払運賃　　保管費

　　　B材料：1,500円 + 312円 + 180円 ＝ 1,992円
　　　　　　　購入代価　　支払運賃　　保管費

● 材料副費配賦差異の計算

　当月の材料副費の実際発生額が月末に明らかになったら、予定配賦額と実際発生額の差額を材料副費配賦差異として、材料副費勘定から材料副費配賦差異勘定に振り替えます。

$$\boxed{\text{材料副費配賦差異＝予定配賦額－実際発生額}}$$

　したがってCASE10の材料副費配賦差異は次のようになります。

CASE10の材料副費配賦差異

問1．@25円×(30kg + 20kg) － (900円 + 500円)
　　　　　　予定配賦額1,250円　　　　　実際発生額1,400円

　　　＝△150円（借方・不利差異）

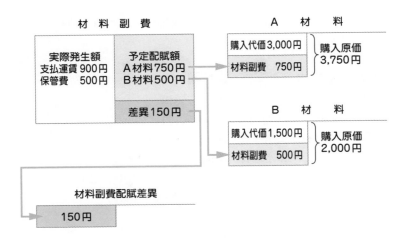

問題編
問題5

問2．支払運賃：

$$@0.208円×(3,000円+1,500円)-900円=+36円（貸方・有利差異）$$

予定配賦額936円　　　　　　実際発生額

保　管　費：

$$@9円×(30kg+20kg)-500円=△50円（借方・不利差異）$$

予定配賦額450円　　　　実際発生額

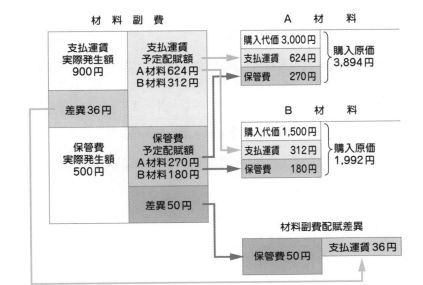

材料副費を購入原価に含めない処理

　引取費用以外の材料副費（内部材料副費）は、購入時点で金額がいくら発生するのかわからないものが多くあり、すべての内部材料副費を購入原価に含めることは困難です。そのため、内部材料副費の一部または全部を材料の購入原価に含めない処理も認められています。

　処理方法には(1)材料を消費したときに消費額に含めて処理する方法と(2)製造間接費として処理する方法があります。

(1)　材料を消費したときに消費額に含めて処理する方法

> **取引**　材料の購入原価は購入代価（送状価額）のみで計算し、材料副費は材料消費時に消費金額を基準に10%の割合で予定配賦している。
> 主要材料1,000kgを単価100円で購入し、そのうち当月に800kg消費した。材料副費の実際発生額は支払運賃が5,000円、保管費が3,500円であった。

　この方法は、内部材料副費を購入原価に含めず、材料消費時に材料消費額に対して配賦する方法です。

　しかし、支払運賃などの購入原価に算入する引取費用がある場合、購入時と消費時に材料副費の加算が行われることになり面倒です。そのため内部材料副費だけでなく、引取費用も含めた**すべての材料副費をまとめて材料消費時に予定配賦します。**

材料勘定の計算
　購　入　原　価：@100円×1,000kg＝100,000円
　材　料　消　費　額：@100円×800kg＝80,000円
　月末材料有高：@100円×200kg＝20,000円

材料副費配賦額の計算
　80,000円×10%＝8,000円
　_{材料消費額}

材料副費配賦差異の計算
　8,000円－（5,000円＋3,500円）＝△500円（借方・不利差異）
　_{予定配賦額}　　　　_{実際発生額}

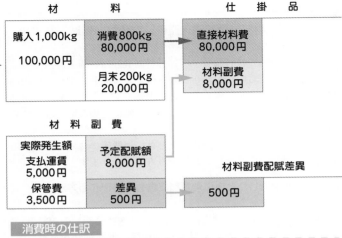

(2)の勘定連絡図と見比べてみよう。

材 料		仕 掛 品	
購入1,000kg	消費800kg 80,000円	直接材料費 80,000円	
100,000円	月末200kg 20,000円	材料副費 8,000円	

材 料 副 費			
実際発生額 支払運賃 5,000円	予定配賦額 8,000円		
保管費 3,500円	差異 500円	材料副費配賦差異	

材料副費配賦差異

500円

消費時の仕訳

（仕　掛　品）	88,000	（材　　　　料）	80,000
		（材　料　副　費）	8,000

(2) 製造間接費として処理する方法

> 取引　材料の購入原価は購入代価（送状価額）に支払運賃（引取費用）を加算して計算しており、内部材料副費については実際発生額を製造間接費として処理している。
> 主要材料1,000kgを単価100円で掛けで購入し、そのうち、当月に800kg消費した。材料副費の実際発生額は支払運賃が5,000円、保管費が3,500円であった。

　この方法では購入原価に算入しなかった内部材料副費は**製造間接費**（間接経費）として処理します。

材料勘定の計算

　購 入 原 価：@ 100円 × 1,000kg + 5,000円 = 105,000円

支払運賃
（引取費用）

　材 料 消 費 額：$\dfrac{105,000円}{1,000kg}$ × 800kg = 84,000円

　月末材料有高：$\dfrac{105,000円}{1,000kg}$ × 200kg = 21,000円

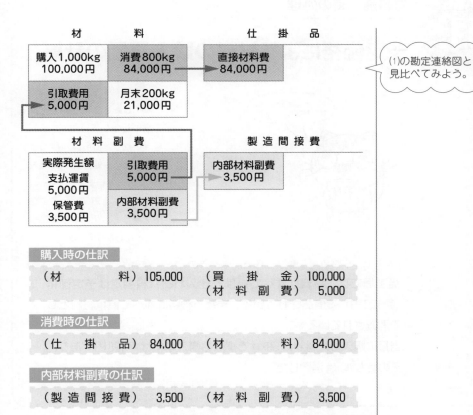

(1)の勘定連絡図と見比べてみよう。

購入時の仕訳

（材　　　　料）105,000　（買　　掛　　金）100,000
　　　　　　　　　　　　　（材　料　副　費）　5,000

消費時の仕訳

（仕　　掛　　品）84,000　（材　　　　料）84,000

内部材料副費の仕訳

（製　造　間　接　費）3,500　（材　料　副　費）3,500

⇔ 問題編 ⇔
問題6

予定価格による材料の購入原価の計算

もっと楽な記帳方法ないかなぁ・・・。

材料を購入または消費したときに材料元帳に丁寧に記帳していたゴエモン君。しかし、当月は何度も購入したため、帳簿記入がめんどうになっています。
そこで調べてみると、予定価格を使うことで記帳が楽になることがわかりました。

取引 当工場では、材料はすべて掛けで仕入れ、材料勘定は予定価格（@120円）で借記されている。また、材料はすべて直接材料として消費されている。
当月に購入した材料は50kgで実際の購入単価は@128円であり、そのうち40kg消費した。

● 予定価格による購入原価の計算

材料の購入原価はCASE9で学習したように原則として実際の購入原価で計算しますが、**予定価格**で計算することもできます。

この方法によると、**材料勘定はすべて「予定価格×実際数量」で簡単に計算**できます。

また、実際購入原価との差額により**材料受入価格差異**を把握することで、購入単価が予定より高かったのか安く済んだのかが購入時に判断でき、材料の購買活動の管理に役立つという特徴があります。

この差異はテキストⅡで学習する標準原価計算でよく出題される論点なので、今の段階からしっかりとマスターしておこう。

> 材料受入価格差異＝（予定価格－実際価格）×実際購入量

したがって、CASE11の材料勘定の計算および材料受入価格
差異は次のようになります。

CASE11の材料勘定の計算

購 入 原 価：@120円×50kg＝6,000円
材 料 消 費 額：@120円×40kg＝4,800円
月末材料有高：@120円×10kg＝1,200円

CASE11の材料受入価格差異

（@120円－@128円）×50kg＝△400円（借方・不利差異）

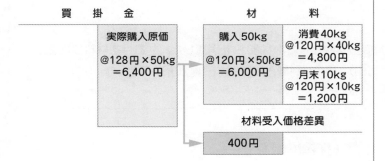

CASE11の仕訳

| （材　　　　料） | 6,000 | （買　　掛　　金） | 6,400 |
| （材料受入価格差異） | 400 | | |

〈1級の出題ポイント〉
「材料勘定は予定価格で借記」とある場合

1. 材料勘定はすべて予定価格で計算
　（予定価格に数量を掛けるだけ）
2. 材料受入価格差異の把握

問題編
問題7

材料消費額の計算

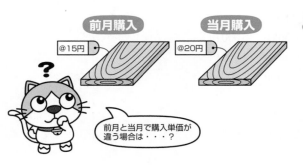

前月購入 @15円

当月購入 @20円

前月と当月で購入単価が
違う場合は・・・？

材料費の計算は、材料を購入したときの金額にもとづいて計算されます。しかし、同じ材料でも前月（10月）の購入単価と今月（11月）の購入単価が違うのですが、この場合の材料費はどのように計算したらよいのでしょうか？

取引 当月直接材料として木材80枚を消費した。なお月初材料は30枚（@15円）、当月材料購入量は90枚（@20円）であった。

材料費の計算

　材料費の計算は材料元帳に材料の購入や消費の記録を行うかどうかにより計算方法が異なります。

　記録している材料については、使った材料の単価（**消費単価**）に使った数量（**消費数量**）を掛けて計算し、**記録していない材料**については、**購入原価がそのまま消費額**となります。

　CASE 8 で学習した材料費の分類とあわせると、次のように分けることができます。

材料消費額の計算

材料元帳の記録	材料消費額の計算	適用例
行う	材料消費額 ＝消費単価×消費数量	主要材料費 買入部品費 補助材料費
行わない	材料消費額＝購入原価	工場消耗品費 消耗工具器具備品費

材料元帳の記録を行う材料費の計算

　材料元帳の記録を行う材料の消費額の計算をするためには、消費数量をどのように求めるのか、消費単価をいくらで計算するのかという問題があります。

　まずは消費数量をどのように求めるのか、という点からみていきましょう。

消費数量の計算

　材料の消費数量の計算には、(1)**継続記録法**と(2)**棚卸計算法**があります。原価計算基準では、材料の実際の消費数量の計算は、原則として継続記録法が適用されます。

　ただし、材料であって、継続記録法で計算することが困難なものまたはその必要がないものについては、棚卸計算法を適用することができます。

(1)　継続記録法

　継続記録法とは材料の受入れ・払出しのつど、その数量を記録することで、絶えず帳簿残高を明らかにする方法であり、消費数量は材料元帳より明らかとなります。

> 消費数量＝材料元帳の払出数量欄に記入された数量

　また、帳簿残高と実際残高を比較することで、棚卸減耗を把握することができます。

(2)　棚卸計算法

　棚卸計算法とは材料の受入れのみをそのつど記録し、月末に実地数量が判明したら、次の計算式によって消費数量を計算する方法をいいます。

> 消費数量＝月初数量＋当月購入数量－月末実地棚卸数量

　この棚卸計算法では、帳簿残高が判明しないので、棚卸減耗は把握できません。

材料元帳は3級の商業簿記で学習した商品有高帳の材料バージョンです。

棚卸減耗に関してはCASE15で詳しく学習します。

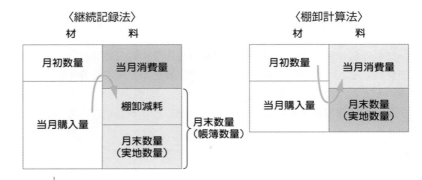

〈継続記録法〉

材	料
月初数量	当月消費量
当月購入量	棚卸減耗
	月末数量 （実地数量）

月末数量
（帳簿数量）

〈棚卸計算法〉

材	料
月初数量	当月消費量
当月購入量	月末数量 （実地数量）

消費単価の計算

材料の消費単価は原則として材料の実際購入単価にもとづいて計算します。

なお、同じ材料でも購入時期や仕入先によって購入単価が異なるので、先入先出法、平均法（総平均法、移動平均法）、個別法のいずれかにより材料の消費単価を決定することになります。

試験では2級と同様、先入先出法と総平均法が重要となります。

(1) 先入先出法（First In First Out Method：FIFO）

先入先出法とは、先に購入した材料を先に払い出したものと仮定して消費単価を決定する方法をいいます。

CASE12の材料費（先入先出法）

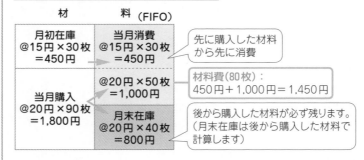

材	料 （FIFO）
月初在庫 @15円×30枚 ＝450円	当月消費 @15円×30枚 ＝450円
当月購入 @20円×90枚 ＝1,800円	@20円×50枚 ＝1,000円
	月末在庫 @20円×40枚 ＝800円

先に購入した材料から先に消費

材料費(80枚)：
450円＋1,000円＝1,450円

後から購入した材料が必ず残ります。
（月末在庫は後から購入した材料で計算します）

(2) 総平均法（Average Method：AM）

総平均法とは、一定期間の総平均単価を求め、この平均単価を消費単価とする方法をいいます。

CASE12の材料費（総平均法）

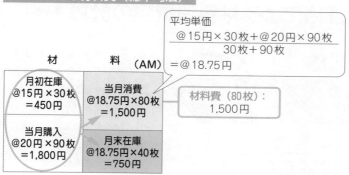

平均単価
$$\frac{@15円 \times 30枚 + @20円 \times 90枚}{30枚 + 90枚}$$
$$= @18.75円$$

材 料 （AM）

月初在庫
@15円×30枚
＝450円

当月購入
@20円×90枚
＝1,800円

当月消費
@18.75円×80枚
＝1,500円

月末在庫
@18.75円×40枚
＝750円

材料費（80枚）：
1,500円

予定価格による材料消費額の計算①

前月購入 @15円

当月購入 @20円

同じ材料を使っているのに
材料費が異なってしまう・・・。

材料の消費単価を
CASE12のように実際
消費単価で計算していると、
その計算に手間と時間がかか
り、材料費の計算が遅れてし
まいます。そこで調べてみた
ら、予定消費単価を使うとよ
いことがわかりました。

取引 当月直接材料として木材80枚を消費した。なお、予定消費単価は
@18円である。

予定消費単価による材料消費額の計算

　材料の消費単価を先入先出法や平均法で決定した実際の消費
単価で計算している場合、一定期間が終わらないと実際の消費
単価の計算ができず、材料費の計算が遅れるなどの問題が生じ
ます。

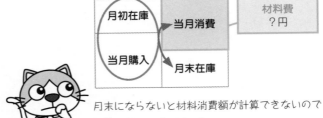

材　料（AM）

| 月初在庫 | 当月消費 |
| 当月購入 | 月末在庫 |

材料費
?円

月末にならないと材料消費額が計算できないので
計算が遅れるぞ、困ったニャ…。

そこで、1年間の材料の消費単価を決定して、この予定消費単価を用いて毎月の材料の消費額を計算する方法があります。

この場合、材料消費額は次のように計算します。

> 材料費（予定消費額）＝予定消費単価×実際消費数量

したがって、CASE13の材料費は次のようになります。

CASE13の材料費

@18円×80枚＝1,440円

CASE13の仕訳

（仕 掛 品）	1,440	（材 料）	1,440

材 料		仕 掛 品
月初在庫	当月消費 1,440円（予定消費額）	直接材料費 1,440円（予定消費額）
当月購入		

予定価格による材料消費額の計算の論点は2級で学習済みの論点だけど、1級でもよく出題されるので、しっかり復習しておこう!!

予定価格による材料消費額の計算②

えーと・・・。
月末の処理は・・・？

予定消費単価を用いて
材料費を計算している
場合は、月末に先入先出法や
平均法の仮定にもとづいて、
材料の実際消費額を計算し、
予定消費額との差額から材料
消費価格差異を計上しなけれ
ばなりません。

取引 当月の直接材料費の実際消費額は平均法で計算すると1,500円
（@18.75円×80枚）であった。なお、予定消費額は、1,440円
（@18円×80枚）であり、予定消費額により会計処理している。

● 予定消費単価を用いた場合の月末の処理

予定消費単価を用いて材料の消費額を計算している場合で
も、月末に、**先入先出法や平均法の仮定にもとづいて実際消費
額を計算**します。

そして、**予定消費額と実際消費額の差額を材料消費価格差異**
として材料勘定から**材料消費価格差異勘定へ振り替えます。**

材料消費価格差異＝予定消費額－実際消費額
または
（予定消費単価－実際消費単価）×実際消費量

したがって、CASE14の材料消費価格差異は次のようになり
ます。

CASE14の材料消費価格差異

$$1,440円 - 1,500円 = △60円（借方・不利差異）$$
予定消費額　実際消費額

このズレは予定消
費単価（@18円）
と実際消費単価
（@18.75円）の
違いから生じたも
のといえます。

CASE14の仕訳

（材料消費価格差異）　　60　（材　　　　料）　　60

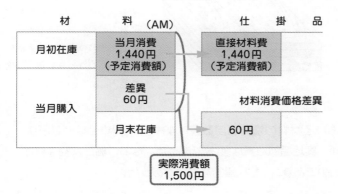

注意

予定消費単価は消費額の計算だけに使い、月末在庫の計
算は先入先出法や平均法による実際単価を使って計算し
ます。

問題編
問題8、9

棚卸減耗が生じたときの処理

40枚残っているはず
なのに35枚しかないニャ。

ゴエモン㈱埼玉工場で
は毎月末に材料の棚卸
しを行っています。

今月も棚卸しをしたのですが、
40枚残っているはずの材料が
35枚しか残っていません。し
かも、そのうち1枚は盗難に
よってなくなったという異常
な原因によるものでした。

取引 月末における材料の帳簿棚卸数量は40枚（消費単価は＠20円）
であるが、実地棚卸数量は35枚であった。なお、棚卸減耗4枚は
正常なものであり、1枚は異常なものであった。

棚卸減耗が生じたときの処理

　CASE12で学習したように材料消費量の計算において**継続記録法**を採用している場合には、材料の帳簿上の在庫数量が明らかになります。この場合、定期的に実地棚卸を行うことで棚卸減耗を把握することができます。

　ここで棚卸減耗とは、材料の保管中に生じた破損、紛失などによる**帳簿棚卸数量と実地棚卸数量との差**をいいます。

　この棚卸減耗の発生金額を棚卸減耗費といい、次の式で計算されます。

棚卸減耗費＝帳簿棚卸高－実地棚卸高

　棚卸減耗費はその発生原因により次の2種類に分けることができます。

(1)　正常な棚卸減耗費

　材料の保管中に生じる材料の変質、蒸発などの正常な原因から生じるもの（＝通常起こりうる程度）であるならば、棚卸減耗費を**間接経費として製造間接費**に計上します。

(2)　異常な棚卸減耗費

　盗難、火災、水害などの異常な原因によって発生した場合の棚卸減耗費は**非原価項目として製造原価に含めず、特別損失（または営業外費用）として処理**します。

　したがって、CASE15の棚卸減耗費は次のようになります。

CASE15の棚卸減耗費

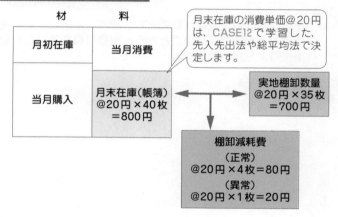

月末在庫の消費単価＠20円は、CASE12で学習した、先入先出法や総平均法で決定します。

　帳簿棚卸高の内訳は実地棚卸高と棚卸減耗費の2つから構成されているので**同じ消費単価で計算**します。

CASE15の仕訳

（製　造　間　接　費）	80	（材　　　　　料）	100
（棚　卸　減　耗　費）	20		

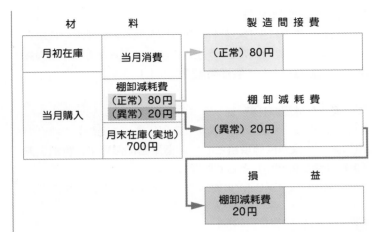

> **注意** 正常な棚卸減耗費は材料勘定で計算されますが、モノを消費するわけではないことから、間接材料費ではなく間接経費に分類されます。

⇔ 問題編 ⇔
問題10

材料費会計のまとめ

購入原価
　原則：実際価格⇒消費額の計算
　　　　　原則：実際価格（CASE12）
　　　　　容認：予定価格（CASE13、14）
　容認：予定価格（CASE11）

★消費量はすべて実際

材料購入原価の計算のまとめ

材	料
月初 ×××	
購入 ×××	

購入原価

原則：実際購入原価（CASE 9、10）

購入代価 ＋ **材料副費（一部または全部）**
材料そのもの
の価額
引取費用＋内部材料副費

実際配賦

予定配賦 {
総括配賦
費目別配賦
}

材料副費配賦差異
が生じます。

容認：予定購入原価（CASE11）

材料受入価格差異
が生じます。

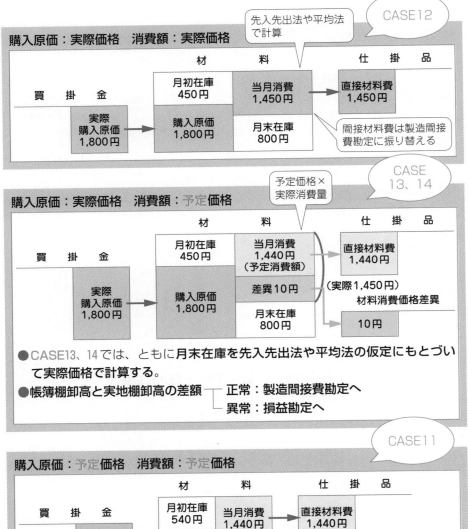

CASE12

先入先出法や平均法で計算

購入原価：実際価格　消費額：実際価格

材　料

買　掛　金

実際購入原価 1,800円 → 購入原価 1,800円

月初在庫 450円

当月消費 1,450円

月末在庫 800円

仕　掛　品

直接材料費 1,450円

間接材料費は製造間接費勘定に振り替える

CASE 13、14

予定価格×実際消費量

購入原価：実際価格　消費額：予定価格

材　料

買　掛　金

実際購入原価 1,800円 → 購入原価 1,800円

月初在庫 450円

当月消費 1,440円（予定消費額）

差異 10円

月末在庫 800円

仕　掛　品

直接材料費 1,440円

（実際1,450円）

材料消費価格差異

10円

● CASE13、14では、ともに**月末在庫を先入先出法や平均法の仮定にもとづいて実際価格で計算する。**

● 帳簿棚卸高と実地棚卸高の差額 ┬ 正常：製造間接費勘定へ
　　　　　　　　　　　　　　　　└ 異常：損益勘定へ

CASE11

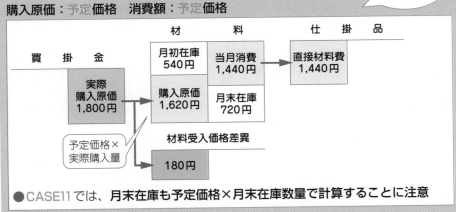

購入原価：予定価格　消費額：予定価格

材　料

買　掛　金

実際購入原価 1,800円

月初在庫 540円

購入原価 1,620円

当月消費 1,440円

月末在庫 720円

仕　掛　品

直接材料費 1,440円

予定価格×実際購入量

材料受入価格差異

180円

● CASE11では、**月末在庫も予定価格×月末在庫数量で計算する**ことに注意

第4章

労務費会計

賃金を支払ったり、原価にのせたりする処理は
2級でも学習したけど、残業代とかって
どうすればいいんだろう。

ここでは、労務費を分類したうえで、
その計算と処理についてみていきましょう。
この章はほとんどが2級の復習です。

この章で学習する項目

1. 労務費の分類
   ：支払形態による分類と製品との関連における分類
2. 支払賃金の処理
3. 賃金消費額の計算
   (1) 直接工
   ：実際賃率による消費額の計算
   ：予定賃率による消費額の計算
   (2) 直接工以外
4. **定時間外作業手当（残業手当）の処理** 1級 新 論点

労務費の分類

今日もごくろうさま！

おつかれさまです。

帳簿

ゴエモン㈱埼玉工場には、工員、事務員がいます。これらのヒトにかかる賃金や給料、ボーナス、通勤、住宅手当などの支給は、どのように直接労務費と間接労務費に分けるのでしょうか？

労務費の分類

労務費とは、製品製造のために労働力を消費することにより発生する原価をいい、職種と支給方法によって次のように分類されます。

労務費の分類			
労務費	賃金	直接工の直接作業時間の賃金	直接労務費
		直接工の直接作業時間以外の賃金	間接労務費
		間接工の賃金	
	給料・雑給		
	従業員賞与・手当		
	退職給付費用		
	法定福利費		

直接工の直接作業時間分の賃金だけが直接労務費、それ以外の労務費はすべて間接労務費となります。これは2級でも学習したよね。

賃金

給料

私は製造には
かかわって
いません

賞与

社会保険料

とにかく、
ヒトにかかる費用は労務費なんだね。

 参考

賃金と給料の違い

　賃金とは、**製造現場で作業をしている工員**に対して支払われる給与をいいます。

　これに対して、給料とは、工場長などの**監督者および事務職員**に対して支払われる給与をいいます。

賃金や給料を支払ったときの処理

ゴエモン㈱の給料日は毎月25日。

今日は25日なので、支払賃金と通勤手当の給与支給総額1,000円のうち源泉所得税と社会保険料を差し引いた残額を従業員に支払いました。

取引 当月の賃金の支給額は1,000円でこのうち源泉所得税と社会保険料の合計100円を差し引いた残額900円を現金で支払った。

賃金や給料を支払ったときの処理

賃金や給料は、**基本賃金＋加給金**の支払賃金に通勤手当などの**諸手当**を加えた給与**支給総額**から源泉所得税や社会保険料などの**預り金**を控除して支給されます。

賃金勘定の借方は支給総額で処理されます。

CASE17の仕訳

| （賃　　　　金） | 1,000 | （預　　り　　金） | 100 |
| | | （現　　　　金） | 900 |

加給金と諸手当の違い

加給金とは、基本賃金のほかに支払われる、**作業に直接関係のある手当**をいいます（残業手当、能率手当などです）。

諸手当とは、**直接作業には関係のない手当**です（家族手当、住宅手当、通勤手当などです）。

賃金や給料の消費額の計算

原価計算期間

給与計算期間

計算期間が
ズレている場合は・・・？

賃金や給料の消費額は、賃金の支払額をもとに計算されます。しかし、ゴエモン㈱の給与の計算期間は前月21日から当月20日までで、支給日は毎月25日です。このように原価計算期間と給与計算期間が違う場合、賃金・給料の消費額はどのように計算したらよいのでしょう？

取引 11月の賃金支給額は1,000円であった。なお前月未払額（10月21日～10月31日）は300円、当月未払額（11月21日～11月30日）は250円である。

給与計算期間と原価計算期間のズレ

　賃金の支払額を計算するための期間を給与計算期間といい、この賃金の支払額をもとにして、賃金の消費額は計算されます。

　しかし、この給与計算期間は必ずしも1日から月末までとは限らず、たとえば「毎月20日締めの25日払い」などがあり、この場合、前月の21日から当月の20日までが賃金の支払額の計算期間となります。

　これに対して賃金の消費額の計算は、必ず毎月1日から月末までの原価計算期間に対して行うので、賃金の支払額の計算期間と賃金の消費額の計算期間にズレが生じます。

　したがって、賃金の消費額を計算するためには、次のようにしてこのズレを調整する必要があります。

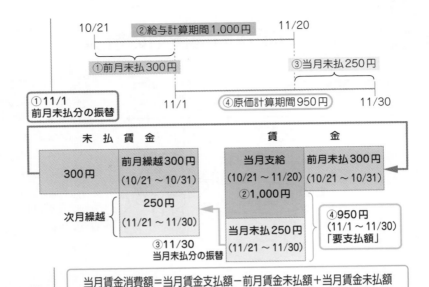

$$当月賃金消費額＝当月賃金支払額－前月賃金未払額＋当月賃金未払額$$

注意 当月賃金消費額のことを、原価計算期間における要支払額ともいいます。

なお上記、図の①～④の仕訳は次のようになります。

① 前月未払賃金の再振替仕訳

| （未 払 賃 金） | 300 | （賃 金） | 300 |

② 当月支給

| （賃 金） | 1,000 | （預 り 金） | 100 |
| | | （現 金） | 900 |

③ 当月未払賃金の振替え

| （賃 金） | 250 | （未 払 賃 金） | 250 |

④ 当月消費

| （仕 掛 品） | ××× | （賃 金） | 950 |
| （製 造 間 接 費） | ××× | | |

原価計算期間の要支払額とは、給与計算期間と原価計算期間のズレを調整し、原価計算期間（1日～月末）での金額に修正したもの、つまり原価計算期間に支払うべき金額をいいます。

直接工の賃金消費額の計算

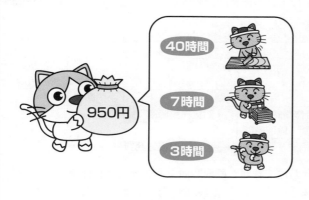

40時間

7時間

3時間

950円

ゴエモン㈱では11月の
直接工の賃金消費額を
計上しようとしています。
CASE18より、賃金消費額は
950円であり、直接工の作業
時間の内訳は、直接作業40時
間と間接作業7時間、手待時
間3時間です。さて、どのよ
うな処理をしたらよいでしょ
う?

取引 | 11月の直接工の賃金消費額を計上する。なお、11月の直接工の賃
金消費額は950円、作業時間は50時間（うち直接作業時間は40時
間、間接作業時間は7時間、手待時間は3時間）であった。

● 直接工の賃金消費額の計算

　直接工は主として直接作業を行いますが、一時的に材料の運
搬などの間接作業などを行うこともあります。
　直接工の賃金消費額のうち、直接作業分の賃金のみが直接労
務費となり、その他の作業分の賃金は間接労務費となります。
そのため、直接工の賃金の消費額は、作業時間の測定にもとづ
いて**消費賃率**（1時間あたりの賃金）に**実際作業時間を掛けて
計算**します。

直接工の作業時間

直接工の1日の作業時間の内訳を示すと、次のようになります。

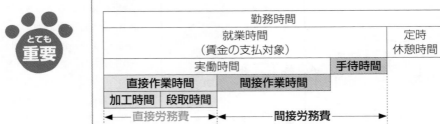

勤務時間				
就業時間 （賃金の支払対象）				定時 休憩時間
実働時間			手待時間	
直接作業時間		間接作業時間		
加工時間	段取時間			
◀──直接労務費──▶		◀────間接労務費────▶		

このうち加工時間と段取時間をあわせた直接作業時間分が直接労務費となり、間接作業時間と手待時間をあわせた分が間接労務費となります。

直接工の作業時間	
勤 務 時 間	工員が出社してから退社するまでの時間
定時休憩時間	昼休みや私用外出など工員が自らの責任で職場を離れた時間で、賃金の支払対象にならない時間
就 業 時 間	**勤務時間のうち賃金の支払対象となる時間**
手 待 時 間	停電や材料待ちなど**工員の責任以外の原因で作業ができない時間**
間接作業時間	直接工が運搬など**補助的な作業を行った場合の時間**
直接作業時間	**直接に製品の製造作業を行っている時間**をいい、さらに加工時間と段取時間に分けられる。
加 工 時 間	製品の加工作業を行う時間
段 取 時 間	加工作業前の準備時間や加工途中における機械の調整工具の取替えのための時間

消費賃率の計算

賃金の支払対象時間が就業時間であるので、消費賃率は直接工の消費賃金を就業時間で割って求めます。

$$消費賃率＝\frac{直接工の消費賃金〈当月支給額－前月未払額＋当月未払額〉}{就業時間〈直接作業時間＋間接作業時間＋手待時間〉}$$

したがって、CASE19の直接工の賃金消費額は次のようになります。

CASE19の直接工の賃金消費額

①消費賃率：$\dfrac{950円}{50時間}=@19円$

②直接労務費：$@19円×40時間＝760円$

③間接労務費：$@19円×（7時間＋3時間）＝190円$

CASE19の仕訳

（仕　掛　品）	760	（賃　　　　金）	950
（製 造 間 接 費）	190		

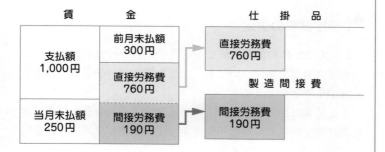

	賃　　　　金	仕　掛　品
支払額 1,000円	前月未払額 300円	直接労務費 760円
	直接労務費 760円	製 造 間 接 費
当月未払額 250円	間接労務費 190円	間接労務費 190円

とても重要

直接工の賃金消費額＝消費賃率×実際作業時間	
内訳	直接労務費＝消費賃率×直接作業時間
	間接労務費＝消費賃率×（間接作業時間＋手待時間）

CASE 20 賃金消費額の計算

直接工の予定賃率による賃金消費額の計算①
賃金を消費したときの処理

ゴエモン(株)
埼玉工場

予定賃率で計算すれば
いいのか・・・。

ネコでもわかる
原価計算

直接工の賃率を計算するとき、CASE19のように実際の賃率で計算すると、材料費の場合と同様にその計算に手間と時間がかかり、労務費の計算が遅れてしまいます。
そこで、調べてみたら予定賃率を用いて計算するとよいことがわかりました。

取引 当月の直接工の賃金消費額を計上する。なお、年間の直接工の予定賃金・手当総額は10,800円であり、年間予定就業時間は600時間、当月の直接工の直接作業時間は40時間、間接作業時間は7時間、手待時間は3時間であった。

● 予定賃率の決定

　CASE13で材料消費単価を予定消費単価で計算したように、直接工の消費賃率についても、必要な場合には予定賃率により計算することができます。

　予定賃率は期首の時点で年間予定賃金・手当総額と年間予定就業時間を見積り、年間予定賃金・手当総額を年間予定就業時間で割って決めておきます。

$$予定賃率 = \frac{年間予定賃金・手当総額}{年間予定就業時間}$$

CASE20の予定賃率

$$\frac{10,800\,円}{600\,時間} = @18\,円$$

● 予定消費額の計算

予定消費額は、先ほど求めた予定賃率に実際の作業時間を掛けて計算します。

> 予定消費額＝予定賃率×実際作業時間

したがって、CASE20の直接工の賃金消費額は次のようになります。

CASE20の賃金の予定消費額

直接労務費：@18円×40時間＝720円

間接労務費：@18円×（7時間＋3時間）＝180円

> 直接工の間接作業時間・手待時間に対する賃金も予定賃率で計算します。

CASE20の仕訳

| （仕　　掛　　品） | 720 | （賃　　　　　金） | 900 |
| （製 造 間 接 費） | 180 | | |

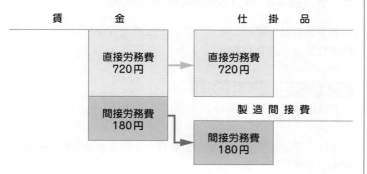

注意 賃率が実際でも予定でも消費量が実際数値であれば、計算される消費額は実際原価となります。

直接工の予定賃率による賃金消費額の計算②
月末の処理

月末だから、実際消費額を計算して差異を把握！

今日は月末。
ゴエモン㈱では、直接工の賃金について、予定賃率を用いて計算しています。そこで、材料費会計と同様に、月末に実際消費額を計算して差異を把握しなければなりません。

取引 当月の直接工の予定賃金消費額は900円（予定賃率@18円×50時間）であった。また、当月の実際の賃金支給額は1,000円、前月末払額は300円、当月末払額は250円であった。なお、当月の直接工の実際作業時間は50時間である。

● 予定賃率を用いる場合の月末の処理

　材料費会計で学習したように、予定消費賃金を計算したら実際消費賃金を計算します。

CASE21の実際消費賃金
1,000円 − 300円 + 250円 = 950円

　次に、予定消費賃金と実際消費賃金との差額から**賃率差異**を把握します。

> 賃率差異＝予定消費額−実際消費額
> または
> （予定賃率−実際賃率）×実際作業時間

CASE21の賃率差異

$$900円 - \underbrace{(1,000円 - 300円 + 250円)}_{\text{実際消費額}} = \triangle 50円（借方・不利差異）$$

> このズレは予定賃率（@18円）と実際賃率
> $$\left(\frac{1,000円 - 300円 + 250円}{50時間}\right)$$
> =@19円
> の違いから生じたものといえます。

CASE21の仕訳

（賃　率　差　異）　　　50　（賃　　　　　金）　　　50

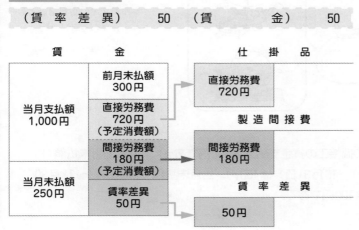

賃　　金

当月支払額 1,000円	前月未払額 300円
	直接労務費 720円（予定消費額）
	間接労務費 180円（予定消費額）
当月未払額 250円	賃率差異 50円

仕　掛　品

直接労務費 720円

製　造　間　接　費

間接労務費 180円

賃　率　差　異

50円

⇔ 問題編 ⇔

問題11、12

賃金消費額の計算

間接工賃金消費額とその他の労務費の計算

ゴエモン㈱では、11月の間接工の賃金消費額と事務員さんの給料を計上しようとしています。さて、どのような処理をしたらよいでしょう？

取引 11月の間接工の賃金支給額は500円であった。なお前月未払額（10月21日～10月31日）は150円、当月未払額（11月21日～11月30日）は100円である。

間接工の賃金消費額の計算

間接工の賃金消費額はすべて**間接労務費**となるので、直接工のような作業時間の把握と消費賃率の計算は行いません。そこで、間接工の賃金消費額は原価計算期間において支払うべき金額（**要支払額**）をもって消費額とします。

したがって、CASE22の間接工の賃金消費額は次のようになります。

CASE22の間接工の賃金消費額

500円 − 150円 + 100円 = 450円

CASE22の仕訳

（製 造 間 接 費）	450	（賃 金）	450

```
            賃        金
┌──────────┬──────────────┐
│          │ 前月未払額    │
│          │   150円      │
│ 当月支給額 │ (10/21～10/31)│        製 造 間 接 費
│   500円   ├──────────────┐  ┌─────────────────┐
│(10/21～11/20)│           │  │                 │
│          │   450円      │  │   間接労務費      │
├──────────┤ (11/1～11/30) │→ │    450円         │
│ 当月未払額 │  「要支払額」  │  │                 │
│   100円   │              │  │                 │
│(11/21～11/30)│           │  └─────────────────┘
└──────────┴──────────────┘
```

その他の労務費の計算

　事務員などの給料についても、間接工賃金と同様に要支払額をもって消費額とします。

　また、法定福利費、退職給付費用などのその他の労務費については、実際発生額または月割引当額を消費額とします。

> これらはいずれも間接労務費として製造間接費に計上します。

問題編
問題13

定時間外作業手当の処理

残業
5時間

ゴエモン㈱は、今月は忙しかったので、直接工に残業をしてもらいました。さて、この残業手当はどのように処理したらよいでしょう?

取引 当月の直接工の予定賃率は@18円であり、就業時間は50時間(定時間内作業45時間、定時間外作業5時間)であった。その作業時間の内訳は直接作業時間が40時間、間接作業時間が7時間、手待時間が3時間であった。

なお、定時間外作業手当はその時間数に予定賃率の50%を掛けて計算し、原価計算上は製造間接費として処理する。

● 定時間外作業手当の処理

　工具が定時間外作業(残業)を行った場合には、基本賃金のほかに加給金(残業手当)が支給されます。

　この定時間外作業(残業)に伴う加給金(残業手当)の処理には、消費賃率の計算に含めて処理する方法もありますが、1級では消費賃率の計算に含めずに、間接労務費として製造間接費に計上します。

　したがって、CASE23の直接工の賃金消費額は次のようになります。

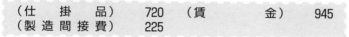

CASE23の賃金消費額

直接労務費：＠18円 × 40時間 ＝ 720円

間接労務費：＠18円 ×（7時間 ＋ 3時間）＝ 180円

＠18円 × 50% × 5時間　＝　45円

225円

CASE23の仕訳

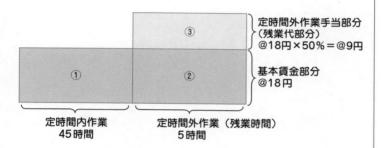

| （仕　　掛　　品） | 720 | （賃　　　　　金） | 945 |
| （製 造 間 接 費） | 225 | | |

③

定時間外作業手当部分
（残業代部分）
＠18円 × 50% ＝＠9円

①

②

基本賃金部分
＠18円

定時間内作業
45時間

定時間外作業（残業時間）
5時間

　定時間外作業については通常の基本賃金に加えて残業代が余分に支払われます。定時間外作業手当とは、あくまでも残業代として余分に支払われた部分をいい、この部分（図③）を製造間接費として処理します。

とても重要

定時間内作業 ──▶ 基本賃金（図①）
定時間外作業 ──▶ 基本賃金（図②）
　　　　　　 ──▶ 定時間外作業手当（図③）

基本賃金 ＝ 消費賃率 ×（定時間内作業時間 ＋ 定時間外作業時間）
定時間外作業手当 ＝ 時間あたり定時間外作業手当 × 定時間外作業時間

⇔ 問題編 ⇔
問題14

第5章

経費会計

・・・・・・

機械の減価償却費や電気代など、
材料費、労務費以外の費用はすべて経費となるんだったよね。
外注費も経費がらみでいろいろ処理があるみたい。

ここでは、経費の分類とその計算と処理についてみていきましょう。

この章で学習する項目

1. 経費の分類
2. 外注加工賃の処理
   (1) 無償支給・直接経費処理
   (2) 無償支給・部品原価処理
3. 間接経費の計算

1級
新
論点

経費の分類

経費って、いっぱいありそう。

経費は材料費と労務費以外の費用ですが、機械の減価償却費、電気代以外にどんなものがあり、どのように分類されるのでしょう?

経費の分類

経費とは、**材料費、労務費以外**の原価要素を消費することにより発生する**原価**をいいます。

経費も材料費、労務費と同様、どの製品にいくら使ったかを把握できるか否かにより直接経費と間接経費に分類できます。

直接経費

ゴエモン(株)
埼玉工場

I am a cat

シロヒメ塗装

あいよ！
色、塗れたよ！

800

ありがとう！

間接経費

	具 体 例	内 容
直接経費	外 注 加 工 賃	材料などの加工を外部の業者に委託したときの対価
間接経費	福利施設負担額	社宅、託児所など福利厚生施設に対して会社が負担する補助金
	厚 生 費	健康診断、運動会、慰安旅行などに要する費用
	減 価 償 却 費	工場の建物や機械・設備などの減価償却費
	賃 借 料	材料倉庫や機械・設備などの賃借料
	保 険 料	工場建物・倉庫や機械・設備などの損害保険料
	修 繕 料	製造関係の建物、機械・設備などの修繕料
	電力料・ガス代・水道代	工場の水道光熱費
	租 税 公 課	固定資産税、自動車税、印紙税、証紙代など
	旅 費 交 通 費	出張時の交通費、宿泊費など
	通 信 費	電話料金、郵便料金など
	保 管 料	材料、製品などの保管を委託している場合の保管費用
	棚 卸 減 耗 費	材料の保管または運搬中に生じる破損、蒸発などの減耗費
	雑 費	他の適当な費目にあてはまらないもの

棚卸減耗費はものを消費しているわけで
はないので材料費には分類されません。

〈1級の出題ポイント〉
経費の分類

　経費の費目は非常に多いため、なかには判断のしにくい費
目もあり、注意が必要です。
(1)　直接経費（外注加工賃以外）
　　　特 許 権 使 用 料…製品の出来高に比例して支払う場合
　　　　　　　　　　　　　の特許権使用料
　　　試 作 費…特定製品の試作に要する製造原価
　　　特殊機械の賃借料…特定製品の製造にのみ必要な機械の
　　　　　　　　　　　　　賃借料
(2)　間接経費
　　事務用消耗品費（工場で使用する伝票、帳簿類などの事務
用消耗品）は**工場消耗品費**（間接材料）と間違えやすいので
注意しましょう。また、**従業員募集費**（工場の従業員の募集
に要する費用）、**工員訓練費**（工員の技能などの訓練費用）
は労働の対価ではないので、労務費に分類されません。

外注加工賃～無償支給・直接経費処理

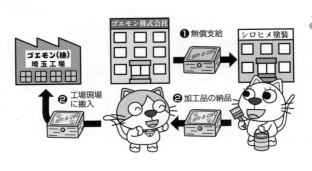

ゴエモン㈱埼玉工場は、小物入れの塗装をお願いしているシロヒメ塗装に外注加工賃を支払いました。この外注加工賃の処理には、いくつか方法があるみたいです。まずは無償支給・直接経費処理についてみていきましょう。

取引 ①主要材料10個（@500円）を下請業者に無償で支給し、その塗装を依頼した。
②下請業者から10個の塗装品が納入され、検査後、ただちに工場現場に引き渡した。なお、塗装代金は1個あたり80円である（未払い）。

● 外注加工賃の処理

　製品の生産の一部分の作業を外部の業者に依頼したときに生じる支払額を外注加工賃といいます。

　この外注加工の形態には、材料を**無償支給**する場合と**有償支給**する場合とがあります。また外注加工賃は、**直接経費**として処理する場合と**部品原価**となる場合があります。

　これらの関係をまとめると次のようになります。

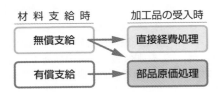

材料を無償支給し、外注加工賃を直接経費処理する場合

このケースは、元請業者が下請業者に加工が必要となる材料を**無償で支給**し、その加工を依頼し、下請業者から受け入れた加工品を、**ただちに工場の製造現場に引き渡す場合**であり、この場合、外注加工賃は**直接経費**として処理します。

CASE25　①の仕訳

外注加工のため材料を無償支給した場合には、材料支給時に材料の消費の仕訳を行います。この場合、主要材料の消費にあたるので仕掛品勘定の借方に振り替えます。

（仕　掛　品）	5,000	（材　　　料）	5,000

CASE25　②の仕訳

加工品をただちに工場現場に引き渡しているので、外注加工賃は直接経費として仕掛品勘定の借方に振り替えます。

また、外注加工賃の未払額は買掛金勘定で処理します。

（外 注 加 工 賃）	800	（買　　掛　　金）	800
（仕　　掛　　品）	800	（外 注 加 工 賃）	800

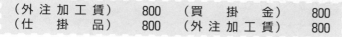

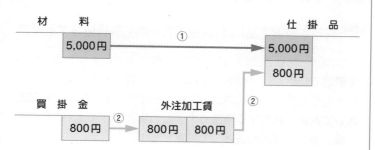

⊖ 問題編 ⊖
問題15

外注加工賃～無償支給・部品原価処理

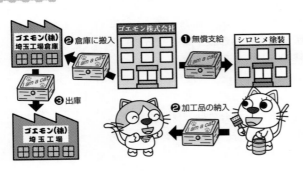

次は無償支給・部品原価処理についてみていきましょう。

取引
①主要材料10個（＠500円）を下請業者に無償で支給し、その塗装を依頼した。

②下請業者から10個の塗装品が納入され、検査後、部品として倉庫に搬入した。なお、塗装代金は1個あたり80円である（未払い）。

③上記部品をすべて出庫した。

● 材料を無償支給し、外注加工賃を部品原価処理する場合

　このケースは、元請業者が下請業者に加工が必要となる材料を**無償で支給**し、その加工を依頼し、下請業者から受け入れた加工品をただちに工場の製造現場に引き渡さず、**いったん部品として倉庫に納入する場合**です。この場合、外注加工賃は直接経費とせず、**部品原価**として処理します。

CASE26　①の仕訳

　加工品を受け入れるときに、いったん部品として倉庫に納める場合には、通常の材料の払出しとは異なるので、材料の無償支給時には**材料の消費の仕訳は行わず**、加工品の受入時に外注加工賃とともに材料原価を部品勘定に振り替えます。

仕 訳 な し

CASE26 ②の仕訳

（外 注 加 工 賃）	800	（買　掛　　金）	800
（部　　　　品）	5,800	（材　　　　料）	5,000
		（外 注 加 工 賃）	800

CASE26 ③の仕訳

　加工品を部品の倉庫から出庫した場合、部品勘定から仕掛品勘定に振り替えます。

| （仕　掛　品） | 5,800 | （部　　品） | 5,800 |

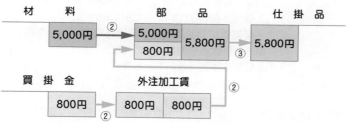

外注加工賃・材料無償支給のまとめ

材料の 無償支給	「加工品を直ちに現場に引渡し」⇒直接経費処理
	「加工品はいったん部品とする」⇒部品原価処理

〈考え方〉

「加工品を直ちに現場に引渡し」

：下請業者が行う加工も当社の製造過程の一部とみなします。すなわち、単に材料の加工場所が下請業者に代わったにすぎないと考えて、材料を払い出した時点で消費とみなして仕掛品勘定に振り替えます。

「加工品はいったん部品とする」

：部品の仕入活動と考えて、部品の搬入時に部品の取得にかかるすべてのコストを部品勘定に振り替えます。したがって、材料原価部分は部品の取得が行われる時に初めて振り替えます。

材料を有償支給する場合（部品原価処理）

　このケースは、下請業者に対して加工する材料をいったん売却し、加工の終了した部品を元請業者が再び下請業者から買い取って、部品原価に計上する場合です。

> **取引** ①主要材料10個（@500円）を下請業者に有償で支給し、その塗装を依頼した。材料の支給価格（協定価格）は1個あたり600円である（売却代金は売掛金で処理する）。
> ②下請業者から10個の塗装品が納入され、受入検査後、部品として倉庫に搬入した。なお、塗装代は1個あたり80円であり、下請業者からの受入価格は680円である（代金は未払い）。
> ③下請業者に対する債権・債務を相殺し、その差額（塗装代）を現金で支払った。
> ④必要な決算整理仕訳を行った。

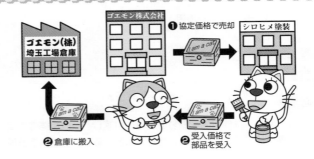

取引①の仕訳

　下請業者に塗装する材料を**協定価格**（原価@500円に利益@100円を付した売価）で**売却**したと考えます。

（売　掛　金）	6,000	（材　　　料）	6,000

取引②の仕訳

　塗装が終了した加工品を部品として倉庫に搬入するので、**受入価格**（原価@500円、利益@100円、外注加工賃@80円を合計した価格）を部品購入原価とみなして処理します。

| （部　　　品） | 6,800 | （買　掛　金） | 6,800 |

取引③の仕訳

売掛金と買掛金を相殺して、差額（塗装代）だけ現金で支払う
処理をします。

| （買　掛　金） | 6,800 | （売　　掛　　金） | 6,000 |
| | | （現　　　　金） | 800 |

取引④の仕訳

材料を有償支給することによって、当社の材料勘定と部品勘定
は、@100円の**交付材料差益**（元請業者が付した利益）分が過大
計上されているので、これを控除します。

| （材　　　料） | 1,000 | （交付材料差益） | 1,000 |
| （交付材料差益） | 1,000 | （部　　　品） | 1,000 |

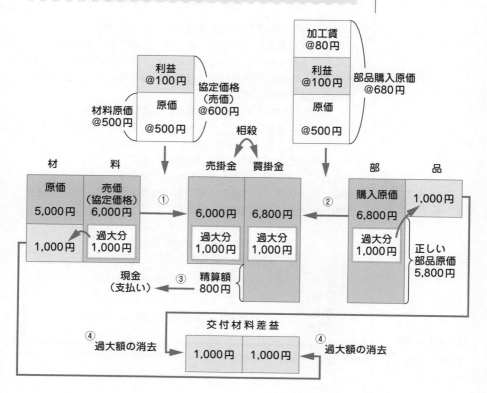

　　　　は、材料の売価（材料勘定の貸方）と部品購入原価（部品勘定の借方）に含まれている交付材料差益（内部利益の一種）を示します。

　この交付材料差益をこのままにしておくと、材料勘定、部品勘定が交付材料差益分だけ過大計上されてしまいます。

　そこで原価だけで正しく処理するために決算で消去します。

　この消去の仕訳が④の仕訳となります。

収益認識基準が適用される場合

　材料を有償支給する場合において、収益認識基準が適用されると、材料を支給した当社が買戻義務を負っているかどうかで処理が変わります。したがって会計処理を検討する際は、まず有償支給取引が買戻契約に該当するかどうかを検討する必要があります。

(1)　支給した材料を買い戻す義務を負っている場合

　当社が買戻義務を負っている場合は、下請業者は支給した材料に対する支配を獲得していないことになります。したがって、当社は支給した材料の譲渡に係る収益は認識せず、また、支給した材料の消滅も認識しません。

(2)　支給した材料を買い戻す義務を負っていない場合

　当社が買戻義務を負っていない場合は、支給した材料に対する支配は、当社から下請業者に移転すると考えられます。そのため、当社は支給した材料の消滅を認識します。

　ただし、材料を支給したときに収益を認識すると、最終製品の販売に係る収益との二重計上が問題になります。そこで、材料を支給したときに収益は認識しません。

材料を有償支給する場合

	買戻義務「あり」	買戻義務「なし」
貸借対照表	支給した材料の消滅を認識 **しない**	支給した材料の消滅を認識 **する**
損益計算書	材料を支給したときに収益は認識**しない**	

◆ 問題編 ◆
問題16、17

間接経費の計算

間接経費には、いろいろなものがありますが、それぞれ、どのように計算していくのでしょう？

> **取引**　各経費の当月消費額を計算する。
> ①修繕費：当月支払額　4,800円（うち前月未払額　900円）
> 　　　　　当月未払額　1,100円
> ②保管料：前月前払額　50円
> 　　　　　当月支払額　700円（うち当月前払額　150円）
> ③機械減価償却費：年間見積額　9,600円
> ④水道代：基本料金　200円　当月使用量　50m³　単価　15円/m³
> ⑤材料棚卸減耗費：帳簿残高　9,200円、実際残高　8,500円

間接経費の計算

　間接経費は消費額の計算方法の違いによって以下の4つに分類することができます。

(1)　支払経費

　支払経費とは、実際支払額をその原価計算期間における消費額とする経費をいい、**修繕費、保管料**などがあります。

　通常は、実際の支払額で計算しますが、経費の前払額や未払額がある場合にはそれらを加減算して、次のように差額で当月の消費額を計算します。

〈未払額のケース〉		〈前払額のケース〉	
当月支払額 4,800円	前月未払額 900円	前月前払額 50円	当月消費額 600円 （貸借差額）
	当月消費額 5,000円 （貸借差額）	当月支払額 700円	
当月未払額 1,100円			当月前払額 150円

CASE27 ①②の当月消費額

①修繕費：4,800円 － 900円 ＋ 1,100円 ＝ 5,000円

②保管料：700円 ＋ 50円 － 150円 ＝ 600円

(2) 月割経費

月割経費とは、一定期間の費用発生額を月割りして、月割額をその原価計算期間の消費額とする経費をいい、工場の機械の減価償却費、賃借料、保険料などがあります。

CASE27 ③の当月消費額

③機械減価償却費：9,600円 ÷ 12か月 ＝ 800円

(3) 測定経費

その原価計算期間における消費量を工場内のメーターで内部的に測定し、その消費量にもとづいて原価計算期間の消費額を計算することができる経費をいい、工場内で使用する電力料、ガス代、水道代などがあります。

CASE27 ④の当月消費額

④水道代：200円 ＋ 15円/m^3 × 50m^3 ＝ 950円

(4) 発生経費

発生経費とは実際発生額をもって、その原価計算期間における消費額とする経費をいい、材料棚卸減耗費などがあります。

CASE27 ⑤の当月消費額

⑤材料棚卸減耗費：9,200円 － 8,500円 ＝ 700円

⇔ 問題編 ⇔
問題18、19

第6章

（単純）個別原価計算

お客さんからの注文に応じて製品を製造する
個別原価計算ってどういうものだったかな?

ここでは2級の復習を兼ねて
個別原価計算の一連の流れを確認した後で、
個別原価計算の重要論点である
製造間接費の計算についてみていきましょう。

この章で学習する項目

1. 個別原価計算の一連の流れ
2. 製造間接費の予定配賦
3. 製造間接費配賦差異の分析

学習済
2級 で
学習しました

個別原価計算とは？

ゴエモン㈱では、今月から雑貨の個別注文販売を開始しました。さっそく、ピアノ型小物入れと星型小物入れの製作依頼があったのですが、このような場合、どのように原価を計算するのでしょうか？

● 個別原価計算とは？

　個別原価計算とは、お客さんの注文に応じて、注文品を個別に生産する個別受注生産を行う工企業において用いられる原価計算の方法をいいます。

　個別受注生産では、お客さんから注文を受けると、まず製品の注文主や製品の種類と数量、製造着手日、完成予定日などを記載した製造作業の命令書である**製造指図書**を発行し、これにしたがって製品を製造します。

> 個別原価計算の中心は原価計算表にあるといえます。原価計算表の記入方法は次のCASE29からみていきます。

　製造指図書が発行されると同時にその指図書ごとに**原価計算表**が用意されます。原価計算表は、製造指図書ごとに原価を集計するための表であり、原価計算表に集計された原価がその製品の原価となります。

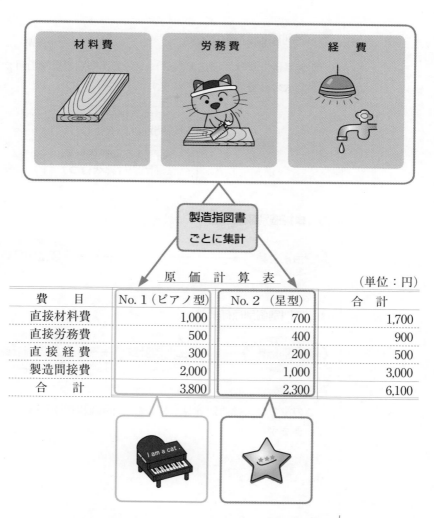

原 価 計 算 表 （単位：円）

費　　目	No. 1 （ピアノ型）	No. 2 （星型）	合　　計
直接材料費	1,000	700	1,700
直接労務費	500	400	900
直 接 経 費	300	200	500
製造間接費	2,000	1,000	3,000
合　　計	3,800	2,300	6,100

　以上のように、個別原価計算では個々の製品ごとに製造指図書を発行し、この製造指図書ごとに原価を集計することで、各製品の原価を計算していきます。

● 個別原価計算の種類

　個別原価計算は、製造間接費について部門別計算を行うかどうかで次の2種類に区別されます。

① 単純個別原価計算

② 部門別個別原価計算

　この章では、部門別計算を行わない単純個別原価計算からみていきます。

個別原価計算の計算手続

完成 → 引渡済

完成 → 未引渡

未完成（仕掛中）

ゴエモン㈱では、先月注文を受けたピアノ型小物入れが、当月に完成し、お客さんに引き渡しました。また、当月に星型とネコ型の小物入れの注文があり、星型は完成しましたが、まだお客さんに引き渡されておらず、ネコ型は未完成です。さて、このような場合、どう計算し、勘定記入をしていくのでしょうか？

例 ゴエモン㈱では、実際個別原価計算により製品の製造原価を算定している。下記に示す当月の原価資料にもとづき、(1)製造指図書別原価計算表を完成させるとともに(2)仕掛品勘定、製品勘定の記入を行いなさい。

[資 料]

1. 製造指図書別の直接材料消費量および直接作業時間は次のとおりであった。

	No.1(ピアノ型)	No.2(星型)	No.3(ネコ型)	合計
直接材料消費量(kg)	100	400	300	800
直接作業時間(時間)	100	300	250	650

2. 直接材料の当月実際消費単価は1,000円/kg、労務費の当月実際消費賃率は800円/時間であった。

3. 製造間接費の実際発生額は780,000円であり、直接作業時間を基準に各製品に実際配賦している。

4. No.1は前月に製造着手したもので、前月中に製造指図書に集計された原価は直接材料費50,000円、直接労務費40,000円、製造間接費60,000円であった。その他の指図書はすべて当月に製造着手したものである。また月初において完成済みの製品はなかった。

5. No.1は当月中に完成し、得意先に引き渡した。またNo.2は当月完成済みであるが、引渡しは行われていない。またNo.3は当月末において、未完成である。

● 原価計算表の作成

　個別原価計算では、特定の製品を製造するために発生した製造直接費および製造間接費について、その製造指図書番号を記載した原価計算表に集計していきます。このとき、製造直接費か製造間接費かによって集計の方法が異なります。

　製造指図書上の指示生産量が完成した時点で、原価計算表に集計されている原価をもって、完成品の製造原価とします。

　製造直接費 ……製造指図書別に原価の発生額が把握され、その発生額をその製造指図書に直接集計（賦課）します。

　製造間接費 ……製造指図書別には、原価の発生額が判明しないので、適切な基準により、各製造指図書に配賦します。

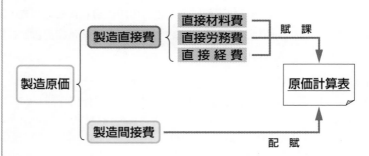

　以上よりCASE29の製造指図書別原価計算表を作成すると、次のようになります。

月初仕掛品原価：前月までに消費された原価を集計します。
50,000円＋40,000円＋60,000円＝150,000円

原 価 計 算 表 （単位：円）

費 目	No.1 （ピアノ型）	No.2 （星型）	No.3 （ネコ型）	合 計
月初仕掛品原価	150,000	――	――	150,000
直接材料費	100,000	400,000	300,000	800,000
直接労務費	80,000	240,000	200,000	520,000
製造間接費	120,000	360,000	300,000	780,000
合 計	450,000	1,000,000	800,000	2,250,000
備 考	完成・引渡済	完成・未引渡	仕掛中	―

1級では、このあと第9章で原価計算表の続きを学習しますので、ここまでの2級の復習内容はこの段階でしっかりと復習しておこう！

月末の状態を記入します。

指図書別直接材料費：1,000円/kg×指図書別の直接材料消費量
指図書別直接労務費：800円/時間×指図書別の直接作業時間
指図書別製造間接費：実際配賦率 $\dfrac{780,000円}{650時間}$ ＝1,200円/時間
　　　　　　　　　　1,200円/時間×指図書別の直接作業時間

製造指図書の指示生産量が完成するまでは、未完成の状態を表す仕掛品勘定に原価が集計されています。

● 原価計算表と仕掛品勘定の対応関係

原価計算表には、当月のすべての製造指図書に対する原価が集計されており、原価計算表は仕掛品勘定の記入と一致します。両者の関係は次のようになります。

> 原価計算表の横集計が仕掛品勘定の借方に対応
> 原価計算表の縦集計が仕掛品勘定の貸方に対応

以上より、CASE29の仕掛品・製品勘定の記入は次のようになります。

製造指図書別原価計算表 (単位：円)

費　　目	No.1 (ピアノ型)	No.2 (星型)	No.3 (ネコ型)	合　　計
月初仕掛品原価	150,000	——	——	150,000
直接材料費	100,000	400,000	300,000	800,000
直接労務費	80,000	240,000	200,000	520,000
製造間接費	120,000	360,000	300,000	780,000
合　　計	450,000	1,000,000	800,000	2,250,000
備　　考	完成・引渡済	完成・未引渡	仕掛中	——

とても重要

仕掛品勘定
貸方と対応

前月までに消費された原価（材料費、労務費、経費の合計額）が前月繰越（月初仕掛品原価）となる。

仕　掛　品

前 月 繰 越	150,000	製　　　　　品	1,450,000
直 接 材 料 費	800,000	次 月 繰 越	800,000
直 接 労 務 費	520,000		
製 造 間 接 費	780,000		
	2,250,000		2,250,000

No.1　　　　No.2
450,000 + 1,000,000

No.3

仕掛品勘定
借方と対応

製　　　品

仕　　掛　　品	1,450,000	売 上 原 価	450,000
		次 月 繰 越	1,000,000
	1,450,000		1,450,000

No.1

No.2

売 上 原 価

製　　　　品	450,000		

30

ロット別個別原価計算

一定の数量を製造するから総合原価計算?

それとも、個別原価計算?

CASE29では、製造指図書ごとに完成品原価と期末仕掛品原価を計算する手続きを学びましたが、ある一定の数量ごとにまとめて生産する方式（ロット生産）を採用している場合はどのように計算するのでしょうか?

> **例** ゴエモン㈱は、実際個別原価計算により製品の製造原価を算定している。下記に示す当月の原価資料にもとづき、(1)完成品原価および(2)月末仕掛品原価を求めなさい。

[資　料]

1. 当月の各ロットの生産データ

ロット番号 （ロット数量）	No.1 （200個／ロット）	No.2 （150個／ロット）	No.3 （300個／ロット）
月初仕掛品	200,000円	—	—
直接材料費	150,000円	300,000円	200,000円
直接労務費	400,000円	350,000円	150,000円
直接作業時間	1,000時間	875時間	375時間

2. 製造間接費の実際発生額は1,800,000円であり、直接作業時間を基準に各製品に実際配賦している。

3. No.1は当月中に完成し、得意先に引き渡した。また、No.2は当月完成済みであるが、引渡しは行われていない。なお、No.3は当月末において、300個のうち90個だけ完成した。

ロットとは、1
ダースや1カート
ンのように一定の
数量の最小単位を
いいます。

総合原価計算では
なく、ロットを単
位とした個別原価
計算として計算す
ることに注意して
ください。

ロット生産に適用される個別原価計算を、**ロット別個別原価計算**といいます。ロット別個別原価計算では、一定の数量単位の製品に対して**特定製造指図書**を発行します。なお、特定製造指図書の**一定の数量単位すべてが完成していない**うちは、たとえ数量単位の一部が完成したとしても、完成品ではなく**仕掛品**として取扱うことになります。

CASE30の指図書別製造間接費

実際配賦率：1,800,000円÷(1,000時間＋875時間＋375時間)
= 800円/時間

・No.1の製造間接費：800円/時間×1,000時間 = 800,000円
・No.2の製造間接費：800円/時間× 875時間 = 700,000円
・No.3の製造間接費：800円/時間× 375時間 = 300,000円

CASE30の製造指図書別原価計算表と仕掛品勘定

製造指図書別原価計算表 (単位：円)

費　目	No.1 (200個/ロット)	No.2 (150個/ロット)	No.3 (300個/ロット)	合　計
月初仕掛品原価	200,000	———	———	200,000
直接材料費	150,000	300,000	200,000	650,000
直接労務費	400,000	350,000	150,000	900,000
製造間接費	800,000	700,000	300,000	1,800,000
合　計	1,550,000	1,350,000	650,000	3,550,000
備　考	完成・引渡済	完成・未引渡	仕掛中	—

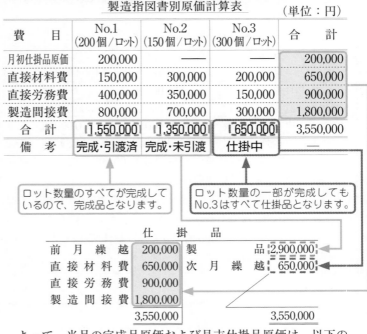

ロット数量のすべてが完成しているので、完成品となります。

ロット数量の一部が完成してもNo.3はすべて仕掛品となります。

仕　掛　品

前 月 繰 越	200,000	製　　　品	2,900,000
直 接 材 料 費	650,000	次 月 繰 越	650,000
直 接 労 務 費	900,000		
製 造 間 接 費	1,800,000		
	3,550,000		3,550,000

よって、当月の完成品原価および月末仕掛品原価は、以下のようになります。

CASE30の完成品原価

完成品原価：1,550,000円（No.1）＋ 1,350,000円（No.2）
　　　　　　　＝ 2,900,000円

CASE30の月末仕掛品原価

月末仕掛品原価：650,000円（No.3）

製造間接費の予定配賦（全体像）

製造間接費も予定配賦しよう！

ゴエモン(株)
埼玉工場

製造間接費

製造間接費を各製品に配賦するとき、CASE29のように実際配賦すると実際発生額が計算されるのを待ってから製品原価が計算されるため、どうしても計算が遅れてしまいます。
そこで、製造間接費を予定配賦することにしました。

> **例**　当期の年間の製造間接費予算額は38,000円、基準操業度は400時間（直接作業時間）である。なお当月の直接作業時間は次のとおりである。
>
> | | No. 1 | No. 2 |
> |---|---|---|
> | 直接作業時間 | 20時間 | 10時間 |

● 製造間接費の実際配賦の問題点

　CASE29では、製造間接費を実際に発生した額を配賦（実際配賦）しましたが、これには以下のような欠点があります。

(1)　ある指図書の製造が終了したとしても、製造間接費の実際発生額が判明するまでは、その指図書の原価を計算することができないため、計算が著しく遅れてしまいます。

(2)　製造間接費の実際発生額や実際配賦数値は毎月変動するため、毎月の実際配賦率を用いて計算すると、同一製品でも製造した月により配賦額が異なってしまいます。

　そこで実際配賦に代えて、会計年度の期首に定めた**予定配賦率**を用いて、製造間接費を配賦する**予定配賦**が**原則**として行われます。

予定配賦のことを正常配賦という場合もあります。

製造間接費の予定配賦

通常、会計年度の期首に製造間接費の**予定配賦率**を決定します。この予定配賦率は1年間の予定製造間接費（製造間接費予算額といいます）を1年間の予定配賦基準数値（基準操業度といいます）で割って算定します。

$$予定配賦率 = \frac{製造間接費予算額}{基準操業度}$$

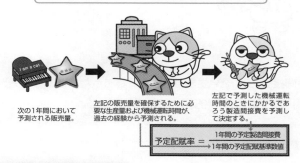

次の1年間において予測される販売量。

左記の販売量を確保するために必要な生産量および機械運転時間が、過去の経験から予測される。

左記で予測した機械運転時間のときにかかるであろう製造間接費を予測して決定する。

$$予定配賦率 = \frac{1年間の予定製造間接費}{1年間の予定配賦基準数値}$$

CASE31の予定配賦率

$$\frac{38,000円}{400時間} = @95円$$

次に各製造指図書の直接作業時間に予定配賦率を掛けて予定配賦額を計算します。

以上より、CASE31の製造間接費の予定配賦額は次のようになります。

CASE31の予定配賦額

No.1：@95円 × 20時間 = 1,900円
No.2：@95円 × 10時間 = 950円

CASE31の仕訳

（仕　掛　品）　2,850　（製 造 間 接 費）　2,850

製 造 間 接 費	仕　　掛　　品
予定配賦額 2,850円	→ 予定配賦額 2,850円

製造間接費の差異の把握

月末だから
差異を計算しよう。

今日は月末。

ゴエモン㈱では、製造間接費は予定配賦をしています。

そこで、材料費、労務費会計と同様に実際発生額を集計して差異を把握することにしました。

> **例** 当月の製造間接費の実際発生額は3,000円であった。なお予定配賦額2,850円（予定配賦率@95円）で計上している。

● 製造間接費を予定配賦した場合の月末の処理

　月末において製造間接費（間接材料費、間接労務費、間接経費）の実際発生額を集計します。

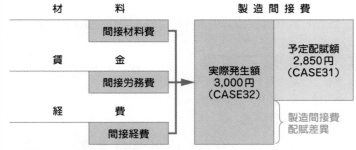

　そして、製造間接費勘定貸方の予定配賦額と製造間接費勘定借方の実際発生額との差額から、製造間接費配賦差異を把握します。

> 製造間接費配賦差異＝予定配賦額－実際発生額

以上より、CASE32の製造間接費配賦差異は次のように計算
されます。

2,850円 − 3,000円 = △150円（借方・不利差異）

（製造間接費配賦差異）　　150　　（製　造　間　接　費）　　150

製　造　間　接　費

| | 予定配賦額 | 製造間接費配賦差異 |

	予定配賦額 2,850円 （CASE31）	150円
実際発生額 3,000円 （CASE32）		
	150円	

⇔ 問題編 ⇔
問題20

予定配賦率の算定

もう1度予定配賦率の計算についてみてみよう。

CASE32で製造間接費配賦差異の総額を計算しましたが、差異が発生した原因を把握するためには、さらに細かく分析しなければなりません。そこでまず、もう1度詳しく予定配賦率の算定手続についてみておきます。

例 当工場では、製造間接費は機械運転時間を基準に予定配賦している。次の資料にもとづいて来年の基準操業度を決定するための操業水準について①理論的生産能力②実際的生産能力③平均操業度④期待実際操業度を求めなさい。

[資　料]
1. 当社の年間作業日数は250日で5台の機械を1日3交替制により24時間稼働させている。
2. 機械の修理による作業休止時間は年間合計1,500時間である。
3. 年間の平均操業度は実際的生産能力の80％と見込まれる。
4. 来年1年間に予想される製品の年間生産販売量は50,000個であり製品1個あたりの機械稼働時間は0.5時間と見積られる。

期首における手続き（予定配賦率の算定）

CASE31で学習したように実際配賦の欠点を克服するためには製造間接費を予定配賦します。その製造間接費を予定配賦する場合の一連の手続きは次のようになります。

| 基準操業度の決定 | → | 製造間接費予算の設定 | → | **予定配賦率の算定** | | 予定配賦額の計算 | → | 実際発生額の集計 | → | 製造間接費配賦差異の把握 | → | 差異分析 | → | 原価報告 |

製造間接費を予定配賦する場合には、その会計期間の期首において予定配賦率を算定しておかなければなりません。

$$予定配賦率 = \frac{（基準操業度における）製造間接費予算額}{基準操業度}$$

したがって、予定配賦率算定のためには、**基準操業度**とその基準操業度のときに発生する**製造間接費予算額**を決定しておく必要があります。

基準操業度の決定

基準操業度とは、1年間に予定される配賦基準数値であり、1年間における工場の利用程度を直接作業時間や機械運転時間などで表したものをいいます。この基準操業度は、正常生産量を見積ることで決定されますが、1年間の正常生産量の見積り方には次の4つの種類があります。

正常生産量は、操業水準ともいわれ、通常、どの程度工場の生産設備を利用するかということを表します。

(1) 理論的生産能力

最高能率でまったく操業が中止されない、理想的な状態においてのみ達成される操業水準をいい、理論上の最大限の操業水準をいいます。

実際には達成不可能であり、基準操業度として選択されることはありません。

CASE33の理論的生産能力

24時間/日 × 250日 × 5台 = 30,000時間

機械1台あたりの
年間稼働時間

(2) 実際的生産能力

理論的生産能力から機械の故障、修繕、工具の欠勤、休暇など不可避的な作業休止時間を差し引いた、実現可能な最大限の操業水準をいいます。

1級の試験において、基準操業度は資料としてそのまま与えられることがほとんどですが、CASE33の[資料]の文章のようなかたちで与えられ、自分で算出しなければならないこともあります。問題文からきちんと読み取れるようにしておきましょう。

CASE33の実際的生産能力

24時間／日 × 250日 × 5台 − 1,500時間 = 28,500時間
理論的生産能力　　　　　作業休止時間

(3) 平均操業度

製品の販売上予測される、季節的および景気の変動による生産量への影響を長期的に平均した操業水準をいいます。

CASE33の平均操業度

(24時間／日 × 250日 × 5台 − 1,500時間) × 80％ = 22,800時間
理論的生産能力　　　　　作業休止時間

(4) 期待実際操業度

予算操業度ともいわれ、次の1年間に予想される操業水準をいいます。

CASE33の期待実際操業度

50,000個 × 0.5時間／個 = 25,000時間

● 製造間接費予算の設定

基準操業度を決定したら、続いて基準操業度において発生する製造間接費の金額を見積ります。これを製造間接費予算といい、(1)固定予算と(2)変動予算があります。

(1) 固定予算

固定予算とは、基準操業度における製造間接費の発生額を予定したら、操業度が変化したとしても予算額を変更せずに基準操業度における予算額を維持するものをいいます。

たとえば、1年間の基準操業度を10時間と決定し、このときの製造間接費予算が50円と見積られたとします。

操業度が8時間に変化し、基準操業度とは異なったとしても、基準操業度における予算額50円が当年度の予算額となります。

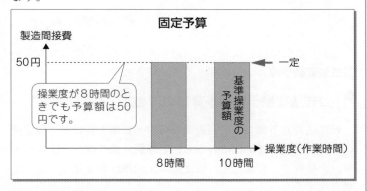

固定予算

製造間接費

50円 ·········· 一定

操業度が8時間のときでも予算額は50円です。

基準操業度の予算額

操業度（作業時間）

8時間　　　10時間

(2)　変動予算

変動予算とは、さまざまな操業度に応じて製造間接費の発生額を予定できるように工夫されたものです。たとえば、操業度が10時間のときの予算額は50円、8時間のときの予算額は40円と見積られた場合で、操業度が8時間であった場合、8時間の予算額40円が製造間接費の予算となります。

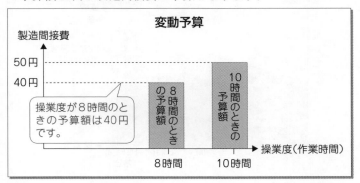

変動予算

製造間接費

50円 ··········
40円 ··········

操業度が8時間のときの予算額は40円です。

8時間のときの予算額

10時間のときの予算額

操業度（作業時間）

8時間　　　10時間

この変動予算はさらに**公式法変動予算**と**実査法変動予算**に分けることができます。

$$製造間接費予算 \begin{cases} 固定予算 \\ 変動予算 \begin{cases} 公式法変動予算 \\ 実査法変動予算 \end{cases} \end{cases}$$

なお、ここでは、試験での出題頻度が高く、重要性の大きい**公式法変動予算**について詳しくみていきます。

● 公式法変動予算の予算額の決め方

公式法変動予算では、製造間接費の予算額を**変動費**と**固定費**に分けて決定します。このうち、**変動費**は操業度に対する発生率（変動費率）を測定し、**固定費**は、操業度が変化しても一定額発生するものとし、特定の操業度に応じた製造間接費の予算額（これを**予算許容額**といいます）を下記の公式により算出する方法をいいます。

特定の操業度における予算許容額 ＝変動費率×その操業度＋固定費予算

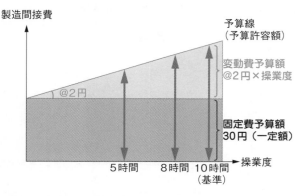

10時間のときの予算許容額＝@2円×10時間＋30円＝50円

8時間のときの予算許容額＝@2円× 8 時間＋30円＝46円

5時間のときの予算許容額＝@2円× 5 時間＋30円＝40円

予定配賦率の算定

　以上の手続きにより選択した**基準操業度**とそのときの**製造間接費予算額**により、**予定配賦率**を算定します。

〈製造間接費予算の設定〉
```
① 公式法変動予算
(② 固 定 予 算)
(③ 実査法変動予算)
```

$$予定配賦率 = \frac{基準操業度における製造間接費予算額}{基準操業度(一定期間の予定配賦基準数値)}$$

〈基準操業度の選択〉
```
(① 理論的生産能力)
② 実際的生産能力
③ 平 均 操 業 度
④ 期待実際操業度
```

　なお、公式法変動予算において変動費率が、あらかじめ問題の資料に与えられ、次のように計算することもあります。

$$予定配賦率 = 変動費率 + \frac{固定製造間接費予算額}{基準操業度}$$

└──固定費率

⊖ 問題編 ⊖
問題21

予算差異と操業度差異

製造間接費の
差異を分析！

予定配賦率の算定方法
が詳しくわかったとこ
ろで、今月発生している製造
間接費配賦差異について予算
差異と操業度差異という2つ
の差異に分析し、どこに無駄
があったのか把握することに
しました。

例 次の資料にもとづいて製造間接費の配賦差異を予算差異と操業度
差異に分析しなさい。

［資　料］

1．年間製造間接費予算（公式法変動予算）

変動費	36,000円
固定費	24,000円

（注）当工場では、製造間接費は年間正常機械運転時間300時間（基
準操業度）にもとづき各製品に予定配賦している。なお、製
造間接費の月間予算額および月間正常機械運転時間は、年間
予算額および年間正常機械運転時間の1/12である。

2．当月の生産実績

(1) 製造指図書別機械運転時間

	No. 1	No. 2	No. 3	合計
機械運転時間（時間）	10	7	6	23

(2) 製造間接費実際発生額

変動費	3,500円
固定費	2,200円

毎月行われる手続き

CASE32でも学習したように、当月の原価計算の手続きにおいて、**予定配賦率**にもとづく**予定配賦額**を計算し、**実際の製造間接費発生額**との差額で**製造間接費配賦差異**を計算します。

CASE34の一連の計算

・予定配賦率の算定： $\dfrac{36,000円 + 24,000円}{300時間} = @200円$

$$\begin{pmatrix} 変動費率：36,000円 \div 300時間 = @120円 \\ 固定費率：24,000円 \div 300時間 = @80円 \end{pmatrix}$$

・製造指図書別の予定配賦額

No. 1 への予定配賦額： @200円 × 10時間 = 2,000円
No. 2　　〃　　 ： @200円 × 7 時間 = 1,400円
No. 3　　〃　　 ： @200円 × 6 時間 = 1,200円
　　　　　　　　　　　 23時間　　4,600円
　　　　　　　　　　　　　　（仕掛品勘定へ）

・製造間接費配賦差異

$\underset{\text{予定配賦額}}{4,600円} - (\underset{\text{実際発生額}}{3,500円 + 2,200円}) = \triangle 1,100円（借方・不利差異）$

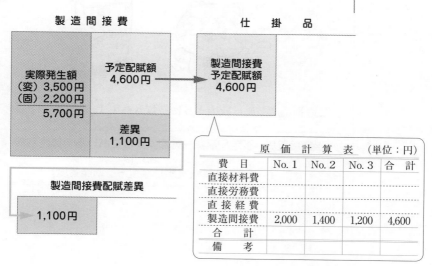

製造間接費

実際発生額 （変）3,500円 （固）2,200円 5,700円	予定配賦額 4,600円
	差異 1,100円

製造間接費配賦差異

1,100円

仕掛品

製造間接費 予定配賦額 4,600円

原 価 計 算 表　（単位：円）

費　目	No. 1	No. 2	No. 3	合　計
直接材料費				
直接労務費				
直接経費				
製造間接費	2,000	1,400	1,200	4,600
合　計				
備　考				

差異分析と原価報告

　製造間接費配賦差異は、さらに、**予算差異と操業度差異**に分析されます。この結果は経営管理者に対して報告され、製造間接費を管理するうえでの基礎資料となります。

予算差異

　予算差異とは、実際操業度における予算許容額と製造間接費の実際発生額の差額により計算されます。

　この差異は当月、製造間接費を見積りに比べて、浪費してしまったのか、または節約できたのかを示します。

> 予算差異＝実際操業度における予算許容額－実際発生額

操業度差異

　操業度差異とは、当初予定していた基準操業度どおりに操業を行わなかったために生じる製品原価に対する固定製造間接費の配賦過不足額をいいます。

使っても、使わなくても一定額が発生するなら、使わないと損！

ビシッ！

　この操業度差異は次のように計算されます。

> 操業度差異＝予定配賦額－実際操業度における予算許容額
> または
> 固定費率×（実際操業度－基準操業度）

たとえば機械の減価償却費は、操業度にかかわらず毎月一定額発生します。つまり機械を稼働せず遊ばせておいても一定額発生してしまうため、遊ばせておいた分だけ損しているといえます。

製造間接費の差異分析は次に示す図（**シュラッター図**）を利用して行うとわかりやすく、その書き方を示すと次のようになります。

> 2級でも学習したシュラッター図は1級でもテキストⅡの標準原価計算以降、よく用いる図なのでここでしっかりマスターしておこう。

手順①

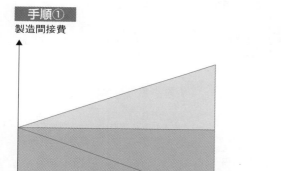

まず左のようにフォームを書き基準操業度を記入します。通常、月間ベースで計算するので基準操業度も月間数値に直します。
300時間÷12か月＝25時間

手順②

固定製造間接費予算額を記入し、変動費率と固定費率を求めます。なお、資料の固定製造間接費予算額も月間数値に修正します。
変動費率：3,000円÷25時間＝@120円
固定費率：2,000円÷25時間＝@80円
したがって製造間接費予定配賦率は変動費@120円と固定費率@80円の合計@200円となります。

手順③

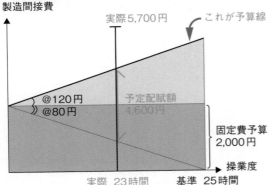

実際操業度と実際発生額を記入します。
その際に次の点に注意します。
①実際操業度はその数値の大小にかかわ
らず必ず基準操業度の内側（左側）に書
きます。
仮に実際操業度が30時間であっても基
準操業度より内側（左側）に書きます。

②また、実際発生額の高さは製造間接費
の予算線（右上がりの斜め線）を超える
ように書きます。

次に予定配賦額を記入します。
予定配賦額＝@200円×23時間＝4,600円
　　　　　　　　予定配賦率　実際操業度

手順④

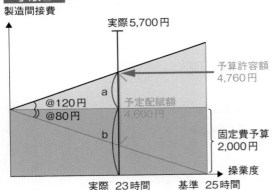

①製造間接費の配賦差異の総額を計算し
ます。
製造間接費配賦差異
＝4,600円－5,700円＝△1,100円
　　　　　　　　　　（借方・不利差異）

②この1,100円の借方・不利差異を予
算差異と操業度差異に分析しますが、そ
のためには実際操業度における予算許容
額を求める必要があります。
実際操業度における予算許容額
＝@120円×23時間＋2,000円＝4,760円
　　　a.変動費　　　　b.固定費

手順⑤

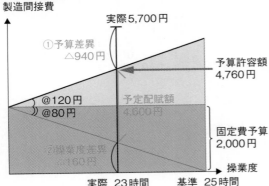

最後に差異分析を行います。
①予算差異
＝予算許容額－実際発生額
　　　この順番で引き算
＝4,760円－5,700円＝△940円
　　　　　　　　　　（借方・不利差異）

②操業度差異
＝予定配賦額－予算許容額
　　　この順番で引き算
または、
　固定費率×（実際操業度－基準操業度）
　　　　　　　この順番で引き算
＝4,600円－4,760円＝△160円
　　　　　　　　　　（借方・不利差異）
＝@80円×（23時間－25時間）＝△160円
　　　　　　　　　　（借方・不利差異）

変動費予算差異と固定費予算差異

CASE34で、予算差異をさらに変動費予算差異と固定費予算差異に分けて計算する場合があります。

この場合、シュラッター図の実際発生額を、変動費と固定費の区分線から上下に書き分けることで**変動費予算差異**と**固定費予算差異**を計算することができます。

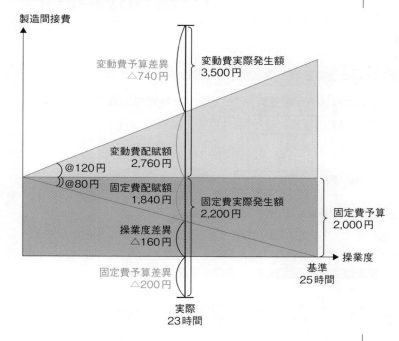

変動費予算差異：@120円×23時間 － 3,500円＝△740円（借方・不利差異）
<u>予算許容額</u>

固定費予算差異：2,000円 － 2,200円 ＝ △200円（借方・不利差異）
予算許容額＝予算額

注意　変動費と固定費では予算許容額の計算方法が異なるので注意しよう。

とても重要

予算差異：実際操業度における予算許容額－実際発生額
変動費の予算許容額＝変動費率×当月の実際操業度
固定費の予算許容額＝当月の固定費予算額
または
年間固定費予算額÷12か月

⇔ 問題編 ⇔
問題22〜24

製造間接費配賦差異と予算差異・操業度差異のまとめ

製造間接費配賦差異＝予定配賦額－実際発生額

で求められますが、間に 予算許容額 をはさみこんで２つの差異に分析していきます。

予算差異＝ 予算許容額 －実際発生額
＋
操業度差異＝予定配賦額－ 予算許容額

　ただ操業度差異は、生産設備の利用度（操業度）が基準操業度どおりであったかを原因として固定費から発生する差異なので、公式法変動予算では

操業度差異＝固定費率×（実際操業度－基準操業度）

と求めることもできます。

第7章

部門別個別原価計算（Ⅰ）

第6章では製造間接費を工場全体で1つの配賦基準によって
各製造指図書に配賦してきたけど、
工場の規模が大きくなり製造工程が複雑になってくると、
今までの計算方法では限界があるみたい。

ここでは、製造間接費の配賦計算を細分化することによって
正確な製品原価計算を目的とする部門別計算についてみていきましょう。

この章で学習する項目

1. 部門別計算の総論
2. 部門個別費と部門共通費の集計（STEP1）
3. 補助部門費の製造部門への配賦（STEP2）
   ①直接配賦法
   ②簡便法としての相互配賦法
   ③純粋の相互配賦法（連立方程式法）
   ④階梯式配賦法

1級
新
論点

部門別計算とは?

ゴエモン㈱埼玉工場には、木材をカットする切削部門と製品を組み立てる組立部門、修繕を担当する修繕部門、動力を提供する動力部門があります。このように部門が分かれているときには、部門別に原価を集計、計算するようです。

部門別計算とは

　工場の規模が大きくなり、さまざまな作業により製品が製造されるようになるとそれぞれの作業に応じて発生する製造間接費の内容も異なってきます。

　そこで製造間接費をいろいろな作業で発生した場所（部門といいます）ごとに集計しなおし、それぞれの部門ごとに適した配賦基準によって各製造指図書に配賦する必要があります（部門別配賦）。このような個別原価計算のことを部門別個別原価計算といいます。

費目別計算	部門別計算	製品別計算
材料費と労務費と経費を、直接費と間接費に分類して金額を把握	**製造間接費を原価発生の場所別に分類・集計**	製品ごとの原価がいくらになるか指図書ごとに把握

部門別計算の目的

　部門別個別原価計算を行うことにより、より正確な製造間接費の配賦ができるようになるとともに、製造間接費は発生した

部門ごとに集計されるので各部門の責任者が自分の責任の範囲内で製造間接費の発生額に無駄が生じていないかどうかを管理することができます。

> 部門別計算の目的
> 1．正確な製品原価を計算すること
> 2．原価管理を有効に行うこと

原価部門の分類

部門別個別原価計算を行うには製造間接費を集計しなおすための区分を設ける必要があります。これを原価部門といい、次のように分類されます。

(1) 製造部門

製造部門とは木材をカットする切削部門や製品を組み立てる組立部門など、製品の加工に直接従事する部門をいいます。

(2) 補助部門

補助部門とは、機械等の修繕を行う修繕部門や機械を動かすための動力を提供する動力部門などであり、製品の加工に直接従事しないものの、他の部門にいろいろなサービスを提供する部門をいいます。

ゴエモン㈱埼玉工場の場合は切削部門と組立部門が製造部門、修繕部門と動力部門が補助部門ですね。

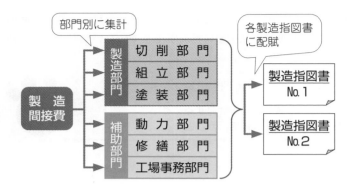

●製造間接費の部門別計算は3ステップ

　部門別個別原価計算では、上述のように、製造間接費を部門ごとに集計しなおしたうえで各製造指図書に配賦しますが、具体的には次の3ステップで行います。

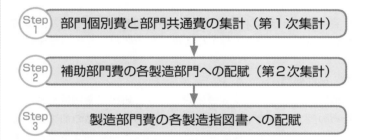

　また、一連の流れを勘定連絡と仕訳で示すと次のとおりになります。

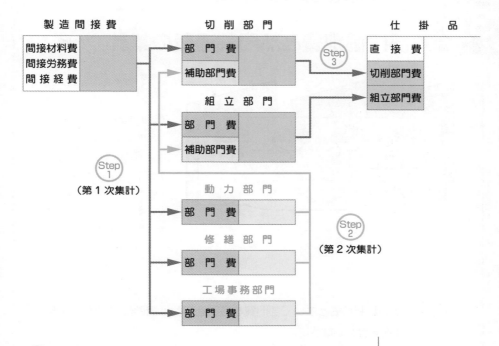

Step 1 製造間接費の各製造部門と補助部門への集計（第1次集計）

（切 削 部 門）	XX	（製造間接費）　　XX
（組 立 部 門）	XX	
（動 力 部 門）	XX	
（修 繕 部 門）	XX	
（工場事務部門）	XX	

Step 2 補助部門費の各製造部門への配賦（第2次集計）

（切 削 部 門）	XX	（動 力 部 門）	XX
（組 立 部 門）	XX	（修 繕 部 門）	XX
		（工場事務部門）	XX

Step 3 製造部門に集計された製造間接費（製造部門費）の各製造指図書への配賦

（仕 掛 品）	XX	（切 削 部 門）	XX
		（組 立 部 門）	XX

⊖ 問題編 ⊖
問題25

部門個別費と部門共通費の集計

複数の部門に共通して発生する原価の集計は？

ゴエモン㈱では、さっそく、製造間接費を部門別に集計して計算することにしました。ところが、製造間接費にはどの部門でいくら発生したか明らかなものや、いくつかの部門で共通に発生し、どの部門でいくら発生したか明らかでないものもあります。これらはどのように処理すればよいのでしょう？

例　次の資料にもとづいて部門費を各製造部門と補助部門へ集計（第1次集計）しなさい。

［資　料］

1. 部門個別費

切削部門	組立部門	動力部門	修繕部門
19,200円	26,000円	4,000円	4,800円

2. 部門共通費

建物減価償却費　　6,000円

機 械 保 険 料　20,000円

3. 部門共通費の配賦基準

	合　　　　計	切削部門	組立部門	動力部門	修繕部門
占 有 面 積	600m²	240m²	180m²	60m²	120m²
機械帳簿価額	2,000万円	700万円	1,000万円	100万円	200万円

● 部門個別費と部門共通費の集計 (Step 1)

　部門別計算においては、まず、発生した製造間接費について、どの部門でいくら発生したかが特定できる費目と、いくつかの部門にまたがって発生したため、工場全体での発生額しかわからない費目に分けます。

　この場合、どの部門でいくら発生したのか直接的にわかる費目を**部門個別費**といい、いくつかの部門にまたがって発生した費目を**部門共通費**といいます。

(1)　部門個別費の各部門への賦課（直課）

　部門個別費は、どの部門で発生したかが直接的にわかるので発生した**特定の部門に直接に賦課（直課）**します。

　したがってCASE36の部門個別費を各部門に賦課した場合の部門費配賦表の記入は次のとおりです。

> 部門個別費と部門共通費を集計する表を「部門費配賦表」といいます。

CASE36の部門個別費の賦課

部　門　費　配　賦　表

（単位：円）

摘　　要	配賦基準	合　　計	製造部門		補助部門	
			切削部門	組立部門	動力部門	修繕部門
部　門　個　別　費		54,000	19,200	26,000	4,000	4,800

> ［資料］1の金額を移すだけでOK

(2)　部門共通費の配賦

　部門共通費は、どの部門でいくら発生したかが直接的にわからないので**適切な配賦基準によって各部門に配賦します。**

　CASE36において、建物減価償却費は占有面積の割合、機械保険料は機械帳簿価額の割合によって配賦します。

　以上より、CASE36の部門共通費の配賦は次のようになります。

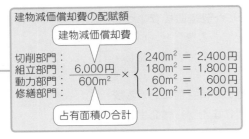

建物減価償却費の配賦額

建物減価償却費

切削部門：
組立部門： $\dfrac{6{,}000円}{600m^2} \times$
動力部門：
修繕部門：

$\begin{cases} 240m^2 = 2{,}400円 \\ 180m^2 = 1{,}800円 \\ 60m^2 = 600円 \\ 120m^2 = 1{,}200円 \end{cases}$

占有面積の合計

建物減価償却費

ゴエモン(株)
埼玉工場

部 門 費 配 賦 表　　　　　（単位：円）

摘　　要	配賦基準	合　　計	製造部門		補助部門	
			切削部門	組立部門	動力部門	修繕部門
部 門 個 別 費		54,000	19,200	26,000	4,000	4,800
部 門 共 通 費						
建物減価償却費	占 有 面 積	600m² 6,000	240m² 2,400	180m² 1,800	60m² 600	120m² 1,200
機 械 保 険 料	機械帳簿価額	2,000万円 20,000	700万円 7,000	1,000万円 10,000	100万円 1,000	200万円 2,000
部　　門　　費		80,000	28,600	37,800	5,600	8,000

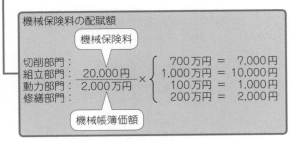

機械保険料の配賦額

機械保険料

切削部門：
組立部門： $\dfrac{20{,}000円}{2{,}000万円} \times$
動力部門：
修繕部門：

$\begin{cases} 700万円 = 7{,}000円 \\ 1{,}000万円 = 10{,}000円 \\ 100万円 = 1{,}000円 \\ 200万円 = 2{,}000円 \end{cases}$

機械帳簿価額

機械保険料

　　以上の発生した製造間接費を各部門に集計する手続きを**第1次集計**といい、また第1次集計により各部門に集計された製造間接費（部門個別費と部門共通費配賦額の合計）のことを**部門費**といいます。

　　帳簿上の仕訳と勘定への転記はこの部門費を使って行います。

仕訳と転記において部門個別費や部門共通費など部門費の内訳は出てきません。

CASE36の会計処理

(切 削 部 門)	28,600	（製 造 間 接 費） 80,000
(組 立 部 門)	37,800	
(動 力 部 門)	5,600	
(修 繕 部 門)	8,000	

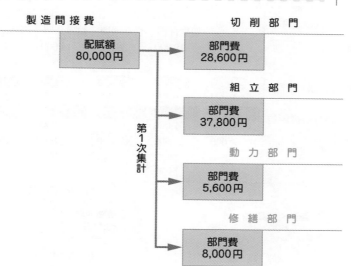

試験においては仕訳より勘定記入の形式で問われることが多いので**部門費配賦表から各勘定への記入方法をマスターしてお**きましょう。

部 門 費 配 賦 表
(単位：円)

摘　　要	配賦基準	合　　計	製造部門		補助部門	
			切削部門	組立部門	動力部門	修繕部門
部 門 個 別 費		54,000	19,200	26,000	4,000	4,800
部 門 共 通 費						
建物減価償却費	占 有 面 積	600m² 6,000	240m² 2,400	180m² 1,800	60m² 600	120m² 1,200
機 械 保 険 料	機械帳簿価額	2,000万円 20,000	700万円 7,000	1,000万円 10,000	100万円 1,000	200万円 2,000
部 　 門 　 費		80,000	28,600	37,800	5,600	8,000

各部門勘定の「借方」に記入

動 力 部 門
製造間接費 5,600

切 削 部 門
製造間接費 28,600

修 繕 部 門
製造間接費 8,000

組 立 部 門
製造間接費 37,800

第1次集計の結果は各部門勘定の借方に記入されます。

問題26

直接配賦法

動力部門　　修繕部門

補助部門費を配賦する…。

部門個別費と部門共通費の集計が終わったら、次は補助部門費を製造部門に配賦していきます。

それでは、補助部門費の配賦方法について、2級でも学習した直接配賦法から復習も兼ねてみていきましょう。

例 次の資料にもとづいて直接配賦法により、補助部門費の配賦（第2次集計）を行いなさい。

［資　料］

	合　　計	切削部門	組立部門	動力部門	修繕部門
部　　門　　費	80,000円	28,600円	37,800円	5,600円	8,000円
補助部門費配賦基準					
動 力 消 費 量	500kwh	300kwh	100kwh	———	100kwh
修 繕 時 間	280時間	50時間	150時間	50時間	30時間

補助部門費の製造部門への配賦

　第1次集計によって製造間接費は各部門に集計されましたが、そのうち補助部門に集計された部門費は、その補助部門がサービスを提供した関係部門に対して配賦されます。この手続きを補助部門費の製造部門への配賦（**第2次集計**）といいます。

この配賦先は製造部門だけに限らず他の補助部門の場合もありますが、最終的には製造部門に集計されることになります。

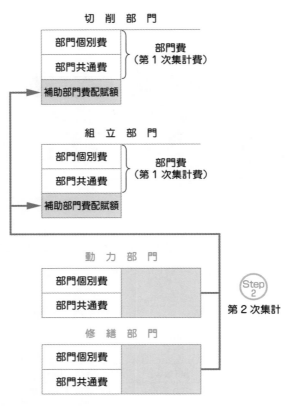

切 削 部 門

部門個別費	部門費
部門共通費	（第 1 次集計費）
補助部門費配賦額	

組 立 部 門

部門個別費	部門費
部門共通費	（第 1 次集計費）
補助部門費配賦額	

動 力 部 門

| 部門個別費 | |
| 部門共通費 | |

修 繕 部 門

| 部門個別費 | |
| 部門共通費 | |

Step 2
第 2 次集計

補助部門費の製造部門への配賦にあたっては次の 3 点に注意しなければなりません。

この第 7 章ではこのうち(1)だけ説明し、(2)(3)については次の第 8 章において説明していきます。

とても重要 補助部門費の製造部門への配賦に関する論点

(1) 補助部門間どうしのサービスのやりとりをどのように考えるか

(2) 変動費と固定費にそれぞれ別個の配賦基準を使用するかどうか

(3) 実際配賦するのか予定配賦、予算許容額配賦するのか

134

補助部門間相互のサービスの授受

補助部門は、製造部門にサービスを提供するだけでなく、他の補助部門へもサービスを提供している場合があります。

たとえば、動力部門では修繕部門へ動力を提供し、逆に修繕部門では動力部門の機械の修繕を行うというようなケースです。

補助部門費の製造部門への配賦方法には、この補助部門間のサービスのやりとりを、計算上、どの程度考慮するかにより以下の方法があります。

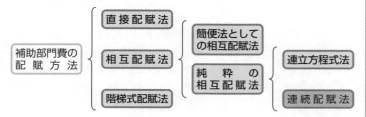

直接配賦法

直接配賦法とは補助部門間のサービスのやりとりがあったとしても配賦計算上はそれらを**無視して**補助部門費を直接、製造部門だけに配賦する**最も単純な方法**です。

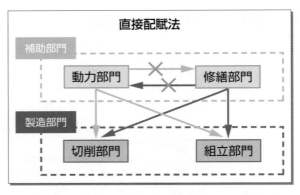

直接配賦法

補助部門
動力部門 → ✕ → 修繕部門

製造部門
切削部門　組立部門

以上より、CASE37の直接配賦法による補助部門費の配賦は次のようになります。

CASE37の直接配賦法

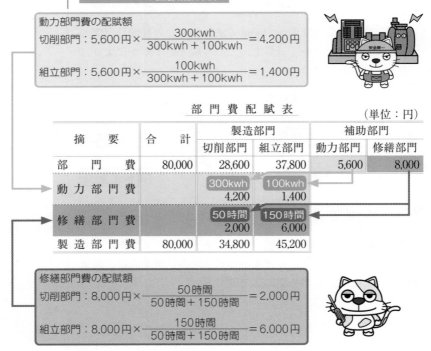

動力部門費の配賦額

切削部門：$5,600円 \times \dfrac{300kwh}{300kwh + 100kwh} = 4,200円$

組立部門：$5,600円 \times \dfrac{100kwh}{300kwh + 100kwh} = 1,400円$

部 門 費 配 賦 表　　　　　　（単位：円）

摘　　要	合　　計	製造部門		補助部門	
		切削部門	組立部門	動力部門	修繕部門
部　　門　　費	80,000	28,600	37,800	5,600	8,000
動 力 部 門 費		300kwh 4,200	100kwh 1,400		
修 繕 部 門 費		50時間 2,000	150時間 6,000		
製 造 部 門 費	80,000	34,800	45,200		

修繕部門費の配賦額

切削部門：$8,000円 \times \dfrac{50時間}{50時間 + 150時間} = 2,000円$

組立部門：$8,000円 \times \dfrac{150時間}{50時間 + 150時間} = 6,000円$

| （切 削 部 門） | 6,200 | （動 力 部 門） | 5,600 |
| （組 立 部 門） | 7,400 | （修 繕 部 門） | 8,000 |

勘定連絡図を示すと次のようになります。

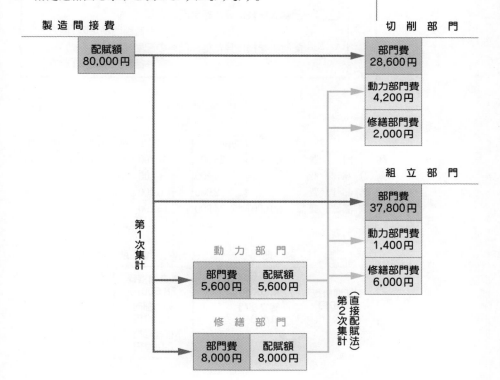

勘定記入は部門費配賦表を縦と横にみて書き入れます。

部門費配賦表から勘定記入する場合のルール

⬭ …配賦表を縦に見た各部門の金額
⇒各部門勘定の「借方」へ

▨ …配賦表を横に見た他部門への配賦
⇒各部門勘定の「貸方」へ

部 門 費 配 賦 表

(単位：円)

摘　　　要	合　　　計	製造部門		補助部門	
		切削部門	組立部門	動力部門	修繕部門
部　　門　　費	80,000	28,600	37,800	5,600	8,000
動　力　部　門　費		4,200	1,400		
修　繕　部　門　費		2,000	6,000		
製　造　部　門　費	80,000	34,800	45,200		

動 力 部 門

製造間接費 5,600円	切削部門 4,200円
	組立部門 1,400円

切 削 部 門

製造間接費 28,600円
動力部門 4,200円
修繕部門 2,000円

修 繕 部 門

製造間接費 8,000円	切削部門 2,000円
	組立部門 6,000円

組 立 部 門

製造間接費 37,800円
動力部門 1,400円
修繕部門 6,000円

⊖ 問題編 ⊖
問題27

簡便法としての相互配賦法

次は簡便法としての
相互配賦法だニャ！

つづいて簡便法として
の相互配賦法について
みてみましょう。これも2級
でやりましたね。

例　次の資料にもとづいて相互配賦法（簡便法）により補助部門費の
配賦（第2次集計）を行いなさい。

［資　料］

	合　　計	切削部門	組立部門	動力部門	修繕部門
部　門　費	80,000円	28,600円	37,800円	5,600円	8,000円
補助部門費配賦基準					
動 力 消 費 量	500kwh	300kwh	100kwh	——	100kwh
修 繕 時 間	280時間	50時間	150時間	50時間	30時間

簡便法としての相互配賦法

　簡便法としての相互配賦法とは補助部門間のサービスのやり
とりを**考慮**して、2回に分けて配賦計算を行う方法です。

　1回目の配賦計算では補助部門間のサービスのやりとりを考
慮して、補助部門費を**製造部門と他の補助部門に配賦**します
（**第1次配賦**）。

　そして2回目の配賦計算では補助部門間のサービスのやりと
りはなかったものとして、他の補助部門から配賦された補助部
門費を**製造部門のみに配賦**します（**第2次配賦**）。

2回目は直接配賦
法と同じになりま
す。

以上より、CASE38の相互配賦法による補助部門費の第1次配賦は次のようになります。

動力部門費の配賦額

切削部門：$5,600円 \times \dfrac{300kwh}{300kwh + 100kwh + 100kwh} = 3,360円$

組立部門：$5,600円 \times \dfrac{100kwh}{300kwh + 100kwh + 100kwh} = 1,120円$

修繕部門：$5,600円 \times \dfrac{100kwh}{300kwh + 100kwh + 100kwh} = 1,120円$

部 門 費 配 賦 表

(単位：円)

摘　　要	合　　計	製造部門		補助部門	
		切削部門	組立部門	動力部門	修繕部門
部　　門　　費	80,000	28,600	37,800	5,600	8,000
第 1 次 配 賦					
動 力 部 門 費		300kwh 3,360	100kwh 1,120	――	100kwh 1,120
修 繕 部 門 費		50時間 1,600	150時間 4,800	50時間 1,600	――

修繕部門（自部門）から修繕部門（自部門）への配賦は行わないので注意すること。

修繕部門費の配賦額

切削部門：$8,000円 \times \dfrac{50時間}{50時間 + 150時間 + 50時間} = 1,600円$

組立部門：$8,000円 \times \dfrac{150時間}{50時間 + 150時間 + 50時間} = 4,800円$

動力部門：$8,000円 \times \dfrac{50時間}{50時間 + 150時間 + 50時間} = 1,600円$

続いて、CASE38の相互配賦法による補助部門費の第2次配賦は次のようになります。

CASE38の相互配賦法（簡便法）—第2次配賦

動力部門費の配賦額

切削部門：$1,600円 \times \dfrac{300kwh}{300kwh + 100kwh} = 1,200円$

組立部門：$1,600円 \times \dfrac{100kwh}{300kwh + 100kwh} = 400円$

部　門　費　配　賦　表　　　　　（単位：円）

摘　　要	合　　計	製造部門		補助部門	
		切削部門	組立部門	動力部門	修繕部門
部　　門　　費	80,000	28,600	37,800	5,600	8,000
第 1 次 配 賦					
動 力 部 門 費		3,360	1,120	——	1,120
修 繕 部 門 費		1,600	4,800	1,600	——
第 2 次 配 賦				1,600	1,120
動 力 部 門 費		300kwh 1,200	100kwh 400		
修 繕 部 門 費		50時間 280	150時間 840		
製 造 部 門 費	80,000	35,040	44,960		

この金額を製造部門に配賦します。

修繕部門費の配賦額

切削部門：$1,120円 \times \dfrac{50時間}{50時間 + 150時間} = 280円$

組立部門：$1,120円 \times \dfrac{150時間}{50時間 + 150時間} = 840円$

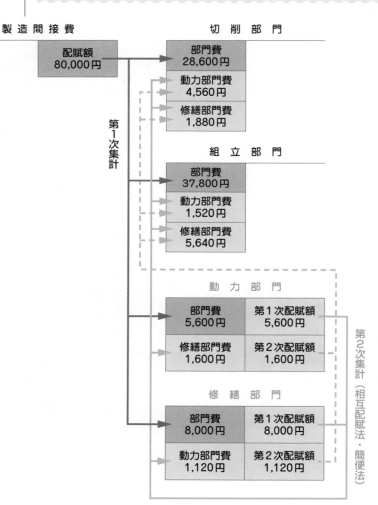

CASE38の会計処理

（切　削　部　門）	6,440	（動　力　部　門）	5,600
（組　立　部　門）	7,160	（修　繕　部　門）	8,000

製　造　間　接　費

配賦額
80,000円

第1次集計

切　削　部　門

部門費
28,600円

動力部門費
4,560円

修繕部門費
1,880円

組　立　部　門

部門費
37,800円

動力部門費
1,520円

修繕部門費
5,640円

動　力　部　門

部門費 5,600円	第1次配賦額 5,600円
修繕部門費 1,600円	第2次配賦額 1,600円

修　繕　部　門

部門費 8,000円	第1次配賦額 8,000円
動力部門費 1,120円	第2次配賦額 1,120円

第2次集計（相互配賦法・簡便法）

　できあがった部門費配賦表をもとに、勘定記入もみておきましょう。

部 門 費 配 賦 表

（単位：円）

摘　　要	合　　計	製造部門		補助部門	
		切削部門	組立部門	動力部門	修繕部門
部　　門　　費	80,000	28,600	37,800	5,600	8,000
第 1 次 配 賦					
動 力 部 門 費		3,360	1,120	——	1,120
修 繕 部 門 費		1,600	4,800	1,600	——
第 2 次 配 賦				1,600	1,120
動 力 部 門 費		1,200	400		
修 繕 部 門 費		280	840		
製 造 部 門 費	80,000	35,040	44,960		

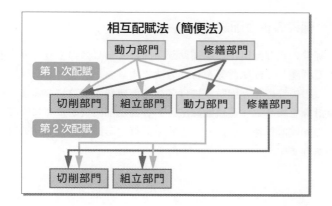

動 力 部 門

製造間接費 5,600円 修繕部門 1,600円	切削部門 4,560円
	組立部門 1,520円
	修繕部門 1,120円

切 削 部 門

| 製造間接費 28,600円 動力部門 4,560円 修繕部門 1,880円 | |

修 繕 部 門

製造間接費 8,000円 動力部門 1,120円	切削部門 1,880円
	組立部門 5,640円
	動力部門 1,600円

組 立 部 門

| 製造間接費 37,800円 動力部門 1,520円 修繕部門 5,640円 | |

相互配賦法（簡便法）

動力部門　修繕部門

第 1 次配賦 → 切削部門　組立部門　動力部門　修繕部門

第 2 次配賦 → 切削部門　組立部門

ここまでは2級の学習内容だから忘れてたらしっかり計算方法を思い出してね。

⇔ 問題編 ⇔
問題28

純粋の相互配賦法 （連立方程式法）

つづいて純粋の相互配賦法（連立方程式法）についてみてみましょう。

> **例** 次の資料にもとづいて純粋の相互配賦法（連立方程式法）により補助部門費の配賦（第2次集計）を行いなさい。

［資 料］

	合　　計	切削部門	組立部門	動力部門	修繕部門
部　門　費	80,000円	28,600円	37,800円	5,600円	8,000円
補助部門費配賦基準					
動力消費量	500kwh	300kwh	100kwh	——	100kwh
修　繕　時　間	280時間	50時間	150時間	50時間	30時間

純粋の相互配賦法

　純粋の相互配賦法とは補助部門間のサービスのやりとりを**すべて考慮**して配賦計算を行う方法です。

　この純粋の相互配賦法には各補助部門費がゼロになるまで配賦計算を繰り返す**連続配賦法**と、各補助部門費がゼロになるまでの配賦計算過程を連立方程式で計算する**連立方程式法**の2つがあります。

連続配賦法

　連続配賦法はCASE38で学習した簡便的な相互配賦法の第1次配賦と同じ計算（補助部門費を製造部門と他の補助部門に配賦）を、他の補助部門から配賦されてくる**補助部門費がゼロになるまで何回も繰り返し配賦計算します。**

CASE39の純粋の相互配賦法（連続配賦法）

部 門 費 配 賦 表　　　　　　　　　（単位：円）

摘　　要	合　　計	製造部門		補助部門	
		切削部門	組立部門	動力部門	修繕部門
部　門　費	80,000	28,600	37,800	5,600[*1]	8,000[*2]
第 1 次 配 賦					
動 力 部 門 費		300kwh 3,360	100kwh 1,120	――	100kwh 1,120
修 繕 部 門 費		50時間 1,600	150時間 4,800	50時間 1,600	――
第 2 次 配 賦				1,600[*1]	1,120[*2]
動 力 部 門 費		960	320	――	320
修 繕 部 門 費		224	672	224	――
第 3 次 配 賦				224[*1]	320[*2]
動 力 部 門 費		134	45	――	45
修 繕 部 門 費		64	192	64	――
第 4 次 配 賦				64[*1]	45[*2]
動 力 部 門 費		38	13	――	13
修 繕 部 門 費		9	27	9	――
第 5 次 配 賦				9[*1]	13[*2]
動 力 部 門 費		5	2	――	2
修 繕 部 門 費		3	7	3	――
第 6 次 配 賦				3[*1]	2[*2]
動 力 部 門 費		2	1	――	0
修 繕 部 門 費		1	1	0	――
製 造 部 門 費	80,000	35,000	45,000	0[*1]	0[*2]

この計算を何回も繰り返し行います。

（注）上記の計算では、端数処理により表示を一部調整しています。

　しかし、以上の計算を実際に行うのは、時間がかかって大変です。補助部門間のサービスのやりとりをすべて考慮し、効率

的に計算する方法として考え出されたのが連立方程式法です。

 連立方程式法

　連続配賦法の動力部門をみてみましょう。ここでは製造部門費または他の補助部門である修繕部門から配賦されてきた金額について、常に切削部門と組立部門と修繕部門に300kwh：100kwh：100kwhの割合で配賦し続けています。連立方程式法はこの関係に着目して連立方程式を組み立て、計算していく方法です。

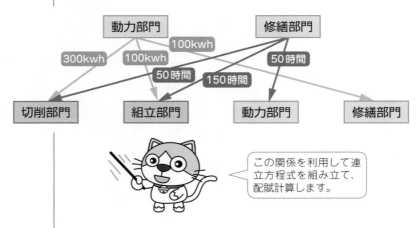

この関係を利用して連立方程式を組み立て、配賦計算します。

CASE39の純粋の相互配賦法（連立方程式法）の計算手順

Step 1　最終的に計算された（相互に配賦済みの）動力部門費をa、修繕部門費をbとおきます。

部 門 費 配 賦 表

(単位：円)

摘　　要	合　　計	製造部門		補助部門	
		切削部門	組立部門	動力部門	修繕部門
部　　門　　費	80,000	28,600	37,800	5,600	8,000
動力部門費(＝a)					
修繕部門費(＝b)					
製 造 部 門 費				a	b

注意 この動力部門費aの金額は連続配賦法による部門費配賦表の*1を付した数値の合計額と一致し、修繕部門費bの金額は*2を付した数値の合計額と一致することになります。

Step 2 そのa、bをサービスの提供割合にもとづいて製造部門と他の補助部門に配賦します。ただし修繕部門から修繕部門など、自部門への配賦は行わないので注意しましょう。

動力部門費（＝a）の各部門へのサービス提供割合にもとづいた配賦額

切削部門：$a \times \dfrac{300\text{kwh}}{300\text{kwh} + 100\text{kwh} + 100\text{kwh}} = 0.6a$

組立部門：$a \times \dfrac{100\text{kwh}}{300\text{kwh} + 100\text{kwh} + 100\text{kwh}} = 0.2a$

修繕部門：$a \times \dfrac{100\text{kwh}}{300\text{kwh} + 100\text{kwh} + 100\text{kwh}} = 0.2a$

部 門 費 配 賦 表
（単位：円）

摘　　要	合　　計	製造部門		補助部門	
		切削部門	組立部門	動力部門	修繕部門
部　門　費	80,000	28,600	37,800	5,600	8,000
動力部門費（＝a）		0.6 a	0.2 a	――――	0.2 a
修繕部門費（＝b）		0.2 b	0.6 b	0.2 b	――――
製 造 部 門 費				a	b

修繕部門費（＝b）の各部門へのサービス提供割合にもとづいた配賦額

切削部門：$b \times \dfrac{50\text{時間}}{50\text{時間} + 150\text{時間} + 50\text{時間}} = 0.2b$

組立部門：$b \times \dfrac{150\text{時間}}{50\text{時間} + 150\text{時間} + 50\text{時間}} = 0.6b$

動力部門：$b \times \dfrac{50\text{時間}}{50\text{時間} + 150\text{時間} + 50\text{時間}} = 0.2b$

部門費配賦表の補助部門の列を縦に見て連立方程式を立てます。

部　門　費　配　賦　表

（単位：円）

摘　　要	合　計	製造部門		補助部門	
		切削部門	組立部門	動力部門	修繕部門
部　門　費	80,000	28,600	37,800	5,600	8,000
動力部門費（＝a）		0.6 a	0.2 a	——	0.2 a
修繕部門費（＝b）		0.2 b	0.6 b	0.2 b	——
製 造 部 門 費				a	b

$$\begin{cases} a = 5{,}600 + 0.2\,b \cdots ① \\ b = 8{,}000 + 0.2\,a \cdots ② \end{cases}$$

連立方程式を解いて a、b を求めます。

$$\begin{cases} a = 5{,}600 + 0.2\,b \cdots ① \\ b = 8{,}000 + 0.2\,a \cdots ② \end{cases}$$

②式を①式に代入します。

$$a = 5{,}600 + 0.2 \times (8{,}000 + 0.2\,a)$$

$$a = 5{,}600 + 1{,}600 + 0.04\,a$$

$$a - 0.04\,a = 7{,}200$$

$$0.96\,a = 7{,}200$$

↓　両辺 ÷ 0.96

$$a = 7{,}500$$

↓　a = 7,500を②式に代入して、

$$b = 8{,}000 + 0.2 \times 7{,}500$$

$$b = 9{,}500$$

↓　したがって最終解答は、以下のようになります。

$$\begin{cases} a = 7{,}500 \\ b = 9{,}500 \end{cases}$$

連続配賦法による部門費配賦表にある＊1を付した数値の合計額がaと、＊2を付した数値の合計額がbと一致することを確かめてみてください。

Step 5 連立方程式の解を Step 2 で作成した部門費配賦表に代入します。

部 門 費 配 賦 表

(単位：円)

摘　　要	合　　計	製造部門		補助部門	
		切削部門	組立部門	動力部門	修繕部門
部　　門　　費	80,000	28,600	37,800	5,600	8,000
動 力 部 門 費		4,500	1,500	――――	1,500
修 繕 部 門 費		1,900	5,700	1,900	――――
製 造 部 門 費				7,500	9,500

Step 6 部門費配賦表の表示形式を整えます。

部 門 費 配 賦 表

(単位：円)

摘　　要	合　　計	製造部門		補助部門	
		切削部門	組立部門	動力部門	修繕部門
部　　門　　費	80,000	28,600	37,800	5,600	8,000
動 力 部 門 費		4,500	1,500	(7,500)	1,500
修 繕 部 門 費		1,900	5,700	1,900	(9,500)
製 造 部 門 費	80,000	35,000	45,000	0	0

（注）部門費配賦表の金額につけた（　）はマイナスを意味し、他の部門へ配賦したことを示しています。

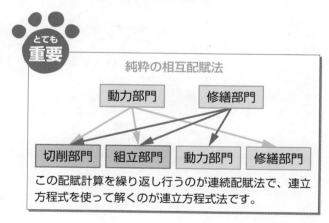

とても重要

純粋の相互配賦法

動力部門　　修繕部門

切削部門　組立部門　動力部門　修繕部門

この配賦計算を繰り返し行うのが連続配賦法で、連立方程式を使って解くのが連立方程式法です。

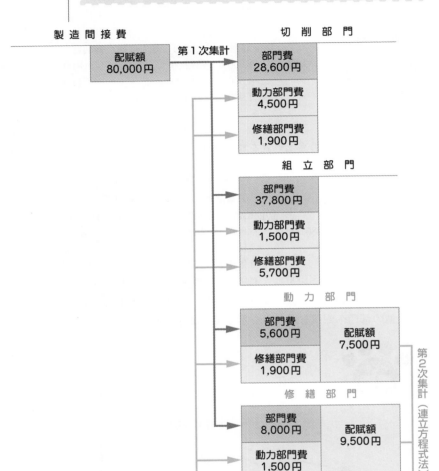

CASE39の会計処理

（切 削 部 門） 6,400	（動 力 部 門） 5,600
（組 立 部 門） 7,200	（修 繕 部 門） 8,000

製 造 間 接 費

配賦額
80,000円

第1次集計

切 削 部 門

部門費
28,600円

動力部門費
4,500円

修繕部門費
1,900円

組 立 部 門

部門費
37,800円

動力部門費
1,500円

修繕部門費
5,700円

動 力 部 門

部門費
5,600円

配賦額
7,500円

修繕部門費
1,900円

第2次集計（連立方程式法）

修 繕 部 門

部門費
8,000円

配賦額
9,500円

動力部門費
1,500円

できあがった部門費配賦表をもとに、勘定記入もみておきましょう。

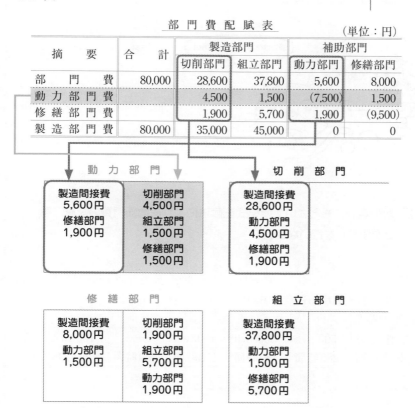

部　門　費　配　賦　表

（単位：円）

摘　　　要	合　　　計	製造部門		補助部門	
		切削部門	組立部門	動力部門	修繕部門
部　　門　　費	80,000	28,600	37,800	5,600	8,000
動　力　部　門　費		4,500	1,500	(7,500)	1,500
修　繕　部　門　費		1,900	5,700	1,900	(9,500)
製　造　部　門　費	80,000	35,000	45,000	0	0

動　力　部　門

製造間接費 5,600円	切削部門 4,500円
修繕部門 1,900円	組立部門 1,500円
	修繕部門 1,500円

切　削　部　門

製造間接費 28,600円
動力部門 4,500円
修繕部門 1,900円

修　繕　部　門

製造間接費 8,000円	切削部門 1,900円
動力部門 1,500円	組立部門 5,700円
	動力部門 1,900円

組　立　部　門

製造間接費 37,800円
動力部門 1,500円
修繕部門 5,700円

⇔ 問題編 ⇔
問題29

CASE 40

階梯式配賦法

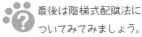

最後は階梯式配賦法についてみてみましょう。

例 次の資料にもとづいて階梯式配賦法により補助部門費の配賦（第2次集計）を行いなさい。

[資 料]

	合　計	切削部門	組立部門	動力部門	修繕部門
部　門　費	80,000円	28,600円	37,800円	5,600円	8,000円
補助部門費配賦基準					
動力消費量	500kwh	300kwh	100kwh	———	100kwh
修繕時間	280時間	50時間	150時間	50時間	30時間

階梯式配賦法

　階梯式配賦法とは、CASE37で学習した直接配賦法のように補助部門間のサービスのやりとりをすべて無視することはせず、**一部は考慮して**配賦計算を行う方法です。

　したがって、階梯式配賦法では補助部門間のサービスのやりとりのうちどれを考慮し、どれを無視するかを決定しなければなりません。

補助部門間の順位づけが必要となります。

　そこで、**補助部門に順位づけをして、順位の高い補助部門から低い補助部門へのサービスの提供は計算上考慮しますが、順**

位の低い補助部門から高い補助部門へのサービスの提供は計算
上無視します。

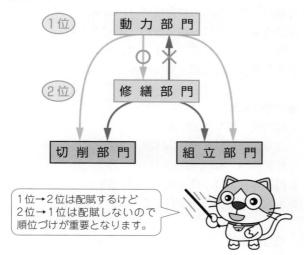

そうすることで補助部門費が配賦によっていったりきたりするという複雑さを回避します。

1位→2位は配賦するけど
2位→1位は配賦しないので
順位づけが重要となります。

補助部門間の順位づけのルール

補助部門間の順位づけのルールは次のとおりです。

第1判断基準

他の補助部門への**サービス提供数が多い**補助部門を上位とします（提供数のカウントにおいて、自部門へのサービス提供は含めません）。

第2判断基準

他の補助部門へのサービス提供数が同じだった場合は次のどちらかの方法によります。
　① **部門費（第1次集計金額）が多い方が上位**
　② 相互の配賦額を比較し相手への配賦額が多い方が上位

(1) 第1判断基準…他の補助部門へのサービス提供数

動力部門：動力部門→修繕部門（100kwh）1件

修繕部門：修繕部門→動力部門（50時間）1件

第1判断基準では両者同じ1件のサービス提供数なので順位づけできず第2判断基準で判断することになります。

> 自部門へのサービス提供は含めません。

(2) 第2判断基準

① 部門費（第1次集計費）

動力部門：5,600円（2位）

修繕部門：8,000円（1位）

部門費基準では、修繕部門が動力部門より多いので修繕部門が1位、動力部門が2位となります。

> 試験において、部門費基準によるか、相互配賦額基準によるかは問題文の指示に従います。

② 相互配賦額

$$動力部門：5,600円 \times \frac{100kwh}{300kwh + 100kwh + 100kwh}$$
$$= 1,120円$$

$$修繕部門：8,000円 \times \frac{50時間}{50時間 + 150時間 + 50時間}$$
$$= 1,600円$$

相互配賦額基準では、動力部門から修繕部門への配賦額が1,120円、修繕部門から動力部門への配賦額が1,600円と計算され、修繕部門から動力部門への配賦額の方が多いので修繕部門が1位、動力部門が2位となります。

部門費配賦表は資料の順番に書くのではなく、**高順位の部門を補助部門欄の一番右に記入し、あとは順に左へ記入していき**ます。

部 門 費 配 賦 表

（単位：円）

摘　　要	合　　計	製造部門		補助部門	
		切削部門	組立部門	動力部門 **2位**	修繕部門 **1位**
部　門　費	80,000	28,600	37,800	5,600	8,000
1位 修 繕 部 門 費		50時間 1,600	150時間 4,800	50時間 1,600	8,000
2位 動 力 部 門 費		5,400 300kwh	1,800 100kwh	7,200	
製 造 部 門 費	80,000	35,600	44,400		

修繕部門費の配賦額

切削部門：$8,000円 \times \dfrac{50時間}{50時間 + 150時間 + 50時間} = 1,600円$

組立部門：$8,000円 \times \dfrac{150時間}{50時間 + 150時間 + 50時間} = 4,800円$

動力部門：$8,000円 \times \dfrac{50時間}{50時間 + 150時間 + 50時間} = 1,600円$

動力部門費の配賦額

切削部門：$7,200円 \times \dfrac{300kwh}{300kwh + 100kwh} = 5,400円$

組立部門：$7,200円 \times \dfrac{100kwh}{300kwh + 100kwh} = 1,800円$

配賦計算は配賦表の一番右端の修繕部門（**1位**）から、**自部門より左の部門だけに（製造部門および下位の補助部門）**に配賦をしていきます。

このルールにもとづいて配賦計算し、配賦表を完成させると階段状になることから階梯式配賦法とよばれています。

注意 動力部門（2位）から修繕部門（1位）へのサービスの提供は配賦計算上無視するので注意してください。

問題文の資料と補助部門間の順位は対応していない場合がありますので問題文の資料をよく見て計算しましょう。

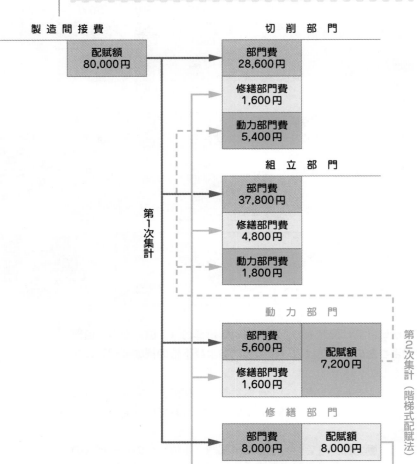

CASE40の会計処理

（切削部門） 7,000	（動力部門） 5,600
（組立部門） 6,600	（修繕部門） 8,000

製造間接費

配賦額
80,000円

第1次集計

切削部門

部門費
28,600円

修繕部門費
1,600円

動力部門費
5,400円

組立部門

部門費
37,800円

修繕部門費
4,800円

動力部門費
1,800円

動力部門

部門費
5,600円

配賦額
7,200円

修繕部門費
1,600円

修繕部門

部門費
8,000円

配賦額
8,000円

第2次集計（階梯式配賦法）

できあがった部門費配賦表をもとに、勘定記入もみておきましょう。

部 門 費 配 賦 表

(単位：円)

摘　　要	合　　計	製造部門		補助部門	
		切削部門	組立部門	動力部門	修繕部門
部　　門　　費	80,000	28,600	37,800	5,600	8,000
修 繕 部 門 費		1,600	4,800	1,600	8,000
動 力 部 門 費		5,400	1,800	7,200	
製 造 部 門 費	80,000	35,600	44,400		

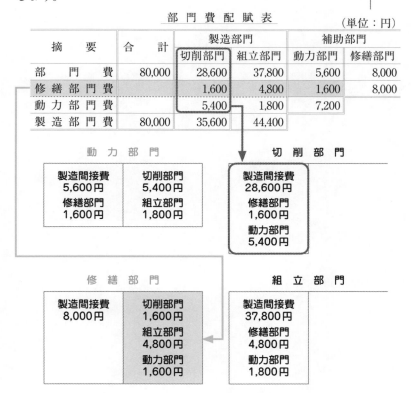

動　力　部　門

製造間接費 5,600円	切削部門 5,400円
修繕部門 1,600円	組立部門 1,800円

切　削　部　門

製造間接費 28,600円	
修繕部門 1,600円	
動力部門 5,400円	

修　繕　部　門

製造間接費 8,000円	切削部門 1,600円
	組立部門 4,800円
	動力部門 1,600円

組　立　部　門

製造間接費 37,800円	
修繕部門 4,800円	
動力部門 1,800円	

⇔ 問題編 ⇔
問題30

第8章

部門別個別原価計算（Ⅱ）

第7章では、補助部門費を製造部門へ配賦するときに
補助部門どうしのサービスのやりとりを
どう捉えるかについて学習したけど、
原価の管理をもっと有効に行うための配賦方法があるんだって！

ここでは原価計算の第2段階である
部門別計算の続きについてみていきましょう。
この第8章はテキストⅠのヤマ場となる難しい論点なので
頑張っていきましょう。

この章で学習する項目

1. 単一基準配賦法と複数基準配賦法
2. 補助部門費の配賦方法と責任会計
   ：実際配賦
   ：予定配賦
   ：予算許容額配賦
3. 製造部門費の各製造指図書（仕掛品勘定）への配賦
4. 部門別計算のまとめ問題

1級
新
論点

単一基準配賦法

切削部門　　組立部門

¥？　　¥？

補助部門費を原価の
性質に応じて配賦する…。

部門別個別原価計算の目的の1つである正確な製品原価の計算をさらに追求するため、変動費と固定費の違いに目をつけたゴエモン君。発生の性質も違うし、配賦方法も変えたほうがいいのかな。まずは区別しない方からみていきましょう。

例 当社の動力部門は、その製造部門である切削部門と組立部門に動力を供給している。そこで次の資料により直接配賦法と単一基準配賦法により動力部門費の実際配賦を行いなさい。

[資　料]
1．製造部門の動力消費量

	切削部門	組立部門	合計
(1)　月間消費能力	350kwh	150kwh	500kwh
(2)　当月実際消費量	300kwh	100kwh	400kwh

　(注) 月間消費能力500kwhは年間消費能力にもとづいて設定されている。

2．動力部門の当月実績データ
　　動力供給量：400kwh
　　動力部門費：変動費　　4,000円
　　　　　　　　固定費　　3,500円
　　　　　　　　合　計　　7,500円

単一基準配賦法

単一基準配賦法とは、補助部門費を各部門へ配賦する際、変動費と固定費を区別せず、**一括して関係部門のサービス消費量の割合で配賦する方法**です。

> これまで学習してきた計算方法のことを単一基準配賦法といいます。

CASE41の配賦計算

単一基準配賦法により動力部門費を実際配賦するため、変動費、固定費ともに製造部門の実際動力消費量の割合で配賦します。

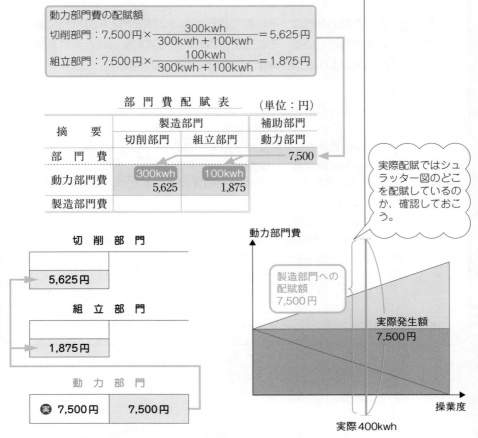

動力部門費の配賦額

切削部門：$7{,}500円 \times \dfrac{300kwh}{300kwh + 100kwh} = 5{,}625円$

組立部門：$7{,}500円 \times \dfrac{100kwh}{300kwh + 100kwh} = 1{,}875円$

部 門 費 配 賦 表　　（単位：円）

摘　　要	製造部門		補助部門
	切削部門	組立部門	動力部門
部　門　費			7,500
動力部門費	300kwh 5,625	100kwh 1,875	
製造部門費			

> 実際配賦ではシュラッター図のどこを配賦しているのか、確認しておこう。

切 削 部 門

5,625円

組 立 部 門

1,875円

動 力 部 門

㊙ 7,500円　　7,500円

製造部門への配賦額 7,500円

動力部門費

実際発生額 7,500円

操業度

実際400kwh

実際配賦の場合、動力部門では差異が生じません。

CASE 42

複数基準配賦法

次は複数基準配賦法だニャ！

つづいて、変動費と固定費を区別する複数基準配賦法についてみてみましょう。こちらの方が正確な製品原価の計算という目的に照らして理論的に望ましいようです。

例　当社の動力部門は、その製造部門である切削部門と組立部門に動力を供給している。そこで次の資料により直接配賦法と複数基準配賦法により動力部門費の実際配賦を行いなさい。

［資　料］
1．製造部門の動力消費量

	切削部門	組立部門	合計
(1) 月間消費能力	350kwh	150kwh	500kwh
(2) 当月実際消費量	300kwh	100kwh	400kwh

（注）月間消費能力500kwhは年間消費能力にもとづいて設定されている。

2．動力部門の当月実績データ
　　動力供給量：400kwh
　　動力部門費：

変動費	4,000円
固定費	3,500円
合　計	7,500円

複数基準配賦法

複数基準配賦法とは補助部門費を各部門へ配賦する際、変動費と固定費に区別して、**別個の配賦基準**で配賦する方法です。具体的には、**変動費**は関係部門の**サービス消費量の割合**で配賦し、**固定費**は関係部門の**サービス消費能力の割合**で配賦計算します。

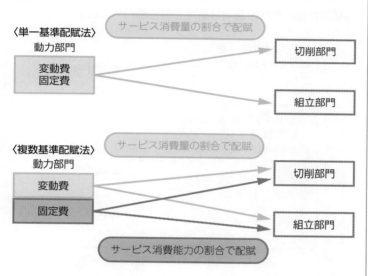

複数基準配賦法の根拠

動力部門の変動費である動力稼働費は製造部門がどれだけ動力を消費したか、つまり、動力消費量に比例して発生します。

一方、動力部門の固定費である動力機械の減価償却費は、動力消費量にかかわらず、一定額発生します。

動力部門であれば、動力を提供するための動力稼働費が変動費であり、動力機械の減価償却費が固定費となります。

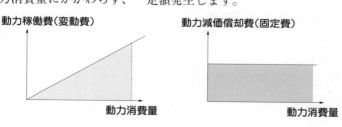

動力部門は、製造部門がフル操業した場合に耐えうるだけの動力機械を用意するので、減価償却費は動力機械を保有することにより発生する原価であり、その金額は動力機械の大小により変化することになります。さらに、動力機械の大小は動力を消費する製造部門の消費能力に左右されることになります。

　部門別計算の第１目的である正確な製品原価の計算を達成するためには、**補助部門の変動費と固定費で原価の発生の性質が異なるため、別個の適切な基準で製造部門へ配賦すべきです。**

CASE41の単一基準配賦法では、原価の性質を無視し、サービス消費量で一括に配賦しているので正確な製品原価計算はできないわけです。

動力部門で
発生する原価

動力稼働費（変動費）
動力稼働費は、動力消費量に左右される。

サービス消費量で
配賦すべき

動力機械の減価償却費（固定費）
減価償却費は、動力設備の大小により変化し、その動力設備の大小は、動力を消費する切削部門、組立部門の消費能力に左右される。

サービス消費能力で
配賦すべき

動力部門

切削部門用　　　　組立部門用

安全第一　　　安全第一

CASE42の配賦計算

　複数基準配賦法により動力部門費を実際配賦するため、変動費は製造部門の実際サービス消費量の割合で、固定費は製造部門のサービス消費能力の割合で配賦します。

動力部門費の配賦額 変動費

切削部門：$4,000 円 × \dfrac{300kwh}{300kwh + 100kwh} = 3,000 円$

組立部門：$4,000 円 × \dfrac{100kwh}{300kwh + 100kwh} = 1,000 円$

部 門 費 配 賦 表　　　　　　　（単位：円）

摘　　　要	製造部門				補助部門	
	切削部門		組立部門		動力部門	
	変動費	固定費	変動費	固定費	変動費	固定費
部　　門　　費					4,000	3,500
動 力 部 門 費	300kwh 3,000	350kwh 2,450	100kwh 1,000	150kwh 1,050		
製 造 部 門 費						

動力部門費の配賦額 固定費

切削部門：$3,500 円 × \dfrac{350kwh}{350kwh + 150kwh} = 2,450 円$

組立部門：$3,500 円 × \dfrac{150kwh}{350kwh + 150kwh} = 1,050 円$

切 削 部 門

5,450 円

組 立 部 門

2,050 円

動 力 部 門

㊝ 7,500 円 ｜ 7,500 円

問題編
問題31

単一基準配賦法による予定配賦

切削部門　組立部門

補助部門費を実際配賦すると
切削・組立部門の業績評価が
うまくいかないなあ

部門別個別原価計算の
もう１つの目的である
原価管理を有効にするために
は、いままでやってきた実際
配賦では問題ありとのこと。
それでは、どのように配賦し
たらよいのでしょう。

例　当社の動力部門は、その製造部門である切削部門と組立部門に動
力を供給している。そこで、次の資料により、直接配賦法と単一
基準配賦法により動力部門費の予定配賦を行いなさい。また、動
力部門の差異分析をしなさい。

［資　料］
1．製造部門の動力消費量

	切削部門	組立部門	合計
(1)　月間消費能力	350kwh	150kwh	500kwh
(2)　月間予想総消費量	330kwh	110kwh	440kwh
(3)　当月の実際消費量	300kwh	100kwh	400kwh

（注）月間消費能力500kwhおよび月間予想総消費量440kwhは、
年間消費能力および当年度の年間予想総消費量にもとづき
設定されている。

2．動力部門月次変動予算および当月実績データ

	月次変動予算	当月実績
動力月間供給量：	440kwh	400kwh
動力部門費：		
変　動　費	3,960円	4,000円
固　定　費	3,300円	3,500円
合　　　　計	7,260円	7,500円

補助部門費の配賦方法と原価管理

CASE41や42のように補助部門費を実際発生額で製造部門へ配賦すると、業績測定のための適正な原価を製造部門に集計することができず、原価管理という観点からは望ましくありません。

部門別計算の目的はCASE35で学習しましたね。

補助部門費の実際配賦とその欠点

補助部門費の**実際発生額**には、**補助部門での原価管理活動の良否の影響を示す予算差異が含まれています。**

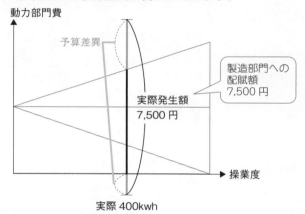

動力部門での原価の浪費・節約を原因とする予算差異は、本来、原価管理責任のある動力部門で管理すべきです。しかし、実際配賦すると、**動力部門で管理すべき予算差異が配賦額の一部として製造部門へ配賦され**、結果として**製造部門の業績を適切に判断できなくなる**という欠点があります。

この欠点を克服するためには、動力部門で管理すべき予算差異を製造部門に配賦しないように**予定配賦**を行えばよいのです。

これにより補助部門で生じた製造間接費の浪費・節約は予算差異として動力部門に残り、補助部門の責任であることが明確になり、目的が達成されることになります。

単一基準配賦法による予定配賦

単一基準配賦法による予定配賦とは、補助部門費の予算額を補助部門の基準操業度で割って予定配賦率を算定し、これに関係部門の実際サービス消費量を掛けた予定配賦額を関係部門へ配賦する方法です。

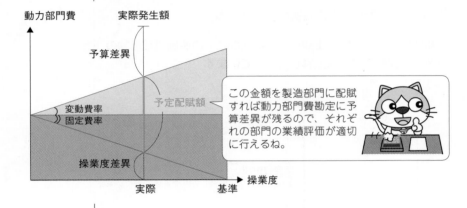

この金額を製造部門に配賦すれば動力部門費勘定に予算差異が残るので、それぞれの部門の業績評価が適切に行えるね。

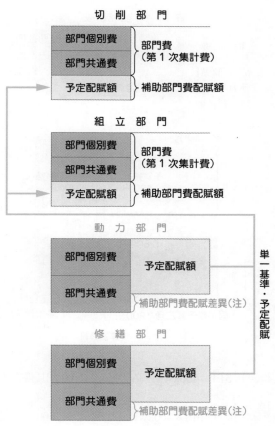

切 削 部 門

部門個別費	部門費
部門共通費	(第1次集計費)
予定配賦額	補助部門費配賦額

組 立 部 門

部門個別費	部門費
部門共通費	(第1次集計費)
予定配賦額	補助部門費配賦額

動 力 部 門

| 部門個別費 | 予定配賦額 |
| 部門共通費 | 補助部門費配賦差異(注) |

修 繕 部 門

| 部門個別費 | 予定配賦額 |
| 部門共通費 | 補助部門費配賦差異(注) |

単一基準・予定配賦

注意 各補助部門において、予算差異と操業度差異が把握されます。

CASE44の勘定連絡図と見比べてみよう。

以上より、CASE43の配賦計算と差異分析は次のようになります。

CASE43の配賦計算と差異分析

動力部門費の予定配賦率：$\dfrac{7,260\,円}{440\,\text{kwh}} = @16.5\,円$

動力部門費予定配賦額

　切削部門：$@16.5\,円 \times 300\,\text{kwh} = 4,950\,円$

　組立部門：$@16.5\,円 \times 100\,\text{kwh} = 1,650\,円$

部 門 費 配 賦 表 (単位：円)

| 摘　　要 | 製造部門 | | 補助部門 |
	切削部門	組立部門	動力部門
部　門　費			7,500
動力部門費	4,950	1,650	
製造部門費			

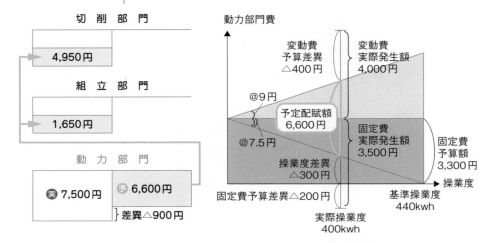

切 削 部 門

4,950円

組 立 部 門

1,650円

動 力 部 門

実 7,500円　　予 6,600円

} 差異△900円

動力部門費

変動費
予算差異
△400円

変動費
実際発生額
4,000円

@9円

予定配賦額
6,600円

固定費
実際発生額
3,500円

固定費
予算額
3,300円

@7.5円

操業度差異
△300円

固定費予算差異△200円

基準操業度
440kwh

操業度

実際操業度
400kwh

総差異：@16.5円×400kwh − 7,500円 = △900円（借方差異）
　　　　　　　　　予定配賦額

変動費予算差異：@9円×400kwh − 4,000円 = △400円（借方差異）
　　　　　　　　　　　　予算許容額

固定費予算差異：3,300円 − 3,500円 = △200円（借方差異）
　　　　　　　　予算額 = 予算許容額

操業度差異：@7.5円×（400kwh − 440kwh）= △300円（借方差異）

CASE 44

補助部門費の配賦方法と責任会計

複数基準配賦法による予算許容額配賦

各部門に原価を正しく集計し、各部門の業績評価を適切に行うためには、CASE43で学習した予定配賦でも問題があるんだって。さて、どのように配賦すれば問題が解決されるのでしょう。

（吹き出し）予定配賦でもダメかぁ…。
じゃあ最も望ましい配賦方法は？

例 当社の動力部門は、その製造部門である切削部門と組立部門に動力を供給している。そこで次の資料により、直接配賦法と複数基準配賦法により動力部門費の配賦を行いなさい。ただし、動力部門の変動費は予定配賦し、固定費は予算額を配賦する。また動力部門の差異分析をしなさい。

［資　料］
1. 製造部門の動力消費量

	切削部門	組立部門	合計
(1) 月間消費能力	350kwh	150kwh	500kwh
(2) 月間予想総消費量	330kwh	110kwh	440kwh
(3) 当月の実際消費量	300kwh	100kwh	400kwh

（注）月間消費能力500kwhおよび月間予想総消費量440kwhは、年間消費能力および当年度の年間予想総消費量にもとづき設定されている。

2. 動力部門月次変動予算および当月実績データ

	月次変動予算	当月実績
動力月間供給量：	440kwh	400kwh
動力部門費：		
変　動　費	3,960円	4,000円
固　定　費	3,300円	3,500円
合　　　計	7,260円	7,500円

単一基準配賦法による予定配賦の欠点

CASE43 では予定配賦額が製造部門に配賦されるため、動力部門の予算差異は製造部門に配賦されることはなくなりました。

しかしながら、同時に、**動力部門によって管理不能な操業度差異までも動力部門勘定に残ってしまいます。**

この動力部門の操業度差異は、製造部門がフル操業すると予想して、440kwhの動力を準備しておいたにもかかわらず、実際に製造部門は400kwhの動力しか消費しなかったために発生したものです。

実際サービス消費量
フル操業に備えて予定していた消費量

操業度差異＝@7.5円×(400kwh － 440kwh)＝△300円（借方）

これが予定していた440kwhであれば操業度差異は発生しません。

したがって、操業度差異は動力部門に責任があるのではなく、**製造部門が予定どおりに動力を消費しなかったことが原因**となって発生する差異ですから、製造部門の責任であり、製造部門に負担させるのが原価管理上、望ましいのです。

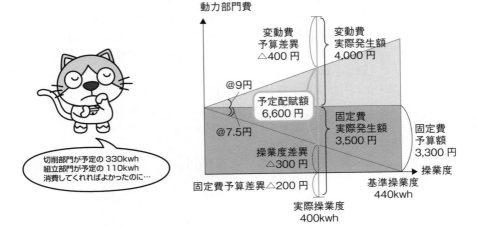

切削部門が予定の330kwh
組立部門が予定の110kwh
消費してくれればよかったのに…

動力部門費

変動費
予算差異
△400円

変動費
実際発生額
4,000円

@9円

予定配賦額
6,600円

@7.5円

固定費
実際発生額
3,500円

操業度差異
△300円

固定費
予算額
3,300円

操業度

固定費予算差異△200円

実際操業度
400kwh

基準操業度
440kwh

また単一基準で配賦することにより、**変動費と固定費の原価の発生の性質に応じた正確な配賦計算が行われないという欠点**があります。

　そこでこの２つの欠点を克服するためには、**複数基準配賦法による予算許容額配賦**で配賦を行います。

複数基準配賦法による予算許容額配賦

　複数基準配賦法による予算許容額配賦とは補助部門の**変動費**は**予定配賦率**に関係部門の**実際サービス消費量**をかけて**予定配賦**し、**固定費**は**予算額**を関係部門の**サービス消費能力の割合**で関係部門へと**配賦**する方法です。

　これにより、すべての欠点が克服され、原価管理上、最も望ましい配賦計算が行われることになります。

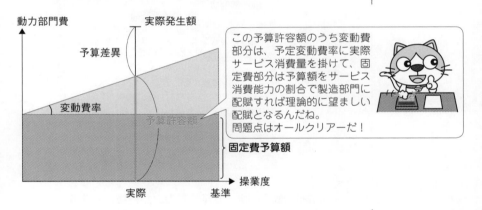

この予算許容額のうち変動費部分は、予定変動費率に実際サービス消費量を掛けて、固定費部分は予算額をサービス消費能力の割合で製造部門に配賦すれば理論的に望ましい配賦となるんだね。
問題点はオールクリアーだ！

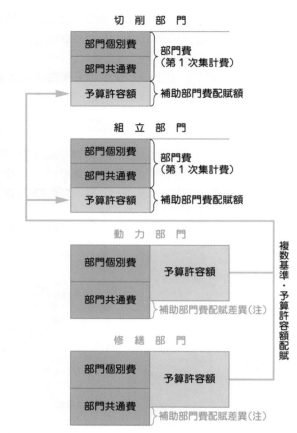

CASE43の勘定連絡図と見比べてみよう。

 注意 各補助部門では、予算差異のみが把握されます。

　以上より、CASE44の配賦計算と差異分析は次のようになります。

動力部門費の配賦額

変動費 ⇒予定配賦（＝変動費率×実際サービス消費量）

変動費率：$\dfrac{3,960円}{330kwh + 110kwh} = @9円$

切削部門：@9円 × 300kwh = 2,700円
組立部門：@9円 × 100kwh = 900円

部 門 費 配 賦 表

（単位：円）

摘　　要	製造部門				補助部門	
	切削部門		組立部門		動力部門	
	変動費	固定費	変動費	固定費	変動費	固定費
部　門　費					4,000	3,500
動 力 部 門 費	2,700	2,310	900	990		
製 造 部 門 費						

動力部門費の配賦額

固定費 ⇒予算額をサービス消費能力の割合で配賦

切削部門：$\dfrac{3,300円}{350kwh + 150kwh} \times 350kwh = 2,310円$

組立部門：$\dfrac{3,300円}{350kwh + 150kwh} \times 150kwh = 990円$

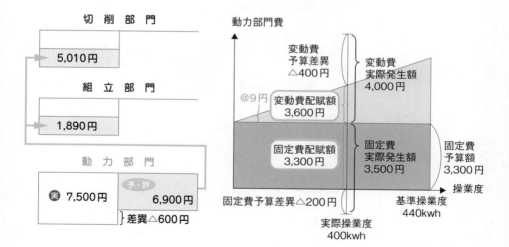

切 削 部 門

5,010円

組 立 部 門

1,890円

動 力 部 門

実 7,500円　予・許 6,900円

｝差異△600円

動力部門費

変動費予算差異 △400円

変動費実際発生額 4,000円

@9円　変動費配賦額 3,600円

固定費配賦額 3,300円

固定費実際発生額 3,500円

固定費予算額 3,300円

固定費予算差異△200円

実際操業度 400kwh

基準操業度 440kwh

操業度

総差異：@9円×400kwh＋3,300円－7,500円＝△600円（借方差異）

変動費予定配賦額　　固定費予算額

変動費予算差異：@9円×400kwh－4,000円＝△400円（借方差異）

予算許容額

固定費予算差異：3,300円－3,500円＝△200円（借方差異）

予算許容額＝予算額

操業度差異：補助部門の固定費は予算額を配賦しているため算出されない。

 注意 **受入部門における実際発生額**

　ここで注意することは、補助部門費を製造部門に予定配賦や予算許容額配賦をしていても、（補助部門からの配賦を受けた後の）製造部門費（＝借方集計額）は**実際発生額**とみなします。

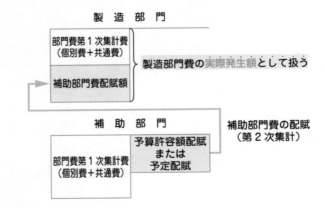

⇔ 問題編 ⇔
問題32

CASE 45

製造部門費の各製造指図書（仕掛品勘定）への配賦

部門別製造間接費の予定配賦

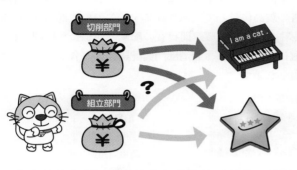

部門別計算の最後は、製造部門費の各製造指図書への配賦。

さて、製造部門費はどのように製造指図書（仕掛品）に配賦したらよいのでしょう。

例 (1) 当年度の年間予算数値は次のとおりである。よって各部門の予定配賦率を求めなさい。なお、切削部門費の配賦基準は機械運転時間、組立部門費の配賦基準は直接作業時間とする。

	切削部門	組立部門	合　計
製 造 部 門 費 予 算	75,600円	68,400円	144,000円
予 定 直 接 作 業 時 間	36時間	36時間	72時間
予 定 機 械 運 転 時 間	84時間	60時間	144時間

(2) 当月の切削部門の機械運転時間は7時間（No.1に対して3時間、No.2に対して4時間）、組立部門の直接作業時間は5時間（No.1に対して2時間、No.2に対して3時間）であり、製造部門費の予定配賦を行った。

(3) 各製造部門費勘定に集計された当月の製造部門費実際発生額は、切削部門費が6,720円、組立部門費が9,380円であり、予定配賦額と実際発生額の差額を製造部門費配賦差異勘定へ振り替えた。

● 製造部門費の製品への配賦

　第2次集計により製造部門に集計された製造部門費は、各製造指図書の製品に対して配賦されます。この製造部門費の配賦はCASE31で学習した製造間接費の配賦と同様に、**原則として予定配賦**により行われ、**製造部門費配賦差異**が各製造部門において算出されます。

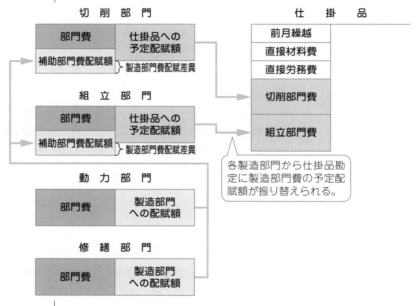

　CASE31で学習した予定配賦の手順を復習しましょう。
　まず、会計年度の期首に予定配賦率を算定しました。

$$予定配賦率 = \frac{製造間接費予算}{基準操業度}$$

　そしてこの予定配賦率に当月の実際の操業度を掛けて予定配賦額を計算し、各製造指図書の製品に配賦しました。

$$予定配賦額 = 予定配賦率 × 実際操業度$$

　部門別計算では、上記の計算を製造部門ごとに行います。
　そこでまず、期首において製造部門別の製造部門費予算を集

計し、それを各製造部門の基準操業度で割って予定配賦率を求めます。

この際、製造間接費予算を集計するために予算部門費配賦表が作成されますが、この表は予定配賦率算定のためだけに作成されるもので、勘定には記入されないことに注意しましょう。

CASE45では予算額が資料として与えられているため、予算部門費配賦表を作成する必要はありません。

切削部門費

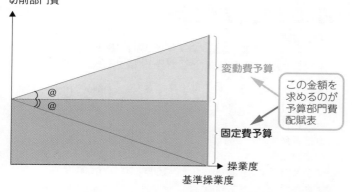

そして、各製造部門ごとの予定配賦率にそれぞれの実際操業度を掛けて予定配賦額を計算し、製造指図書の製品に配賦します。

切削部門費

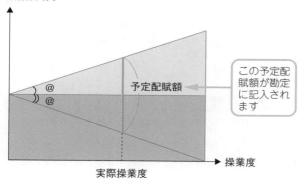

最後にCASE44までで計算した製造部門費の実際発生額との差額で各製造部門ごとの差異を計算し、分析していきます。

製造部門費の実際発生額とは、部門費と補助部門費配賦額の合計です。

切削部門：$\dfrac{75,600\,円}{84\,時間} = @900\,円$

組立部門：$\dfrac{68,400\,円}{36\,時間} = @1,900\,円$

切削部門：
No.1に対する予定配賦額：＠900円×3時間＝2,700円
No.2　　　〃　　　：＠900円×4時間＝3,600円

原 価 計 算 表 （単位：円）

費 目	No.1	No.2	合計
直接材料費	:	:	:
直接労務費	:	:	:
製造間接費	:	:	:
切削部門費	2,700	3,600	6,300
組立部門費	3,800	5,700	9,500
合 計	:	:	:

組立部門：
No.1に対する予定配賦額：＠1,900円×2時間＝3,800円
No.2　　　〃　　　：＠1,900円×3時間＝5,700円

（仕 掛 品）	15,800	（切 削 部 門）	6,300
		（組 立 部 門）	9,500

切削部門：6,300円 － 6,720円 ＝ △420円（借方・不利差異）
　　　　　予定配賦額　実際発生額

組立部門：9,500円 － 9,380円 ＝ ＋120円（貸方・有利差異）
　　　　　予定配賦額　実際発生額

（製造部門費配賦差異）	420	（切 削 部 門）	420
（組 立 部 門）	120	（製造部門費配賦差異）	120

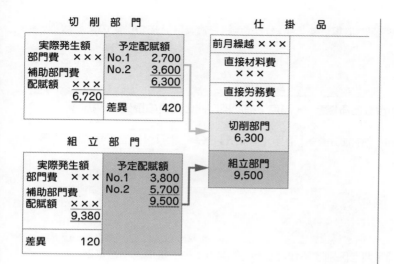

補助部門費を製造部門に集計する手続き（＝第2次集計）についてのまとめ

CASE
37 ～ 40

1．補助部門が複数ある場合 → 論点：補助部門間の用役の授受の取扱い

簡便性 ← 直 接 ←→ 階梯式 ←→ 相互（簡便法）←→ 相互（連立方程式法）→ 正確性

最も理論的

CASE
41、42

2．変動費と固定費を区別するかどうか → 論点：単一基準と複数基準

　変動費と固定費とでは原価発生の性質が異なるため、その性質に応じて配賦するのが望ましい。しかし単一基準配賦法では、固定費をあたかも変動費のように配賦するため、原価の性質に応じた配賦計算が行えない。

　したがって**複数基準配賦法が理論的な配賦方法**である。

変動費＝生産販売活動を行うことによって比例的に発生する原価であるため、製造部門（や他の補助部門）が補助部門用役を消費した割合に応じて配賦する。

固定費＝生産販売能力を有することによって発生する原価であるため、各部門の消費能力の割合で配賦する。

CASE
43、44

3．補助部門からどの金額を配賦するか？→ 論点：原価管理（業績評価のため）

原価管理を有効に行うには？	→	各部門に原価を正しく集計し、責任の所在を明確にすることが必要

●補助部門費を実際配賦すると … （欠点）
補助部門の実際発生額に含まれる原価の浪費（＝予算差異）が他部門へ配賦されてしまう。

［原価の浪費は発生部門の責任のため、そ
の部門で負担すべき。］

●補助部門費を予定配賦すると … （欠点）
　　　　　　　　　　　　　　　予算差異は補助部門の原価差異として把
　　　　　　　　　　　　　　　握され、補助部門に残るが、あわせて補
　　　　　　　　　　　　　　　助部門では管理不能な操業度差異（＝固
　　　　　　　　　　　　　　　定費の配賦過不足額）までも残ってしま
　　　　　　　　　　　　　　　う。

［固定費は、他部門への用役提供能力を維
持するための原価であるから、（予算差
異を除いて）用役提供先の各部門が負担
すべき。］

●補助部門費を予算許容額で配賦すれば、上記の欠点はすべて克服できる。

結論：複数基準配賦法により、予算許容額を配賦するのがもっとも望ましい。

部門別計算全体の流れと勘定連絡図

●期首において行われる手続き（生産活動開始前）〜
　①製造部門の予定配賦率の算定（予算部門費配賦表の作成）
●期中の計算手続〜
　②製造部門費の仕掛品勘定への予定配賦
　③実際部門費の集計（部門個別費＋部門共通費配賦額）⎫実際製造部門費
　④補助部門費の製造部門への配賦（実際部門費配賦表）⎬の計算
　⑤製造部門費（処理方法によっては補助部門費も）配賦差異の把握・分析

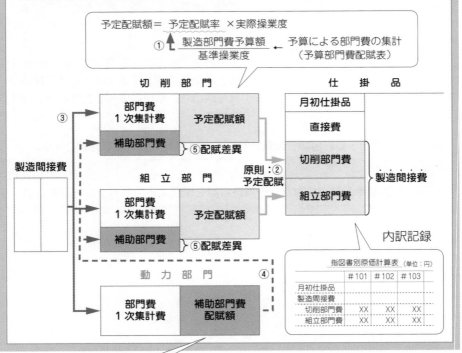

予定配賦額＝ 予定配賦率 ×実際操業度

① 製造部門費予算額 ← 予算による部門費の集計
　　基準操業度 （予算部門費配賦表）

切 削 部 門

③

部門費
1次集計費 — 予定配賦額

補助部門費 — ⑤配賦差異

組 立 部 門

部門費
1次集計費 — 予定配賦額

補助部門費 — ⑤配賦差異

製造間接費

原則：②
予定配賦

仕 掛 品

月初仕掛品

直接費

切削部門費

組立部門費

製造間接費

内訳記録

動 力 部 門 ④

部門費
1次集計費 — 補助部門費
配賦額

指図書別原価計算表 （単位：円）

	#101	#102	#103
月初仕掛品			
製造間接費			
切削部門費	××	××	××
組立部門費	××	××	××

補助部門費の製造部門への配賦
…実際部門費配賦表の作成

直接配賦法 ╲╱ 単一基準 ╲╱ 実 際 配 賦
相互配賦法 ╳ ╳
階梯式配賦法 ╱╲ 複数基準 ╱╲ 予定 配 賦
予算許容額配賦

第9章

個別原価計算における仕損

製品の製作途中で作業の失敗はつきもの。
製造作業中に失敗品が生じた場合はどうやって計算するんだろう?

ここでは、個別原価計算における仕損・作業屑の
計算・処理についてみていきましょう。

この章で学習する項目

1. 仕損費の計算
2. 仕損費の処理
3. 作業屑の処理

1級
新
論点

補修によって良品となる場合

このままではお客さんに
引き渡せないなぁ…。
どうしよう…。

I am a cat .

ピアノ型の小物入れの製作途中で、ピアノの足が折れてしまいました。このままではお客さんに引き渡せないので手直ししなければなりません。このような場合、どのように原価を計算するのでしょう？

例 次の資料にもとづいて仕損費を計算しなさい。

[資 料]

1. 製造指図書No.1の製造中に切削部門で仕損が生じたので、補修指図書No.1-1を発行して補修を行った。

2. 各製造指図書に集計された原価は次のとおりである（一部省略）。

原 価 計 算 表 （単位：円）

	No.1	No.1-1	…	…	合計
前 月 繰 越	3,000	——	…	…	
直接材料費	10,800	2,000	…	…	
直接労務費	14,400	2,400	…	…	
製造間接費			…	…	
切削部門	5,500	1,100	…	…	
組立部門	4,800	——	…	…	
計	38,500	5,500	…	…	

不合格品に対して、一定の品質や規格に合致した合格品のことを良品といいます。

● 仕損とは

仕損とは、なんらかの原因によって製品の製造に失敗し、一定の品質や規格を満たさない**不合格品が発生すること**をいい、その不合格品のことを**仕損品**といいます。

また、この仕損の発生によって生じた費用または損失のことを**仕損費**といいます。

仕損費の計算

　個別原価計算においては、お客さんからの注文に応じて製品の製造を行うので、仕損が発生すると良品の数がその分足りなくなってしまいます。そこで、仕損となった数量分の良品をなんらかの手段で補う必要があります。個別原価計算における仕損はその発生程度により次の２つのタイプに分けることができ、それぞれ仕損費の計算方法が異なってきます。

①仕損の程度が比較的**小さい**ので、**簡単な手直し（補修）によって良品に回復**できる場合

②仕損の程度が**大きい**ため、**はじめから代わりの製品（代品）を作り直す**場合

この場合は簡単な手直しで良品に回復できるね。

この場合はキズの程度が大きいので、はじめから作った方がいいね。

　どちらの場合でも、追加的なコスト（手直しにかかる材料費・労務費・経費または代わりの製品を製造するためにかかる材料費・労務費・経費）が発生することには変わりありません。

個別原価計算において仕損が発生した場合には、仕損費の計算方法だけでなく、その処理方法にも注意しなければなりません。

手直しの場合は不合格品（仕損品）を直して良品にするため、不合格品（仕損品）はなくなりますが、代わりの製品を作り直す場合には不合格品（仕損品）が残ったままになります。

補修によって良品となる場合

　仕損の程度が比較的小さく簡単な手直しによって良品に回復できる場合には、その補修のために発生した原価（補修にかかる材料費・労務費・経費）を仕損費とします。

　この仕損費は補修のための製造指図書（これを**補修指図書と**いいます）を新たに発行し、この補修指図書で原価を集計していきます。

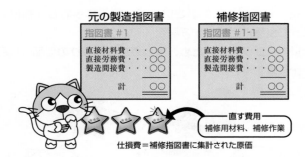

　仕損費＝補修指図書に集計された原価

　CASE46のNo.1は、資料1に「**補修指図書No.1－1を発行して補修を行った**」とあるので、補修によって良品に回復できる場合となります。したがって、CASE46の仕損費は、次のようになります。

CASE46の仕損費

　仕損費＝5,500円（補修指図書No.1-1の合計額）

CASE 47 仕損費の計算

新たに代品を製造する場合

キズが大きいのではじめから
作り直すしかないなぁ・・・・。

星型とネコ型の小物入れも製作途中で不合格品（仕損）が発生してしまいました。今回はキズの程度が大きいので、はじめから作り直すことにしました。このような場合、仕損費をどのように計算するのでしょう？

例　次の資料にもとづいて仕損費を計算しなさい。

［資　料］

1. 製造指図書No.2の製造中に組立部門でその全部が仕損となり、新たに代品製造指図書No.2-1を発行して代品の製造を行った。なお仕損品は総額6,200円で処分できる見込みである。

2. 製造指図書No.3の製造中に組立部門でその一部が仕損となり、補修によって良品に回復できないため、新たに代品製造指図書No.3-1を発行して、代品の製造を行った。なお仕損品は総額1,800円で処分できる見込みである。

3. 各製造指図書に集計された原価は次のとおりである（一部省略）。

原　価　計　算　表　　　　（単位：円）

	No.2	No.2-1	No.3	No.3-1	合計
前 月 繰 越	——	——	——	——	
直接材料費	12,000	12,400	8,000	1,600	
直接労務費	16,800	18,000	10,800	2,400	
製造間接費					
切削部門	6,600	6,600	4,400	1,100	
組立部門	6,000	6,000	3,600	900	
計	41,400	43,000	26,800	6,000	

● 新たに代品を製造する場合

仕損の程度が大きく、簡単な手直しでは良品に回復できず、はじめから代わりの製品を作り直す場合には、補修するときとは異なり、仕損品という不合格品が残ったままになります。

この不合格品の中には、キズ物として売却可能なものや解体して原材料として再利用可能なものがあります。この不合格品の売却処分価額や再利用により節約できる材料費のことを**仕損品評価額**といい、この評価額がある場合、**仕損費の計算から控除**していきます。

なお、お客さんの注文数の全部が仕損となるか一部が仕損となるかによって、計算の方法が以下のように異なってきます。

仕損品の売却処分価額は、将来的に収益認識基準の適用を検討する可能性がありますが、本試験においては問題文の指示にしたがってください。

(1) 元の製造指図書の製品の全部が仕損となった場合

お客さんの注文製品の全部が仕損となった場合には、元の製造指図書に集計された製造原価を仕損品原価とし、仕損品に評価額があればこの評価額を差し引いた金額が仕損費となります。

> 仕損費＝元の製造指図書に集計された原価－仕損品評価額

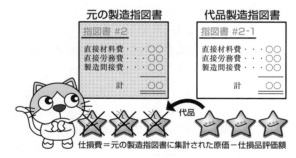

仕損費＝元の製造指図書に集計された原価－仕損品評価額

CASE47の No. 2 は、資料１に「**全部が仕損となり、新たに〜代品の製造を行った**」とあるので、新たに代品を製造する場合で全部仕損の場合に相当し、また「**仕損品は総額6,200円で処分できる**」とあるので、仕損品評価額がある場合となります。

したがって、CASE47No. 2の仕損費は、次のようになります。

仕損費＝　　　41,400円　　　－　　6,200円　＝ 35,200円

元の製造指図書No.2　　　　　仕損品
の製造原価合計　　　　　　　評価額

(2)　元の製造指図書の製品の一部が仕損となった場合

　注文製品の一部が仕損となった場合、不合格品にかかる製造原価だけ元の製造指図書に集計された製造原価から抜き出して計算するというのは、製造間接費が存在することから困難です。

　そのため、代わりの製品の製造にかかる原価を、便宜上、仕損品原価とし、仕損品に評価額があればこの評価額を差し引いた金額が仕損費となります。

　この仕損費は代わりの製品の製造のための指図書（これを**代品製造指図書**といいます）を新たに発行し、この代品製造指図書で原価を集計していきます。

> **仕損費＝代品製造指図書に集計された原価－仕損品評価額**

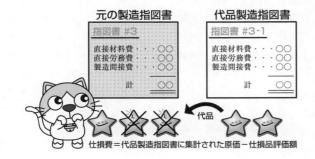

仕損費＝代品製造指図書に集計された原価－仕損品評価額

CASE47のNo.3は、資料2に「**一部が仕損となり～新たに ～代品の製造を行った**」とあるので、新たに代品を製造する場合で一部仕損の場合に相当し、また「**仕損品は総額1,800円で処分できる**」とあるので、仕損品評価額がある場合となります。したがって、CASE47No.3の仕損費は、次のようになります。

仕損費 ＝ 　　　　6,000円　　　　 － 1,800円 ＝ 4,200円
　　　　代品製造指図書No.3-1　　　　仕損品
　　　　　の製造原価合計　　　　　　評価額

> **太字のところが仕損費になります。**

とても重要

仕損費の計算

	(1)補修可能		(2)補修不可能 ①全部仕損		②一部仕損	
	元	補	元	代	元	代
前月繰越	××	××	**××**	××	××	**××**
直接材料費	××	××	**××**	××	××	**××**
直接労務費	××	××	**××**	××	××	**××**
製造間接費	××	××	**××**	××	××	**××**
	××	××	**××**	××	××	**××**
			評△××		評△××	
			××			××

（注）補修可能な場合は、仕損品評価額はありません。

仕損費の計上

CASE46、47によって計算された仕損費と仕損品評価額は、**仕掛品勘定からいったん控除**され、**仕損費勘定と仕損品勘定に振り替え**られます。

また、原価計算表の記入は以下のようになり、仕損費と仕損品評価額を控除した製造指図書（No.1-1・No.2・No.3-1）の**原価合計はゼロ**となります。

> 仕損品評価額、仕損費は△を付けてマイナス記入します。

原　価　計　算　表

（単位：円）

	No.1	No.1-1	No.2	No.2-1	No.3	No.3-1	合計
前 月 繰 越	3,000	──					3,000
直接材料費	10,800	2,000	12,000	12,400	8,000	1,600	46,800
直接労務費	14,400	2,400	16,800	18,000	10,800	2,400	64,800
製造間接費							
切削部門	5,500	1,100	6,600	6,600	4,400	1,100	25,300
組立部門	4,800	──	6,000	6,000	3,600	900	21,300
計	38,500	5,500	41,400	43,000	26,800	6,000	161,200
仕損品評価額		──	△6,200			△1,800	△8,000
仕 損 費		△5,500	△35,200			△4,200	△44,900
合 計		0	0			0	

（仕　損　品）　8,000　（仕　掛　品）　52,900
（仕　損　費）　44,900

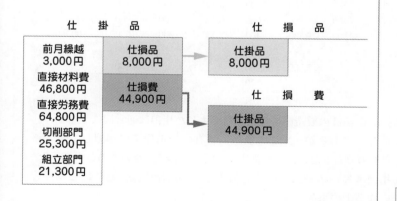

仕　掛　品
前月繰越 3,000円
直接材料費 46,800円
直接労務費 64,800円
切削部門 25,300円
組立部門 21,300円

仕損品 8,000円　→　仕　損　品　仕掛品 8,000円

仕損費 44,900円

仕　損　費　仕掛品 44,900円

> 問題編
> 問題33

CASE 48

仕損費の処理

かかったお金
どこに振り替えれば
いいんだろう。

CASE47までで仕損費の金額の計算方法は学習しました。
次に仕損費の会計処理についてみていきましょう。

例 次の資料にもとづいて、CASE46と47で計上した仕損費の処理を行い、原価計算表と仕掛品勘定、仕損費勘定の記入を行いなさい。

［資 料］
1. 仕損費を計上した時点での原価計算表は次のとおりである。

原 価 計 算 表 （単位：円）

	No.1	No.1-1	No.2	No.2-1	No.3	No.3-1	合計
前 月 繰 越	3,000	——					3,000
直接材料費	10,800	2,000	12,000	12,400	8,000	1,600	46,800
直接労務費	14,400	2,400	16,800	18,000	10,800	2,400	64,800
製造間接費							
切削部門	5,500	1,100	6,600	6,600	4,400	1,100	25,300
組立部門	4,800	——	6,000	6,000	3,600	900	21,300
計	38,500	5,500	41,400	43,000	26,800	6,000	161,200
仕損品評価額		——	△6,200			△1,800	
仕 損 費		△5,500	△35,200			△4,200	
合 計		0	0			0	

2. 製造指図書No.1の製造中に切削部門で生じた仕損は通常起こりうる程度の仕損であるが、No.1の製品に特有の加工作業に起因して発生したものであるため、他の製品の原価に影響させないものとする。

3. 製造指図書No.2の製造中に組立部門で生じた仕損は、通常起こりえない作業上の事故により生じたものである。

4．製造指図書No.3の製造中に組立部門で生じた仕損は、通常起こりうる程度の仕損であるが、組立部門に固有の原因で発生したものであるため、すべての製品の製造原価に影響させるものとする。したがって組立部門の製造間接費予算には、あらかじめ仕損費の予算額が計上されている。

5．当月末においてNo.3は仕掛中であり、他の製造指図書の製品は完成済みである。

仕損費の処理

仕損は、その発生原因や発生数量にもとづいて正常仕損と異常仕損に分けられます。

この分類により、仕損費は以下のように処理します。

仕損費の処理

仕損費の処理　正常仕損の場合…製品原価に算入　直接経費処理法／間接経費処理法

異常仕損の場合…非原価処理

> 仕損費の計算（仕損費はいくらか）と仕損費の処理（計算された仕損費をどこの勘定に振り替えるのか）は混同しがちなので明確に区別して理解してください。

正常仕損費の会計処理

製品を製造する場合、製造技術上の制約などにより、ある程度の仕損の発生は避けられないことがあります。このように通常どうしても発生する仕損のことを**正常仕損**といい、この仕損にともなって発生する費用を**正常仕損費**といいます。正常仕損費は良品を製造するうえで必要なコストといえるので、製品の原価に算入していきます。

この正常仕損費の会計処理はさらに、製品原価の算入方法の違いにより、**直接経費**として処理する方法と**間接経費**として処理する方法に分けられます。

(1) 直接経費処理法

特定の製品製造だけに必要となるような特殊加工などを原因として正常仕損が生じた場合には、正常仕損費は他の製品の原価に影響させないようにするため、**特定の製品の製造原価だけに算入します。**

この場合の正常仕損費は、直接経費として当該仕損に関係のある**製造指図書に賦課（直課）します。**

（仕 掛 品）	XXX	（仕 損 費）	XXX

仕　掛　品

前月繰越 ×××	仕損品 ×××
直接材料費 ×××	仕損費 ×××
直接労務費 ×××	
仕損費（直接経費） ×××	
製造間接費	

仕　損　品

仕掛品 ×××	

仕　損　費

仕掛品 ×××	仕掛品 ×××

直接経費処理

CASE48のNo.1は、資料2に「**仕損は通常起こりうる程度の仕損であるが、No.1の製品に特有の加工作業に起因して発生したもの**」とあるので、No.1-1から生じた仕損費は、**直接経費処理法**によることになります。

したがって、CASE46で計算したNo.1-1の仕損費は、**直接経費として仕掛品勘定に振り替えます。**

> No.1-1は補修によって良品に回復できる場合ですので、補修指図書に集計された原価が仕損費となります。

CASE48の直接経費処理　No.1

（仕 掛 品）	5,500	（仕 損 費）	5,500

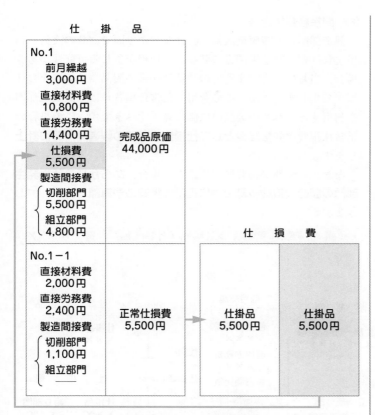

この流れを原価計算表に記入すると以下のようになります。

原 価 計 算 表　　(単位：円)

	No.1	No.1-1	…
⋮	⋮	⋮	…
計	38,500	5,500	…
仕損品評価額	——		…
仕 損 費	⊕5,500	△5,500	…
合 計	44,000	0	…
備 考	完成	No.1へ賦課	…

(直課)

(2) 間接経費処理法

　製造部門にある製造設備の特性などが原因で、その設備を利用すればどの製造指図書の製品にも仕損が生じる可能性がある場合、当月はたまたま特定の製造指図書の製品（No.3）から仕損が発生しましたが、この費用（正常仕損費）は当該製造部門を利用するすべての製品の原価に算入すべきです。この場合の正常仕損費は**間接経費として仕損発生部門の製造間接費に計上**します。

　なお、この間接経費処理法による場合、**あらかじめ仕損発生部門の製造間接費予算の中に正常仕損費の予算額を算入**しておきます。

（組 立 部 門 費）　ＸＸＸ　（仕　　損　　費）　ＸＸＸ

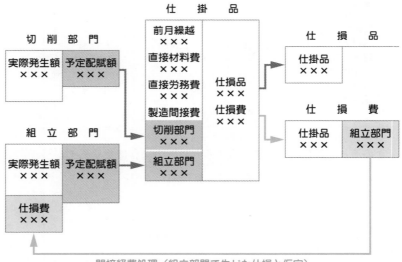

間接経費処理（組立部門で生じた仕損と仮定）

間接経費処理法について

　あらかじめ仕損発生部門の製造間接費予算の中に正常仕損費を予算額として算入しておく必要があるのは、予定配賦の計算を通じて仕損発生部門を通過するすべての製品原価に正常仕損費を算入するためです。

　この処理法では、予定配賦率が正常仕損費分だけ割高に計算され、すべての製品の予定配賦額に正常仕損費が含まれることになります。その後、当月に発生した実際の正常仕損費が計算されれば、この金額を仕損発生部門勘定の借方に振り替えます。その結果仕損発生部門勘定の借方実際発生額と貸方予定配賦額の両方に正常仕損費が含まれることになり、正確に製造間接費配賦差異を把握することができるのです。

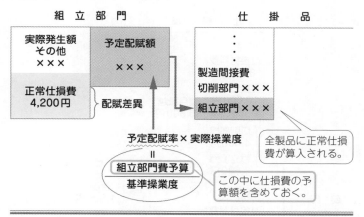

No.3-1は新たに代品を製造する場合で元の製造指図書の一部が仕損となった場合ですので、代品製造指図書に集計された原価ー仕損品評価額が仕損費となります。

CASE48のNo.3は、資料4に「**仕損は、通常起こりうる程度の仕損であるが、組立部門に固有の原因で発生したもの**」とあるので、No.3-1から生じた仕損費は**間接経費**処理法によることになります。

したがって、CASE47で計算したNo.3-1の仕損費は、**間接経費として組立部門勘定に振り替え**ます。

CASE48の間接経費処理　No.3

（組　立　部　門）　4,200　（仕　　損　　費）　4,200

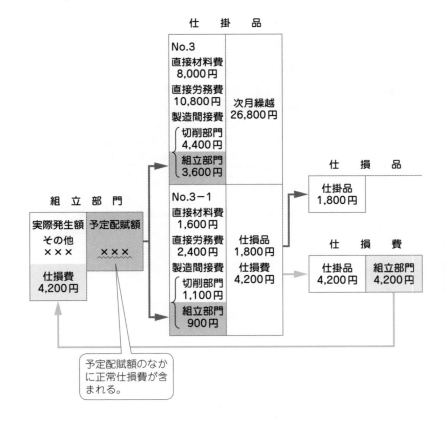

予定配賦額のなかに正常仕損費が含まれる。

この流れを原価計算表に記入すると以下のようになります。

原 価 計 算 表 （単位：円）

	…	No.3	No.3-1	…
⋮	…	⋮	⋮	⋮
計	…	26,800	6,000	…
仕損品評価額	…		△1,800	…
仕 損 費	…		△4,200	…
合　　　計	…	26,800	0	
備　　　考		仕掛中	組立部門へ	…

ピアノ型の小物入れの仕損は、ピアノ型の加工作業だけで発生した正常仕損

直接経費処理
ピアノ型の製造指図書に賦課（直課）

星型の小物入れの仕損は、組立部門に固有の原因で発生した正常仕損

間接経費処理
仕損発生部門である組立部門費勘定の借方に振替え

⇔ 問題編 ⇔
問題34

異常仕損費の処理

　異常な原因や通常発生する程度の量を超えて発生した仕損費は**非原価項目として処理**されます。この場合の仕損費は**損益勘定に振り替えられ、損益計算書では特別損失または営業外費用に表示**されます。

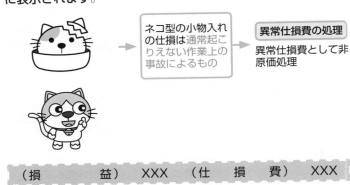

ネコ型の小物入れの仕損は通常起こりえない作業上の事故によるもの

異常仕損費の処理
異常仕損費として非原価処理

（損　　　　益）　XXX　（仕　損　　費）　XXX

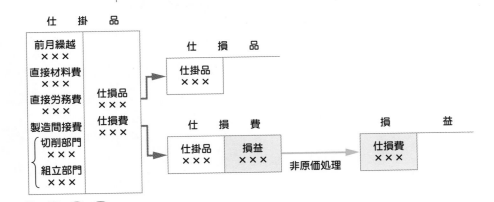

No.2は新たに代品を製造する場合で元の製造指図書の全部が仕損となった場合ですので、元の製造指図書に集計された原価－仕損品評価額が仕損費となります。

　CASE48のNo.2は資料3に「**仕損は、通常起こりえない作業上の事故により生じたもの**」とあるので、No.2から生じた仕損費は**異常仕損費**として、発生部門に関係なく**非原価として**処理します。

　したがって、CASE47で計算したNo.2の仕損費は、**非原価として損益勘定に振り替えます**。

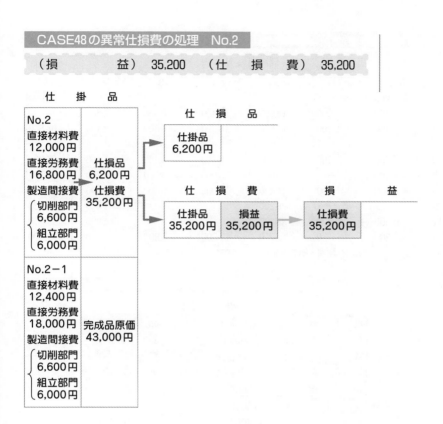

CASE48の異常仕損費の処理　No.2

（損　　　　益）35,200　（仕　　損　　費）35,200

仕　掛　品

No.2
直接材料費
12,000円
直接労務費　　仕損品
16,800円　　6,200円
製造間接費　　仕損費
　　　　　　　35,200円
　切削部門
　6,600円
　組立部門
　6,000円

No.2−1
直接材料費
12,400円
直接労務費　　完成品原価
18,000円　　43,000円
製造間接費
　切削部門
　6,600円
　組立部門
　6,000円

仕　損　品

仕掛品
6,200円

仕　損　費

仕掛品　　　損益
35,200円　35,200円

損　　　　益

仕損費
35,200円

この流れを原価計算表に記入すると次のようになります。

原　価　計　算　表

（単位：円）

	…	No.2	No.2-1	…
⋮	…	⋮	⋮	…
計	…	41,400	43,000	…
仕損品評価額	…	△6,200		…
仕 損 費	…	△35,200		…
合 計	…	0	43,000	…
備 考	…	損益勘定へ	完成	…

CASE48の原価計算表と仕掛品勘定と仕損費勘定の記入

原 価 計 算 表
(単位：円)

	No.1	No.1-1	No.2	No.2-1	No.3	No.3-1	合計
前 月 繰 越	3,000	──	──	──			3,000
直接材料費	10,800	2,000	12,000	12,400	8,000	1,600	46,800
直接労務費	14,400	2,400	16,800	18,000	10,800	2,400	64,800
製造間接費							
切 削 部 門	5,500	1,100	6,600	6,600	4,400	1,100	25,300
組 立 部 門	4,800	──	6,000	6,000	3,600	900	21,300
計	38,500	5,500	41,400	43,000	26,800	6,000	161,200
仕損品評価額		──	△6,200			△1,800	△8,000
仕 損 費	5,500	△5,500	△35,200			△4,200	△39,400
合 計	44,000	0	0	43,000	26,800	0	113,400
備 考	完成	No.1へ賦課	損益勘定へ	完成	仕掛中	組立部門へ	

仕 掛 品

前 月 繰 越	3,000	製 品	87,000
材 料	46,800	仕 損 品	8,000
賃 金	64,800	仕 損 費	44,900
切 削 部 門	25,300	次 月 繰 越	26,800
組 立 部 門	21,300		
仕 損 費	5,500		
	166,700		166,700

仕 損 費

仕 掛 品	44,900	仕 掛 品	5,500 (No.1-1)
		損 益	35,200 (No.2)
		組 立 部 門	4,200 (No.3-1)
	44,900		44,900

204

なお、CASE48では「仕損費」勘定を使用する場合を示してきましたが、「仕損費」勘定が省略される場合もあります。この場合は、仕損費の計算と処理をまとめて仕訳することになります。

本試験では問題文の指示によりどちらかで解答することになります。

仕損費の計算の仕訳

（仕　損　品）	8,000	（仕　掛　品）	52,900
（仕　損　費）	44,900		

仕損費の処理の仕訳

（仕　掛　品）	5,500	（仕　損　費）	44,900
（損　　益）	35,200		
（組　立　部　門）	4,200		

<まとめて貸借を相殺

（仕　損　品）	8,000	（仕　掛　品）	47,400
（損　　益）	35,200		
（組　立　部　門）	4,200		

相手勘定を直接転記する。

仕　掛　品

前 月 繰 越	3,000	製　　品	87,000
材　料	46,800	仕　損　品	8,000
賃　金	64,800	損　益	35,200
切 削 部 門	25,300	組 立 部 門	4,200
組 立 部 門	21,300	次 月 繰 越	26,800
	161,200		161,200

借方に「仕損費」勘定が出てきません。

作業屑の処理

木くずは再利用
していこう！！

ゴエモン㈱埼玉工場
では製品の製作途中
で大量の材料の木くず、残
りくずが出ました。このう
ち、売却したり、再利用し
たりすることのできるもの
はどのように処理するので
しょうか？

例 次の資料にもとづいて、作業屑の処理に関する仕訳、原価計算表
への記入を行いなさい。

［資　料］

　当月の製造作業において組立部門での作業中に作業屑25kgが発生
した。この作業屑は１kgあたり10円で売却できると見積られた。

［問１］作業屑は製造指図書No.4の製造中に生じたものであり、その
　　　　売却価値は材料の価値から生じていると考えられるため、直
　　　　接材料費から控除する。

［問２］作業屑は製造指図書No.4の製造中に生じたものであるがその
　　　　売却価値は加工作業全般より発生していると考えられるため
　　　　製造原価合計から控除する。

［問３］作業屑はどの製造指図書から発生したか不明であるため発生
　　　　部門の製造部門費より控除する。

なお、製造指図書No.4に集計された原価は次のとおりであった。

(単位：円)

	…	No.4	…	合計
前 月 繰 越	…	——	…	
直 接 材 料 費	…	9,200	…	
直 接 労 務 費	…	13,200	…	
製 造 間 接 費	…		…	
切 削 部 門	…	5,500	…	
組 立 部 門	…	3,900	…	
計	…	31,800	…	

作業屑とは

作業屑とは、製品の製造中に生じる材料の切りくずや残りくずのうち、売却処分や原材料としての再利用ができるものをいいます。

作業屑の処理

作業屑はただの〝くず〟であり、これに集計されてくる原価はありませんので、仕損の場合と異なり作業屑費というものは存在しません。ただ作業屑には、売却処分ができたり、原材料として再利用できたりする価値（これを評価額といいます）があるので、これらの会計処理が必要になります。

この場合、どの製品の製造から生じたのか特定できるかどうかにより、**直接材料費または製造原価合計から評価額を控除する**方法と**発生部門の製造部門費から控除する**方法があります。

作業屑の売却処分価額は、将来的に収益認識基準の適用を検討する可能性がありますが、本試験においては問題文の指示にしたがってください。

(1) 直接材料費または製造原価合計から評価額を控除する方法

作業屑が**特定の製造指図書の製品製造から発生**した場合には、評価額をその作業屑が発生した製造指図書の直接材料費または製造原価合計から差し引きます。

> 直接材料費から控除しても製造原価から控除しても、ともに製造原価を減らすので、「仕掛品」勘定を貸方で減らします。

（作　業　屑）　XXX　（仕　掛　品）　XXX

CASE49の作業屑の処理 ［問1］［問2］

作業屑評価額：10円/kg × 25kg = 250円

［問1］と［問2］については、作業屑が特定の製造指図書から生じたものなので、製造指図書No.4の直接材料費または製造原価合計から評価額を控除します。

（作　業　屑）　250　（仕　掛　品）　250

［問1］の原価計算表

（単位：円）

	…	No.4	…
前 月 繰 越	…	───	…
直 接 材 料 費	…	**8,950**	…
直 接 労 務 費	…	13,200	…
製 造 間 接 費	…		…
切 削 部 門	…	5,500	…
組 立 部 門	…	3,900	…
計	…	**31,550**	…

［問2］の原価計算表

（単位：円）

	…	No.4	…
前 月 繰 越	…	───	…
直 接 材 料 費	…	9,200	…
直 接 労 務 費	…	13,200	…
製 造 間 接 費	…		…
切 削 部 門	…	5,500	…
組 立 部 門	…	3,900	…
計	…	31,800	…
作業屑評価額	…	△**250**	…
合 計	…	**31,550**	…

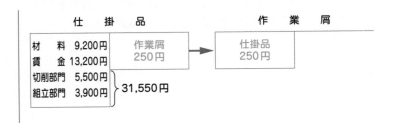

(2) 発生部門の製造部門費から評価額を控除する方法

作業屑が特定の製造指図書の製品製造ではなく、**特定の製造部門から発生**し、その製造部門を利用するすべての製品について発生する可能性がある場合には、評価額を発生部門の製造部門費（部門別計算を行っていないときは製造間接費）から控除します。

（作 業 屑）	XXX	（組 立 部 門）	XXX

または

（作 業 屑）	XXX	（製 造 間 接 費）	XXX

CASE49の作業屑の処理 ［問3］

［問3］については、作業屑がどの製造指図書から発生したものか不明なので、組立部門の製造部門費から評価額を控除します。

（作 業 屑）	250	（組 立 部 門）	250

原 価 計 算 表 (単位：円)

	…	No.4	…
前 月 繰 越	…	――	…
直接材料費	…	9,200	…
直接労務費	…	13,200	…
製造間接費	…		…
切削部門	…	5,500	…
組立部門	…	3,900	…
計	…	31,800	…
作業屑評価額	…	――	…
合 計	…	31,800	…

> 原価計算表は仕掛品勘定と対応しているため製造部門費から控除する場合は、原価計算表への記入はなされません。

組 立 部 門　　　　　　　　　　**作 業 屑**

実際発生額合計 ××××	作業屑 250円	→	組立部門 250円

⇔ 問題編 ⇔
問題35、36

問題編

第1章　工業簿記・原価計算の基礎

解答…P.40

問題 1 原価の分類

　下記の項目について原価計算上原価に算入され、しかも製造原価となる項目には1、販売費となる項目には2、一般管理費となる項目には3、それ以外の項目には0をそれぞれの［　　］の中に記入したうえで、1～3の各項目の金額を集計しなさい。なお製造原価については材料費、労務費、経費の内訳を示すこと。

① ［　　］製品にそのまま取り付ける部品の消費額　2,750円
② ［　　］工場の修理工の賃金　1,800円
③ ［　　］工員募集費　900円
④ ［　　］新技術の基礎研究費　2,100円
⑤ ［　　］会社の支払う法人税・住民税　1,200円
⑥ ［　　］新製品発表会の茶菓代　500円
⑦ ［　　］工場で使用する消火器の購入額　700円
⑧ ［　　］工場の運動会の運営費　300円
⑨ ［　　］掛売集金費　600円
⑩ ［　　］本社の役員給料　2,250円
⑪ ［　　］工場の運転資金として必要な銀行借入金に対する支払利息　800円
⑫ ［　　］工場の事務職員の給料　1,500円
⑬ ［　　］工場従業員のための茶道、華道講師料　1,300円
⑭ ［　　］本社の事務職員の給料　1,900円
⑮ ［　　］工場の電力料、ガス代、水道料　750円
⑯ ［　　］製造用切削油、電球、石けんなどの消費額　150円
⑰ ［　　］工場建物の固定資産税　850円
⑱ ［　　］工員の社会保険料などの会社負担額　1,000円
⑲ ［　　］長期休止設備の減価償却費　1,600円
⑳ ［　　］出荷運送費　550円

第2章　原価記録と財務諸表

解答…P.42 基本 応用

　次の当社の年間資料にもとづいて、(1)各勘定へ記入して締め切るとともに、(2)製造原価明細書および(3)損益計算書（売上総利益まで）の作成を行いなさい。

[資　料]
1．総勘定元帳の勘定残高

	期 首 残 高	期 末 有 高
(1)　製　　　品	200,000円	300,000円
(2)　仕　掛　品	100,000円	86,000円
(3)　材　　　料	80,000円	100,000円

　　材料の消費額のうち80％は直接材料として消費した。また、材料の期末実地棚卸高は90,000円であり、差額はすべて異常な原因により発生したものと考えられる。

2．材料の当期購入額（掛買い）　　　5,620,000円
3．労務費に関する当期資料
　(1)　当期賃金支給総額　　　　　　1,600,000円
　(2)　期首賃金未払額　　　　　　　　90,000円
　(3)　期末賃金未払額　　　　　　　110,000円
　　賃金の消費額のうち、60％は直接賃金として消費した。
4．経費に関する当期資料
　(1)　工場の固定資産の減価償却費　360,000円
　(2)　工場倉庫の賃借料　　　　　　240,000円
　(3)　工場建物の保険料　　　　　　100,000円
　(4)　工場機械の修繕費　　　　　　 70,000円
　(5)　工員のための社宅などの維持費　156,000円
　(6)　工場の電力料、ガス代、水道料　420,000円
　(7)　工場の固定資産税　　　　　　300,000円
　　経費はすべて間接費とする。
5．製造間接費は実際配賦によっている。
6．売上高　　　　　　　　　　　　10,000,000円

次の資料にもとづき、ゴエモン株式会社の製造原価報告書および損益計算書を作成しなさい。なお、ゴエモン株式会社は実際原価計算を採用し、製造間接費については製造直接費基準により配賦率150%で各指図書に予定配賦している。配賦差異は売上原価に賦課している。

[資　料]
1．棚卸資産有高

	原　料	補助材料	仕 掛 品	製　　品
月 初 有 高	400円	400円	2,000円	1,000円
月 末 有 高	600円	500円	4,000円	？ 円

2．賃金給料未払額

	直接工賃金	間接工賃金	給　料
月 初 未 払 額	400円	500円	300円
月 末 未 払 額	500円	600円	200円

3．経費前払・未払額

	外注加工賃
月 初 前 払 額	100円
月 末 未 払 額	100円

4．原料当月仕入高　　　　　2,000円
5．補助材料当月仕入高　　　1,500円
6．直接工賃金当月支給総額　1,500円
7．間接工賃金当月支給総額　3,000円
8．給料当月支給総額　　　　1,000円
9．当月経費
　(1) 外注加工賃（支払額）　400円
　(2) 電力料（測定額）　　　100円
　(3) 減価償却費（月割額）1,000円
10．その他
　(1) 原料の消費額はすべて直接材料費、補助材料の消費額はすべて間接材料費とする。
　(2) 直接工労働力の消費額はすべて直接労務費、それ以外の労働力の消費額はすべて間接労務費とする。

第3章 材料費会計

問題 4 購入原価の計算

解答…P.48 基本 応用

当社では、A材料、B材料の2種類の材料を用いて製品を製造している。以下の資料にもとづいて各材料の購入原価および購入単価を計算しなさい。

[資 料]

材料の購入原価は、購入代価にすべての材料副費を加えて計算している。それらの当月実績は次のとおりであった。

(1) 送状価額と購入数量、注文回数

	A 材 料	B 材 料
送 状 価 額	38,700円	15,000円
購 入 数 量	180kg	120kg
注 文 回 数	5回	3回

(2) 材料副費実際発生額

引 取 運 賃	その他の引取費用	購入事務費	検 収 費	合 計
3,120円	1,611円	216円	420円	5,367円

なお、材料副費は次の配賦基準にもとづいて各材料に実際配賦する。

引 取 運 賃：購入数量　　その他の引取費用：送状価額
購 入 事 務 費：注文回数　　検 収 費：購入数量

当社では、A材料、B材料の2種類の材料を用いて製品を製造している。以下の資料にもとづいて各問に答えなさい。

[資　料]

材料の購入原価は、購入代価にすべての材料副費を加えて計算している。

1．年間予算資料

(1)　年間予定送状価額、購入数量、注文回数

	A　材　料	B　材　料
予定送状価額	4,876,000円	1,890,000円
予定購入数量	23,000kg	15,000kg
予定注文回数	12回	8回

(2)　材料副費年間予算額

引取運賃	その他の引取費用	購入事務費	検　収　費	合　計
368,600円	202,980円	25,020円	49,400円	646,000円

2．当月実績資料

(1)　送状価額と購入数量、注文回数

	A　材　料	B　材　料
送　状　価　額	387,000円	150,000円
購　入　数　量	1,800kg	1,200kg
注　文　回　数	1回	1回

(2)　材料副費実際発生額

引取運賃	その他の引取費用	購入事務費	検　収　費	合　計
31,200円	16,110円	2,160円	4,200円	53,670円

問1　すべての材料副費を購入数量を基準に一括して予定配賦する場合について、各材料の購入原価と購入単価および材料副費配賦差異を計算しなさい。

問2　材料副費を費目別に予定配賦する場合について、各材料の購入原価と購入単価および材料副費配賦差異（合計）を計算しなさい。なお、材料副費の配賦基準は次のとおりである。

　　　引　取　運　賃：購入数量　　　その他の引取費用：送状価額
　　　購　入　事　務　費：注文回数　　　検　　収　　費：購入数量

当社では、A材料（直接材料）の購入原価は、購入代価に引取費用の実際額を加算している。以下の資料にもとづき、材料勘定および材料副費関係諸勘定に記入し、締め切りなさい。

[資　料]
　1．材料の当月購入代価　2,000,000円（2,000kg）
　2．材料副費の実際発生額
　　　　引 取 費 用　　　120,000円
　　　　材料取扱・保管費　　98,400円
　3．材料の消費量　　　　　1,600kg
　4．材料の月末棚卸高　　　　400kg
　5．月初材料の在庫はなかった。

問1　材料取扱・保管費は購入原価に算入せず、材料出庫額に対して5％を予定配賦するものとした場合。ただし、月末材料に対しても3％の予定配賦を行うこと。
問2　材料取扱・保管費は購入原価に算入せず、その実際発生額を間接経費として処理するものとした場合。

下記の資料にもとづき、(1)解答用紙の諸勘定を記入し、(2)製造指図書別原価計算表（一部）を完成させなさい。

[資　料]
　1．当工場では、直接材料費は予定単価@800円を用いて計算している。
　2．直接材料は掛けで仕入れ、材料勘定には上記の予定単価で借記される。11月の直接材料掛仕入額（実際購入単価×実際購入量）は1,660,000円で実際購入単価は@830円であった。
　3．材料勘定の月初材料棚卸高は160,000円であった。
　4．11月の製造指図書別材料消費量は以下のとおりであった。

	No.100	No.101	No.102	No.103	No.104	合　計
直接材料消費量	400kg	450kg	270kg	380kg	300kg	1,800kg

　5．当月において棚卸減耗は生じていない。

問1　当工場ではA材料（直接材料）とB材料（間接材料）を加工して甲製品を生産している。当月の取引について仕訳を示すとともに、材料勘定の記入を完成させなさい（単位：円）。なお、払出単価の計算は先入先出法によること。

　　　使用できる勘定科目：材料、買掛金、現金、仕掛品、製造間接費

［取　引］
　材料の月初在高　A材料　@800円　60個　48,000円
　　　　　　　　　B材料　@ 90円　40kg　3,600円

①　A材料540個を掛けで購入し、検品のうえ受け入れた。購入代価は480,000円であり、その他に引取運賃6,000円を現金で支払った（A材料購入の仕訳）。

②　B材料360kgを36,000円で購入し、現金で支払った（B材料購入の仕訳）。

③　A材料の消費量は継続記録法で把握しており、当月の消費量は560個であった（A材料消費の仕訳）。

④　月末に実地棚卸を行った。実際在高はA材料36個、B材料50kgであった。なお、B材料の消費量は棚卸計算法で把握している。また、A材料の棚卸減耗は正常な数量である（B材料消費とA材料棚卸減耗の仕訳）。

問2　次の取引について仕訳を示すとともに、材料勘定の記入を完成させなさい（単位：円）。なお、払出単価の計算は先入先出法によること。

　　　使用できる勘定科目：材料、買掛金、仕掛品、材料消費価格差異

［取　引］
　月初材料　@110円（実際価格）　600kg　66,000円

①　材料2,400kgを252,000円で購入した（掛買い）。

②　材料2,600kgを直接材料として消費した。予算価格は@120円。

③　当月の材料消費価格差異を計上した。

当工場では、材料はすべて掛けで仕入れ、材料勘定には実際購入原価で受入記帳をしている。下記の当月の材料記録にもとづいて、(1)棚卸減耗の計上に関する仕訳を示すとともに(2)材料勘定の記入を行いなさい。なお、当工場では正常な棚卸減耗について棚卸減耗費勘定を使用していない。

［資　料］

1．当工場ではA材料を主要材料、B材料を補助材料として使用しており、A材料については、予定消費価格@200円を用いて消費額を計算している。

2．月初在高、当月購入高に関する資料

	月　初　在　高		当　月　購　入　高	
	数　　　量	実 際 価 格	数　　　量	実 際 価 格
A　材　料	2,000kg	@199円	18,000kg	@207円
B　材　料	1,600kg	@142円	12,000kg	@145.4円

なお、このほかに工場消耗品としてC材料の当月購入高211,200円がある。

3．A材料の実際消費量は継続記録法により把握しており、当月の製造指図書別の実際出庫量は下記のとおりである。なお、実際消費価格は先入先出法によって計算する。

A材料の月末実地棚卸数量は3,900kgであり、棚卸差額のうち、60kgは正常な差額であった。

	No.101	No.102	No.103	No.104	No.105	合　　計
材料出庫量(kg)	2,400	3,600	4,800	3,700	1,500	16,000

4．B材料の実際消費量は棚卸計算法により把握しており、月末実地棚卸数量は1,200kgである。なお、実際消費価格は平均法によって計算している。

当社の材料に関する次の資料にもとづいて、以下の問いに答えなさい。

［資　料］

1．月初材料在高と当月材料仕入高は次のとおりである。

	月初材料在高		当月材料仕入高	
	数　　量	購入原価	数　　量	購入代価
A　材　料	6,000kg	2,070,000円	18,000kg	5,940,000円
B　材　料	7,000個	2,821,000円	24,000個	9,168,000円
C　材　料	1,200kg	150,000円	6,800kg	829,600円

2．A材料およびB材料は主要材料であり、当月の製造指図別実際消費量は次のとおりである。

	No.100	No.200	No.300	合　計
A　材　料	5,400kg	6,000kg	8,500kg	19,900kg
B　材　料	6,200個	7,800個	11,300個	25,300個

3．補助材料であるC材料についてはその実際消費量は棚卸計算法により把握している。C材料の実地棚卸高は1,600kgであった。なお、A材料、B材料の実地棚卸高はそれぞれ4,000kgと5,400個であった。

4．材料の購入原価は購入代価に材料副費予定配賦額（購入代価の5％）を加算して計算している。なお、当月の材料副費の実際発生額は850,600円であった。

5．材料の消費価格はA材料とB材料について次に示す予定価格を使用している。

　　　A材料　@350円、B材料　@400円

　　また、C材料については実際価格を用いており、すべての材料について、その月末材料棚卸高は先入先出法により計算している。

問1　製造指図書No.100、No.200およびNo.300の直接材料費を計算しなさい。

問2　A材料について(1)実際購入原価(2)実際材料費(3)材料消費価格差異(4)棚卸減耗費および(5)月末材料棚卸高を計算しなさい。なお、差異の金額を答える場合には借方、貸方を明記すること。以下の問いにおいても同様である。

問3　B材料について、問2と同様のことを答えなさい。

問4　C材料について、(1)実際購入原価(2)実際材料費(3)月末材料棚卸高を計算しなさい。

問5　材料副費配賦差異を計算しなさい。

第4章 労務費会計

問題 11 賃金の支払いと消費

解答…P.64 基本 応用

問1 当工場では、実際賃率を用いて労務費を計算している。そこで、次の取引の仕訳と賃金勘定への記入を示しなさい（単位：円）。

使用できる勘定科目：賃金、未払賃金、当座預金、預り金、仕掛品、製造間接費

［取 引］
① 前月未払賃金20,000円（内訳：直接工分15,000円、間接工分5,000円）を振り替える。
② 工員への給与支払日。差引支給額の合計を小切手を振り出して支払った。

工 員	支給総額	社会保険料	所 得 税	差引支給額
直 接 工	75,000円	6,000円	6,750円	62,250円
間 接 工	25,000円	2,000円	2,500円	20,500円
合 計	100,000円	8,000円	9,250円	82,750円

③ 当月未払賃金24,000円（内訳：直接工分18,000円、間接工分6,000円）を計上する。
④ 当月の労務費を計上する。なお、直接工の就業時間は150時間（内訳：直接作業時間120時間、間接作業時間20時間、手待時間10時間）であった。

問2 当工場の工員はすべて直接工であり、その労務費は予定賃率によって計算している。当年度の予定就業時間は1,920時間、予定賃金支給額は1,536,000円である。そこで、次の取引の仕訳と賃金勘定への記入を示しなさい（単位：円）。

使用できる勘定科目：賃金、当座預金、預り金、賃率差異、仕掛品

［取 引］
① 前月未払賃金は130,000円であった。
② 直接工の給与支払日に賃金655,000円から社会保険料51,500円と所得税53,500円を差し引き、小切手を振り出して支払った。
③ 当月の直接工の就業時間は800時間（すべて直接作業時間）であった。
④ 当月未払賃金は125,000円であった。
⑤ 当月の賃率差異を計上する。

　下記に示す当月の労務費関係の資料（直接工のみ）にもとづいて、賃金・手当勘定の記入を行いなさい。

［資　料］
(1)　直接工の労務費は予定平均賃率で計算する。
　　年間予定賃金・手当総額　　9,720,000円
　　年 間 予 定 総 就 業 時 間　　8,100時間
(2)　製造指図書別の直接作業時間（11/1～11/30）

	No.101	No.102	No.103	No.104	No.105	合　　計
直接作業時間(時間)	70	155	130	170	85	610

(3)　直接作業時間票の要約（11/1～11/30）
　　直 接 作 業 時 間　　　　610時間
　　間 接 作 業 時 間　　　　 40時間
　　手 　待 　時 　間　　　　 10時間
　　合　　　　　計　　　　　660時間
(4)　直接工出勤票の要約（11/1～11/30）
　　11/ 1より11/20まで　　　430時間
　　11/21より11/30まで　　　230時間
　　合　　　　　計　　　　　660時間
(5)　直接工給与計算票の要約（10/21～11/20）
　　賃金・手当支給総額　　　　　　　　　　800,000円
　　控　　　除　　　額
　　　所得税・住民税　　　75,000円
　　　社 会 保 険 料　　　80,000円　　　155,000円
　　差引：現金支給額　　　　　　　　　　　645,000円
(6)　10月末の未払賃金・手当は270,000円である。
(7)　11月末の未払賃金・手当は予定賃率で計算し、未払賃金・手当勘定に計上する。

下記に示す当月の労務費関係の資料（間接工その他）にもとづいて、当月の間接労務費を計算しなさい。

［資　料］

1．間接工の賃金・手当

(1)　給与計算票の要約（10/21〜11/20）

賃金・手当支給総額		225,000円
控　　除　　額		
所得税・住民税	20,000円	
社 会 保 険 料	15,000円	35,000円
差引：現金支給額		190,000円

(2)　10月末の未払賃金・手当（10/21〜10/31）は60,000円である。

(3)　11月末の未払賃金・手当（11/21〜11/30）は64,000円である。

2．その他の労務費

(1)　社会保険料の当月納付額　207,000円（うち従業員負担分100,000円）

(2)　退職給付引当金の当月繰入額　53,000円

下記に示す当月の資料にもとづいて、労務費関係の諸勘定の記入を行いなさい。

[資　料]
(1) 直接工の労務費は予定平均賃率で計算する。
　　年間予定賃金・手当総額　19,440,000円
　　年 間 予 定 総 就 業 時 間　　16,000時間
(2) 製造指図書別の直接作業時間（11/1～11/30）

	No.101	No.102	No.103	No.104	No.105	合　計
直接作業時間(時間)	140	310	260	340	170	1,220

(3) 直接工作業時間票の要約（11/1～11/30）
　　直 接 作 業 時 間　　　　1,220時間
　　間 接 作 業 時 間　　　　　80時間
　　手 　待 　時 　間　　　　　20時間
　　　合　　　　計　　　　1,320時間
(4) 直接工出勤票の要約（11/1～11/30）
　　定 時 間 内 作 業
　　　11/ 1より11/20まで　　　　860時間
　　　11/21より11/30まで　　　　400時間
　　定 時 間 外 作 業
　　　11/28、11/29　　　　　60時間
　　　合　　　　計　　　　1,320時間

　　なお、定時間外作業手当は、その時間数に予定平均賃率の40％を掛けて計算し、原価計算上は製造間接費として処理する。
(5) 給与計算票の要約（10/21～11/20）
　　賃金・手当支給総額　　　　　　　　　　　2,050,000円（うち間接工分450,000円）
　　控　　除　　額
　　　所得税・住民税　　　190,000円
　　　社 会 保 険 料　　　190,000円　　　　380,000円
　　差引：現金支給額　　　　　　　　　1,670,000円
(6) 10月末の未払賃金・手当は660,000円（うち間接工分120,000円）である。
(7) 11月末の未払賃金・手当のうち直接工分は予定平均賃率で計算する。間接工分は128,000円である。未払賃金・手当は未払賃金・手当勘定に計上する。
(8) 社会保険料の当月納付額　414,000円（うち従業員負担分200,000円）
(9) 退職給付引当金の当月繰入額　106,000円

第5章　経費会計

問題 15　外注加工賃の処理

解答…P.72　基本　応用

　以下の取引について、仕訳と関係勘定への記入を行いなさい。ただし、使用できる勘定科目は次の中から選択しなさい。

　　使用できる勘定科目
　　：材料、部品、仕掛品、製造間接費、外注加工賃、買掛金、未払金

［取　引］
　1．主材料200個を下請業者に無償で支給（材料の原価@1,500円）し、そのメッキ加工を依頼した。
　2．メッキ加工された主材料が下請業者より納入され、そのすべてをただちに工場現場に引き渡した。なお、1個あたりの加工賃は@900円であった（未払い）。

問題 16　外注加工賃の処理

解答…P.73　基本　応用

　以下の取引について、仕訳と関係勘定への記入を行いなさい。ただし使用できる勘定科目は次の中から選択しなさい。

　　使用できる勘定科目
　　：材料、部品、仕掛品、製造間接費、外注加工賃、買掛金、未払金

［取　引］
　1．主材料200個を下請業者に無償で支給（材料の原価@1,500円）し、そのメッキ加工を依頼した。
　2．メッキ加工された主材料が下請業者より納入され、いったんそのすべてを部品として倉庫に搬入した。なお、1個あたりの加工賃は@900円であった（未払い）。
　3．上記部品のうち、100個を庫出した。

以下の取引について仕訳と関係勘定の記入を行いなさい。ただし、使用できる勘定科目は次の中から選択しなさい。

使用できる勘定科目
：材料、部品、仕掛品、製造間接費、外注加工賃、現金、当座、Ｚ社、買掛金、
　未払金、交付材料差益

［取　引］
1．材料20,000個（@100円）を掛けで購入した。
2．上記のうち10,000個を協定価格@150円で下請業者Ｚ社に有償支給し、そのメッキ加工を依頼した。
3．Ｚ社から加工の終了した部品10,000個が納入されたので、検査後部品勘定に計上した。なお1個あたりの加工賃は@50円。したがって、下請けからの受入価格は@200円である。
4．Ｚ社に対する債権・債務を相殺し、その差額（メッキ加工賃）を小切手で支払った。
5．必要な整理仕訳を行った。

次の当工場における11月の資料にもとづいて間接経費の消費額を求めなさい。

1．支払経費に関する資料

事務用消耗品費 当月購入額 130,000円

旅 費 交 通 費 前月未払額 70,000円 当月支払額 400,000円
　　　　　　　　当月未払額 130,000円

保　　管　　料 前月前払額 90,000円 当月支払額 520,000円
　　　　　　　　当月前払額 100,000円

2．測定経費に関する資料

(1) 電力料 当月支払額 300,000円 当月測定額 340,000円

(2) ガス代は毎月20日の検針にもとづいて支払っている。
　　当月支払額 136,000円
　　当月消費量 1,240㎥ 基本料金 40,000円／月 従量料金 90円／㎥

3．月割経費に関する資料

減 価 償 却 費 年間 3,600,000円

修繕引当金繰入額 年間見積額 1,920,000円 当月修繕料支払額 240,000円

保　　険　　料 6か月分 1,440,000円

4．発生経費に関する資料

材料の帳簿棚卸高は、2,800,000円、実地棚卸高は、2,780,000円であった。なお棚卸減耗は正常なものである。

当工場の当月における経費関係のデータは次のとおりである。そこで当月の間接経費の実際額を計算しなさい。

1．支払伝票の記載内容

旅費交通費　　30,000円
通　信　費　　16,000円
保　管　料　　24,000円
賃　借　料　360,000円
電　力　料　　50,000円
ガ　ス　代　　76,000円
雑　　　費　　14,000円

2．経費測定票の記載内容

	前月末検針	当月末検針	従量料金	基本料金
電　力　料	4,800kwh	8,400kwh	8円/kwh	20,000円/月
ガ　ス　代	3,500㎡	5,900㎡	20円/㎡	24,000円/月

3．月割計算表の記載内容

減価償却費　160,000円
賃　借　料　　60,000円
保　険　料　　18,000円

4．棚卸差額報告書の記載内容

棚卸減耗費　　10,000円

第6章 （単純）個別原価計算

問題 20 個別原価計算の一連の流れ　　　解答…P.77 **基本** 応用

　当社は受注生産により家具の製造・販売を行っている。次に示す当社の当期資料にもとづいて、仕掛品勘定へ記入するとともに、製造原価明細書および損益計算書を作成しなさい。ただし原価差異は当年度の売上原価に賦課するものとする。

［資　料］

1．総勘定元帳の勘定残高の一部

		前期末	当期末
材　　　　　料		30,000円	24,000円
仕　掛　品		296,400円	？円
製　　　品		692,000円	？円
未 払 賃 金		67,000円	82,000円

2．当期中の取引

　(1)　材 料 仕 入 高　1,160,000円

　(2)　賃 金 支 給 総 額　818,000円

　(3)　製造間接費予定配賦額　　　？円

　(4)　製造間接費実際発生額　1,204,000円

3．その他

　(1)　材料はすべて直接材料として消費される。

　(2)　賃金はすべて直接工のものであり、直接工は直接作業のみに従事している。

　(3)　製造間接費は予定配賦率1,200円／時間により直接作業時間を基準に各製造指図書へ配賦している。

　(4)　製造指図書別の直接材料実際出庫額および実際直接作業時間は次のとおりである。

	No.102	No.103	No.104	No.105	合　計
材 料 出 庫 額	——円	444,000円	330,000円	392,000円	1,166,000円
直 接 作 業 時 間	192時間	280時間	460時間	48時間	980時間

　(5)　製造指図書別の製造・販売状況

　　　当期に製造または販売された製造指図書別のデータは次のとおりである。

　　　当期には下記の製造指図書以外の製造または販売は行われていない。

　　　No.101 … 前期中に完成済みであったが、顧客への引渡しは当期に行われた（引渡価額1,160,000円）。

　　　No.102 … 前期中に製造に着手し、前期末は未完成であったが、当期に完成

し、引渡済みである（引渡価額1,100,000円）。

No.103 … 当期に製造に着手し、当期中に完成し、引渡済みである（引渡価額1,700,000円）。

No.104 … 当期に製造に着手し、当期中に完成したが、顧客には引き渡していない。

No.105 … 当期に製造に着手したが、期末において未完成である。

(6) 当期の販売費及び一般管理費は、1,310,000円であった。

当工場における当期の製造間接費関係のデータは次のとおりである。

1. この工場では機械時間基準の予定配賦率を使用して、製造間接費を各製品に対して配賦している。

2. 年間の操業水準に関する資料は次のとおりである。

(1) 工場の主要設備は100台の自動化された機械からなり、1日7時間これらの機械を稼働させている。また、年間の作業可能日数は240日であり、年間合計33,600時間の作業休止時間が見込まれる。

(2) 製品の販売上予想される季節的な需要の変動および景気循環期間全体を通じての需要の変動による生産量の増減を長期的に平均化した操業水準は年間120,000時間である。

(3) 当年度において予想される操業水準は114,000時間である。

3. 製造間接費予算は公式法による変動予算として設定されている。年間の変動予算表は次のとおりである。

	固 定 費	変 動 費 率
間 接 材 料 費	3,192,000円	40円
間 接 労 務 費	7,980,000円	60円
間 接 経 費	20,748,000円	20円
合 計	31,920,000円	120円

4. 当月の実績データは次のとおりである。

(1) 実際機械時間は9,250時間である。

(2) 製造間接費の実際発生額は3,800,000円である。

問1 次に示す各ケースについて予定配賦率、予定配賦額、および配賦差異を計算しなさい。ただし、予定配賦率と予定配賦額は、変動費と固定費とを区別して計算すること。また、配賦差異は、予算差異と操業度差異とに分析すること。なお、有利差異は（＋）、不利差異は（－）で示すこと（問2においても同様）。

ケース1 実際的生産能力を基準操業度として選択しているとき

ケース2 平均操業度を基準操業度として選択しているとき

ケース3 期待実際操業度を基準操業度として選択しているとき

問2 当年度の実際機械時間が112,500時間であるとして、上記のケース1からケース3について予定配賦額および操業度差異を計算しなさい。

問題22 製造間接費の差異分析

解答…P.86 基本 応用

次の資料により(1)予定配賦率を算定し、(2)予定配賦額の計算、製造間接費総差異の把握とその分析を行い、その計算結果を解答用紙の勘定に記入しなさい。

［資　料］

1．年間予算データ

① 年間基準操業度　45,000機械運転時間

② 公式法変動予算による年間の製造間接費予算

年間固定費　9,000,000円

変 動 費 率　150円/時間

2．当月実際データ

① 実際機械運転時間　3,600機械運転時間

② 製造間接費実際発生額

1,275,000円 { 変動費　550,000円 / 固定費　725,000円 }

次に示す当工場の資料にもとづいて製造間接費の計算を行い、計算結果を解答用紙の所定の場所に記入しなさい。

[資 料]

1. 製造間接費年間予算額

変動費率 600円/時間

固 定 費 48,000,000円

（注）製造間接費は直接作業時間を基準に製品へ予定配賦している。上記の製造間接費予算は、年間正常直接作業時間60,000時間にもとづく予算額である（公式法変動予算）。なお、月間正常直接作業時間および月間固定製造間接費予算は年間予算の12分の1である。

2. 当月の実際直接作業時間 4,920時間

3. 当月の製造間接費実際発生額

(1) 工場補修用鋼材 月初在高 124,000円 当月仕入高 900,000円

月末在高 174,000円

(2) 材料棚卸減耗費（正常） 45,000円

(3) 製造用切削油、電球などの当月消費額 192,000円

(4) 工場倉庫係の賃金 当月要支払額 760,000円

(5) 工場減価償却費 1,090,000円

(6) 工員募集費 170,000円

(7) 直接工の間接作業および手待賃金 584,000円

(8) 工場電力料、ガス代、水道料 650,000円

(9) 工場の机、椅子、黒板など当月購入額 156,000円

(10) 製造関係の事務職員給料、当月要支払額 1,050,000円

(11) 工員用住宅、託児所などの福利施設負担額 170,000円

(12) 工場従業員の法定福利費 570,000円

(13) 耐用年数1年未満または取得原価10万円未満の工具、測定器具の購入高

246,000円

(14) 工場従業員のための茶道華道講師料 120,000円

(15) その他雑費 350,000円

なお、上記製造間接費実際発生額のうち、変動費は2,921,000円であった。

当工場の製造間接費の年間予算額と当月実際発生額の費目別の内訳は次に示すとおりである。そこで、当月の予算差異を費目別に計算しなさい。

［資　料］

1．年間製造間接費予算額と当月実際発生額のデータ

〈変動費〉

	年間予算額	当 月 実 績
補 助 材 料 費	1,500,000円	138,250円
工 場 消 耗 品 費	1,200,000円	99,000円
電　　力　　料	900,000円	77,750円
変 動 費 計	3,600,000円	315,000円

〈固定費〉

	年間予算額	当 月 実 績
工 場 消 耗 品 費	180,000円	16,000円
間 接 工 賃 金	450,000円	40,000円
給　　　　料	270,000円	22,500円
賞 与 ・ 手 当	120,000円	9,500円
減 価 償 却 費	540,000円	45,000円
賃　借　料	480,000円	42,000円
電　　力　　料	360,000円	30,000円
固 定 費 計	2,400,000円	205,000円

（注）当工場では製造間接費は年間正常機械運転時間（30,000時間）にもとづき製品に予定配賦している。なお、製造間接費の月間予算額および月間正常機械運転時間は、年間予算額および年間正常機械運転時間の12分の1である。

2．当月の実際機械運転時間　2,475時間

第7章　部門別個別原価計算（Ⅰ）

問題 25　部門別個別原価計算の一連の流れ　　解答…P.92　基本　応用

　個別原価計算を実施している当社の次の取引を、指定された勘定科目を用いて仕訳をしなさい。なお、当社は製造間接費について部門別計算を行い、各製造指図書には予定配賦を行っている。

　　指定勘定科目…材料、賃金・手当、経費、切削部門費、組立部門費、動力部門費、
　　　　　　　　　　修繕部門費、仕掛品、製造部門費配賦差異

(1)　切削部門費、組立部門費を直接作業時間を基準として各製造指図書に予定配賦した。

	予定配賦率	直接作業時間
切 削 部 門	＠800円	2,600時間
組 立 部 門	＠600円	3,400時間

(2)　製造間接費の実際発生額は材料1,200,000円、賃金1,540,000円、経費1,400,000円であり、次のとおり各部門に配賦した。

	切 削 部 門	組 立 部 門	動 力 部 門	修 繕 部 門
材　　　料	578,000円	528,000円	20,000円	74,000円
賃　　　金	670,000円	762,000円	48,000円	60,000円
経　　　費	732,000円	616,000円	40,000円	12,000円

(3)　上記補助部門費を次の配賦率により切削部門・組立部門へ配賦した。

	切削部門へ	組立部門へ
動 力 部 門 費	60%	40%
修 繕 部 門 費	30%	70%

(4)　切削部門・組立部門で把握された差異を製造部門費配賦差異勘定へ振り替えた。

次の資料にもとづいて部門費配賦表を完成させなさい。

［資　料］
(1) 部門個別費

	切削部門	組立部門	動力部門	修繕部門	事務部門
間 接 材 料 費	450,000円	375,000円	900,000円	1,050,000円	——
間 接 労 務 費	630,000円	285,000円	150,000円	750,000円	150,000円

(2) 部門共通費
　間 接 労 務 費　　 810,000円
　建物減価償却費　1,080,000円
　電　 力　 料　1,350,000円

(3) 配賦基準

配 賦 基 準	切削部門	組立部門	動力部門	修繕部門	事務部門
従 業 員 数	126人	84人	10人	40人	10人
床 　 面 　 積	2,800㎡	2,000㎡	1,200㎡	600㎡	600㎡
電 力 消 費 量	250kwh	260kwh	450kwh	20kwh	20kwh

下記の資料を参照して部門費配賦表を完成させ、各勘定に記入しなさい。ただし、補助部門費の製造部門への配賦は直接配賦法によること。

［資　料］

補助部門費の配賦基準

配賦基準	合　計	切削部	組立部	動力部	修繕部	事務部
動力消費量	3,500kwh	1,500kwh	1,500kwh	――	500kwh	――
修繕作業時間	500時間	240時間	160時間	100時間	――	――
従業員数	110人	30人	45人	15人	10人	10人

下記の資料を参照して、部門費配賦表を完成させ、各勘定に記入しなさい。ただし、補助部門費の製造部門への配賦は簡便法としての相互配賦法によること。

［資　料］

	合　計	切削部	組立部	動力部	修繕部	事務部
部門費	5,600,000円	1,200,000円	1,600,000円	1,200,000円	1,000,000円	600,000円
補助部門費配賦基準						
動力消費量	2,000kwh	1,000kwh	600kwh	――	400kwh	――
修繕作業時間	1,000時間	400時間	400時間	200時間	――	――
従業員数	240人	60人	80人	40人	20人	40人

下記の資料を参照して、部門費配賦表を完成させ、各勘定に記入しなさい。ただし、補助部門費の製造部門への配賦は、相互配賦法（連立方程式法）によること。

[資　料]

1．部門個別費実際発生額

切 削 部 門	組 立 部 門	動 力 部 門	修 繕 部 門	事 務 部 門
800,000円	500,000円	400,000円	500,000円	300,000円

2．部門共通費実際配賦額

切 削 部 門	組 立 部 門	動 力 部 門	修 繕 部 門	事 務 部 門
600,000円	700,000円	400,000円	100,000円	100,000円

3．補助部門費の配賦基準

	切削部門	組立部門	動力部門	修繕部門	事務部門
動 力 消 費 量	2,000kwh	2,000kwh	――――	1,000kwh	――――
修 繕 時 間	300時間	450時間	250時間	――――	――――
従 業 員 数	140人	120人	80人	60人	40人

下記の資料を参照して部門費配賦表を完成させ、各勘定に記入しなさい。ただし、補助部門費の製造部門への配賦は階梯式配賦法によること。

［資　料］

1．部門個別費実際発生額

切　削　部	組　立　部	動　力　部	修　繕　部	事　務　部
2,400,000円	2,000,000円	800,000円	600,000円	540,000円

2．部門共通費実際発生額

切　削　部	組　立　部	動　力　部	修　繕　部	事　務　部
1,400,000円	1,790,000円	1,020,000円	880,000円	310,000円

3．補助部門費の配賦基準

	切　削　部	組　立　部	動　力　部	修　繕　部	事　務　部
動 力 消 費 量	2,400kwh	3,600kwh	――	2,000kwh	――
修 繕 作 業 時 間	400時間	600時間	250時間	――	――
従 業 員 数	100人	90人	80人	70人	60人

第8章　部門別個別原価計算（Ⅱ）

問題 31　単一基準配賦法と複数基準配賦法　解答…P.105　基本 応用

　当工場では、部門別個別原価計算を採用している。当期の製造間接費関係のデータは、次のとおりである。

1．当工場の原価部門は2製造部門（切削部、組立部）と3補助部門（動力部、修繕部、事務部）に分けられている。

2．各原価部門における当期の部門費実際発生額は次のとおりである（単位：千円）。

	切 削 部	組 立 部	動 力 部	修 繕 部	事 務 部
固　定　費	30,800	25,800	4,104	12,000	4,000
変　動　費	16,400	19,200	3,600	4,000	2,000
	47,200	45,000	7,704	16,000	6,000

3．各製造部門および動力部の実際的生産能力のもとで必要となる年間の動力消費量、当期における実際の動力消費量は次のとおりである。

	実際的生産能力	実際動力消費量
切　　削　　部	273,600kwh	19,800kwh
組　　立　　部	182,400kwh	16,200kwh
修　　繕　　部	22,800kwh	1,800kwh
	478,800kwh	37,800kwh

4．各製造部門および修繕部の実際的生産能力のもとで必要となる年間の修繕時間、当期における実際の修繕時間は次のとおりである。

	実際的生産能力	実際修繕時間
切　　削　　部	300,000時間	24,000時間
組　　立　　部	240,000時間	12,000時間
動　　力　　部	60,000時間	4,000時間
	600,000時間	40,000時間

5．各原価部門の従業員数および当期における実際の就業時間は、次のとおりである。なお、従業員数は、事務部の提供する用役の消費能力を示すものであり、また事務部の変動費は、工場全体の就業時間に応じて発生する。

	切 削 部	組 立 部	動 力 部	修 繕 部	事 務 部
従 業 員 数	1,000人	600人	200人	200人	80人
就 業 時 間	180千時間	140千時間	40千時間	40千時間	14千時間

6．補助部費は階梯式配賦法により関係各部門に配賦している。

問1 補助部門の固定費と変動費を一括して消費量を配賦基準として配賦していたとして、補助部門費配賦表を作成しなさい。
問2 補助部門の固定費と変動費を区別し、それぞれ適切な配賦基準を使用して配賦していたとして、補助部門費配賦表を作成しなさい。

問題 32 補助部門費の配賦方法と責任会計　解答…P.107 [基本][応用]

当社の動力部（補助部門）は切削部と組立部に対して動力サービスを提供している。そこで、公式法変動予算を前提として、次の資料にもとづき各問に答えなさい。

［資 料］
1．動力部の動力サービス提供量（単位：kwh）

	切 削 部	組 立 部	合 計
月 間 消 費 能 力	280	220	500
当月の予定提供量	270	180	450
当月の実際提供量	250	150	400

2．動力部月次変動予算および当月実績

	月次変動予算	当 月 実 績
動力サービス月間提供量	450kwh	400kwh
動 力 部 門 費		
変 　 動 　 費	148,500円	152,000円
固 　 定 　 費	166,500円	168,000円
合 　 　 　 計	315,000円	320,000円

問1 動力部費の実際発生額を単一基準配賦法で配賦した場合、切削部と組立部に対する配賦額を求めなさい。
問2 動力部費の実際発生額を複数基準配賦法で配賦した場合、切削部と組立部に対する配賦額を求めなさい。
問3 動力部費の予定配賦額を単一基準配賦法で配賦した場合、切削部と組立部に対する配賦額と配賦差異を計算するとともに、配賦差異を分析しなさい。また、動力部の勘定記入を行いなさい。
問4 動力部費の予算許容額を複数基準配賦法で配賦した場合、切削部と組立部に対する配賦額と配賦差異を計算するとともに、配賦差異を分析しなさい。また、動力部の勘定記入を行いなさい。

第9章　個別原価計算における仕損

問題 33　仕損費の計算　　　　　　　　　　解答…P.111　基本　応用

次に示す文章１～３の空欄(イ)～(ヘ)に適正な金額を記入しなさい。

1．当月発行の製造指図書No.1の指示によって製造されていた製品の一部が仕損となった。新たに製造指図書No.1-2を発行して仕損となった製品の代品を製造し、全品が完成した。製造指図書No.1に集計されていた原価は700,000円、製造指図書No.1-2に集計された原価は50,000円である。仕損品は、10,000円で外部に売却可能であると見込まれる。また、当該仕損は正常仕損であると判断された。

　　このとき、仕損費は（　(イ)　）円であり、当該製品の製品原価総額は（　(ロ)　）円である。

2．前月発行の製造指図書No.2の指示によって製造されていた製品が仕損となり、当月新たに補修指図書No.2-2を発行して当該製品を補修した。補修の結果、当該製品は良品となり、顧客に引き渡された。製造指図書No.2に集計されていた原価は850,000円（前月発生原価500,000円、当月発生原価350,000円）、補修指図書No.2-2に集計された原価は200,000円である。

　　このとき、仕損費の総額は（　(ハ)　）円であり、当該製品の製品原価総額は（　(ニ)　）円である。

3．当月発行の製造指図書No.3の指示によって製造されていた製品のすべてが仕損となり、新たに製造指図書No.3-2を発行して当該製品を製造し直し、全品が完成した。製造指図書No.3に集計されていた原価は600,000円、製造指図書No.3-2に集計された原価は900,000円である。仕損品は150,000円で外部に売却可能であると見込まれる。なお当該仕損は異常仕損であると判断された。

　　このとき、仕損費は（　(ホ)　）円であり、当該製品の製品原価総額は（　(ヘ)　）円である。

　当工場は、特殊木工加工品を受注生産している。当工場は２つの製造部門（切削部門と組立部門）と１つの補助部門（動力部門）とから構成されており原価計算方式としては、実際部門別個別原価計算を採用している。そこで、次に示す資料にもとづいて各問に答えなさい。

［資　料］

1．当期の生産状況に関する資料

　　当期において〈表１〉に示す製造指図書についての加工作業が行われた。このうち、製造指図書No.4は、製造指図書No.1の生産命令書の一部が補修可能な仕損になったために発行された補修製造指図書であり、製造指図書No.5は製造指図書No.2の生産命令量の全部が補修不能な仕損になったために発行された代品製作製造指図書である。また、製造指図書No.6は製造指図書No.3の生産命令量の一部が補修不能な仕損になったために発行された代品製作製造指図書である。

　　なお、製造指図書No.2に係わる仕損品評価額は250,000円、製造指図書No.3に係わる仕損品評価額は20,000円である。

　　また、製造指図書No.1に対して前期までに、150,000円の製造原価が集計されている。

〈表１〉

製造指図書	生産開始日	生産完了日
No.1	前期　20日	当期　20日
No.2	当期　5日	未完成
No.3	当期　10日	当期　25日
No.4	当期　15日	当期　20日
No.5	当期　20日	未完成
No.6	当期　20日	当期　25日

2．直接材料費に関する資料

　直接材料は加工作業の始点において投入している。実際材料費の計算には予定価格1,200円/kgを用いている。当期の各製造指図書別の直接材料消費量は〈表2〉に示すとおりである。

〈表2〉

製造指図書	No.1	No.2	No.3	No.4	No.5	No.6
直接材料消費量	300kg	400kg	240kg	60kg	440kg	60kg
直接作業時間						
切削部門	500h	600h	400h	320h	700h	120h
組立部門	200h	240h	160h	60h	300h	40h

3．直接労務費に関する資料

　直接労務費の計算には部門別予定賃率を用いる。各製造部門の予定賃率は〈表3〉に示す年間のデータから算定する。なお、当期の各製造部門の各製造指図書別の直接作業時間は〈表2〉に示すとおりである。

〈表3〉

	予定賃金支払額	予定就業時間
切　削　部　門	34,000,000円	34,000h
組　立　部　門	12,600,000円	14,000h

　なお、動力部門用役は基準操業度において切削部門に128,000kwh、組立部門に72,000kwh提供すると予定されている。

4．製造部門費に関する資料

　製造間接費は部門別に予定配賦しており、各製造部門の製造部門費予定配賦率は〈表4〉に示す年間のデータから算定する。なお、製造部門費は各製造部門の直接作業時間を基準にして製品に対して配賦している。

〈表4〉

	変動費予算額	固定費予算額	基準操業度
切　削　部　門	18,560,000円	21,840,000円	31,200h
組　立　部　門	4,800,000円	6,000,000円	12,000h
動　力　部　門	5,200,000円	4,800,000円	200,000kwh

5．補助部門費に関する資料

　当工場の動力部門は製造部門に対して動力を提供している。製造部門費予定配賦率を算定する際には、補助部門費予算額は、製造部門に対して単一基準で配賦する。補助部門費予算額は〈表4〉に示すとおりである。なお、補助部門費は製造部門においてすべて変動費として扱う。

6．製造間接費実際発生額に関する資料

　　製造部門費の実際発生額を集計する際、補助部門費は製造部門に対して実際配賦する。なお、各部門の製造間接費実際発生額および実際操業度は〈表5〉に示すとおりである。

〈表5〉

	変動費実際発生額	固定費実際発生額	実 際 操 業 度
切 削 部 門	1,570,000円	1,820,000円	2,640h
組 立 部 門	410,000円	500,000円	1,000h
動 力 部 門	450,000円	400,000円	17,000kwh

　　なお、動力部門用役は当期において切削部門に11,000kwh、組立部門に6,000kwh提供している。

7．製品引渡状況に関する資料

　　当期中に製造指図書No.1の製品は顧客に対して引き渡されている。

問1　仕損費を直接経費処理している場合の各製造部門費予定配賦率を計算しなさい。

問2　問1を前提にして、各製造部門費配賦差異を予算差異と操業度差異に分析しなさい。なお、有利差異には（＋）を不利差異には（－）をその金額の前に付しなさい（以下同様）。

問3　問1を前提にして個別原価計算表を作成し、当期の売上原価の金額を計算しなさい。

問4　当工場において発生する仕損品は、すべて切削部門における加工作業に原因があることが判明しているため、切削部門の変動費予算額に仕損費の見積発生額を計上することにより、仕損費を間接経費として各製造指図書に負担させることとする。当年度、切削部門において予測される仕損費の見積発生額が、62,400,000円であるとき、個別原価計算表を作成し、当期の売上原価の金額を計算しなさい。なお、製造指図書No.1に対して前期までに集計されている製造原価は変化しないものとする。

問5　問4を前提にして、各製造部門費配賦差異を予算差異と操業度差異とに分析しなさい。

下記の当月の資料にもとづいて、実際部門別個別原価計算を行い、解答用紙の製造指図書別製造原価要約表を完成し、仕掛品勘定の記入を行いなさい。なお、前月繰越額は解答用紙に印刷されている。

[資　料]

1．当月の製造指図書別直接材料費と直接作業時間は次のとおりであった。

	No.101	No.101-2	No.102	No.102-2	No.103	No.103-2	合　計
直接材料費（円）	──	64,000	80,000	80,000	96,000	──	320,000
直接作業時間							
切　削　部（時）	160	80	120	140	100	──	600
組　立　部（時）	140	60		20	100	60	380

（注）No.101、No.103は当月中に完成した。

2．当年度の部門別予定平均賃率および部門別製造間接費予定配賦率

	予定平均賃率	予定配賦率
切　　削　　部	1,000円／時	1,200円／時
組　　立　　部	1,100円／時	1,800円／時

（注）部門別製造間接費の配賦基準は直接作業時間である。

3．製造指図書No.101の製造中に切削部でその一部が仕損となり、補修により良品に回復できないため、新たに代品製造指図書No.101-2を発行して、代品の製造を行った。なお、当該仕損は正常な仕損である。また仕損品は総額10,000円で売却できる見込みである。

4．製造指図書No.102の製造中に切削部で、その全部が仕損となり、補修により良品に回復できないため、新たに代品製造指図書No.102-2を発行して、代品の製造を行った。なお、当該仕損は異常な仕損である。また、仕損品は総額20,000円で売却できる見込みである。

5．製造指図書No.103の製造中に組立部で仕損が生じたので、補修指図書No.103-2を発行して補修を行った。なお、当該仕損は正常な仕損である。

6．組立部で発生する正常仕損は製造間接費（組立部費）として処理する。したがって組立部の製造間接費予算にはあらかじめ仕損費の予定額が算入されている。切削部の製造間接費予算には仕損費が算入されていない。

7．当月に作業屑が10kg発生した。この作業屑は、製造指図書No.103の製造中に発生したものであり、1kgあたり200円で売却できる見込みである。作業屑の評価額は製造指図書No.103の製造原価から控除する。

当社の下記のデータおよび条件にもとづき実際部門別個別原価計算を行い、その計算結果を解答用紙の(A)製造指図書別製造原価要約表、(B)原価計算関係諸勘定、(C)製造間接費－組立部門の差異分析を行いなさい。

1．当工場は直接材料費は予定消費価格（400円/kg）、直接労務費は部門別予定平均賃率、製造間接費は部門別正常配賦率によって計算している。

2．11月の製造指図書別原価消費データ

	No.1	No.2	No.3	No.4	No.5	No.6
直接材料消費量(kg)	280	2,400	3,600	60	2,800	800
直接作業時間数						
切削部門（時）	200	2,000	4,200	80	2,400	600
組立部門（時）	360	1,520	3,200	100	1,340	360
機械運転時間数						
切削部門（時）	280	17,600	2,600	180	1,440	200
組立部門（時）	200	2,400	2,800	140	2,460	500

（注）(1)　No.4は、切削部門においてNo.1の一部に仕損が生じたために発行した補修指図書である。

(2)　No.5は、切削部門において、異常な原因によって生じた作業上の事故により、No.2の全部が仕損となったために発行した代品製造指図書である。なお、仕損品の処分価値は、600,000円と見積られた。

(3)　No.6は組立部門においてNo.3の一部が仕損となったために発行した代品製造指図書である。なお、仕損品の処分価格は、100,000円と見積られた。

(4)　No.3は、11月末現在仕掛中であり、その他はすべて完成した。

3．本年度の部門別予定平均賃率および部門別正常配賦率は、下記の部門別年間予算データにもとづき計算されている。

	賃金手当年間予算額	製造間接費予算額	年間予定就業時間	年間予定直接作業時間	年間予定機械運転時間
切削部門	64,800,000円	67,500,000円	108,000時	90,000時	96,000時
組立部門	84,000,000円	82,560,000円	120,000時	83,000時	103,200時

（注）製造間接費は切削部門については直接作業時間、組立部門については機械運転時間を基準に各指図書に配賦する。なお、組立部門の製造間接費予算額には仕損費予算が含まれている。また、組立部門の製造間接費年間予算のうち固定費は51,600,000円であり、月間予算は、年間予算の12分の1である。

問題編

解答・解説

① ［ 1 ］ 製品にそのまま取り付ける部品の消費額　2,750円
② ［ 1 ］ 工場の修理工の賃金　1,800円
③ ［ 1 ］ 工員募集費　900円
④ ［ 3 ］ 新技術の基礎研究費　2,100円
⑤ ［ 0 ］ 会社の支払う法人税・住民税　1,200円
⑥ ［ 2 ］ 新製品発表会の茶菓代　500円
⑦ ［ 1 ］ 工場で使用する消火器の購入額　700円
⑧ ［ 1 ］ 工場の運動会の運営費　300円
⑨ ［ 2 ］ 掛売集金費　600円
⑩ ［ 3 ］ 本社の役員給料　2,250円
⑪ ［ 0 ］ 工場の運転資金として必要な銀行借入金に対する支払利息　800円
⑫ ［ 1 ］ 工場の事務職員の給料　1,500円
⑬ ［ 1 ］ 工場従業員のための茶道、華道講師料　1,300円
⑭ ［ 3 ］ 本社の事務職員の給料　1,900円
⑮ ［ 1 ］ 工場の電力料、ガス代、水道料　750円
⑯ ［ 1 ］ 製造用切削油、電球、石けんなどの消費額　150円
⑰ ［ 1 ］ 工場建物の固定資産税　850円
⑱ ［ 1 ］ 工具の社会保険料などの会社負担額　1,000円
⑲ ［ 0 ］ 長期休止設備の減価償却費　1,600円
⑳ ［ 2 ］ 出荷運送費　550円

1．製 造 原 価　| 12,000 |円　（内訳）材　　料　　費　| 3,600 |円
　　　　　　　　　　　　　　　　　　労　　務　　費　| 4,300 |円
　　　　　　　　　　　　　　　　　　経　　　　　費　| 4,100 |円
2．販　　売　　費　| 1,650 |円
3．一 般 管 理 費　| 6,250 |円

解説

本問は、原価計算制度上の原価の分類を問う問題です。

1．製造原価

（1）材料費

①	製品にそのまま取り付ける部品の消費額（＝買入部品費）…………	2,750円
⑦	工場で使用する消火器の購入額（＝消耗工具器具備品費）…………	700円
⑯	製造用切削油、電球、石けんなどの消費額（＝工場消耗品費）……	150円
	合計	3,600円

（2）労務費

②	工場の修理工の賃金（＝間接工賃金）…………………………………	1,800円
⑫	工場の事務職員の給料（＝給料）………………………………………	1,500円
⑱	工員の社会保険料などの会社負担額（＝法定福利費）………………	1,000円
	合計	4,300円

（3）経費

③	工員募集費………………………………………………………………	900円
⑧	工場の運動会の運営費（＝厚生費）……………………………………	300円
⑬	工場従業員のための茶道、華道講師料（＝厚生費）…………………	1,300円
⑮	工場の電力料、ガス代、水道料（＝水道光熱費）……………………	750円
⑰	工場建物の固定資産税（＝租税公課）…………………………………	850円
	合計	4,100円

（4）製造原価合計

3,600円〈材料費〉＋4,300円〈労務費〉＋4,100円〈経費〉＝12,000円

2．販売費

⑥	新製品発表会の茶菓代（＝広告宣伝費）………………………………	500円
⑨	掛売集金費………………………………………………………………	600円
⑳	出荷運送費………………………………………………………………	550円
	合計	1,650円

3．一般管理費

④	新技術の基礎研究費（＝技術研究費）…………………………………	2,100円

新製品または新技術の開拓等の
費用で企業全般に関するもの

⑩	本社の役員給料…………………………………………………………	2,250円
⑭	本社の事務職員の給料…………………………………………………	1,900円
	合計	6,250円

なお、⑤　会社の支払う法人税・住民税（＝企業の利益から支払われるもの）
　　　　⑪　工場の運転資金として必要な銀行借入金に対する支払利息（＝経営目的に関連
　　　　　しない価値の減少）
　　　　⑲　長期休止設備の減価償却費（＝経営目的に関連しない価値の減少）
は、非原価項目ですので［0］となります。

(1) 勘定記入

（単位：円）

材　料

前期繰越	80,000	仕 掛 品	4,480,000
買 掛 金	5,620,000	製造間接費	1,120,000
		棚卸減耗費	10,000
		次期繰越	90,000
	5,700,000		5,700,000

製 造 間 接 費

材　　料	1,120,000	仕 掛 品	3,414,000
賃　　金	648,000		
経　　費	1,646,000		
	3,414,000		3,414,000

賃　金

諸　　口	1,600,000	未払賃金	90,000
未払賃金	110,000	仕 掛 品	972,000
		製造間接費	648,000
	1,710,000		1,710,000

仕　掛　品

前期繰越	100,000	製　　品	8,880,000
材　　料	4,480,000	次期繰越	86,000
賃　　金	972,000		
製造間接費	3,414,000		
	8,966,000		8,966,000

経　費

諸　　口	1,646,000	製造間接費	1,646,000

製　品

前期繰越	200,000	売上原価	8,780,000
仕 掛 品	8,880,000	次期繰越	300,000
	9,080,000		9,080,000

(2) 製造原価明細書

製 造 原 価 明 細 書　（単位：円）

Ⅰ　直 接 材 料 費	（	4,480,000）
Ⅱ　直 接 労 務 費	（	972,000）
Ⅲ　製 造 間 接 費	（	3,414,000）
（当期総製造費用）	（	8,866,000）
期首仕掛品棚卸高	（	100,000）
合　　計	（	8,966,000）
期末仕掛品棚卸高	（	86,000）
（当期製品製造原価）	（	8,880,000）

(3)　損益計算書

損　益　計　算　書　　　　（単位：円）

Ⅰ　売　　上　　高　　　　　　　　　　（　10,000,000）
Ⅱ　売　上　原　価
　　1．期首製品棚卸高　　　　（　　200,000）
　　2．(当期製品製造原価)　　（　8,880,000）
　　　　合　　　　計　　　　　（　9,080,000）
　　3．期末製品棚卸高　　　　（　　300,000）　　（　8,780,000）
　　　　売 上 総 利 益　　　　　　　　　（　1,220,000）

解説 ....●

　本問は、工業簿記・原価計算の基礎となる勘定連絡と財務諸表の対応関係について確認する問題です。解答にあたっては、各データを該当する勘定に当てはめていくことがポイントです。

1．材料費について

　　材料勘定の期末有高と実地棚卸高の差額は棚卸減耗となります。棚卸減耗は、それが正常な原因にもとづくものであれば製造原価（間接経費）となりますが、異常な原因にもとづくものは非原価項目となります（損益計算書上は特別損失に計上されます）。

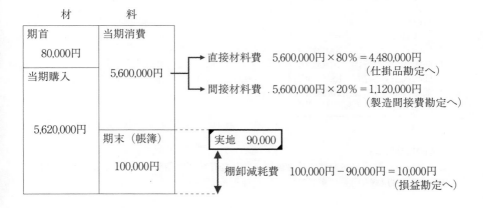

2．労務費について

　　期首未払賃金および期末未払賃金については、未払賃金勘定を用いて処理する方法です。なお、期首未払賃金につき「前期繰越」期末未払賃金につき「次期繰越」とする方法もあるので本試験では問題文の指示に従ってください。

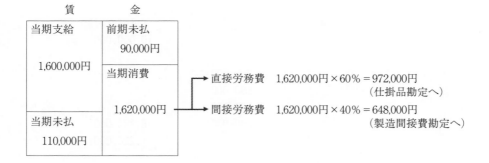

3. 経費について

　本問では、経費はすべて間接費であるため、製造間接費勘定へ振り替えます。また、各経費ごとの内訳は、経費元帳（補助元帳）にて集計され、その合計が統制勘定である経費勘定に記入されます。

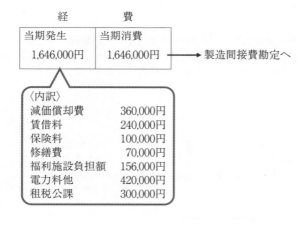

4. 製造間接費について

　製造間接費（間接材料費、間接労務費、間接経費）は実際配賦のため、製造間接費勘定の借方合計3,414,000円を仕掛品勘定へ振り替えます。

５．仕掛品勘定について

　　各費目の消費額に期首・期末の勘定残高を加減算して当期の完成品原価を計算するとともに完成品原価を製品勘定に振り替えます。なお、仕掛品勘定の記入内容をもとに製造原価明細書を記入します。

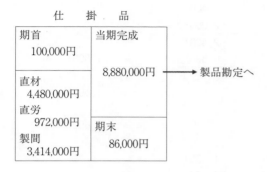

仕　　掛　　品

| 期首 100,000円 | 当期完成 8,880,000円 → 製品勘定へ |
| 直材 4,480,000円 直労 972,000円 製間 3,414,000円 | 期末 86,000円 |

６．製品勘定について

　　仕掛品勘定からの振替額に期首・期末の勘定残高を加減算して、当期の売上原価を計算し売上原価勘定へ振り替えます。なお、製品勘定の記入内容をもとに損益計算書の売上原価の区分に記入します。

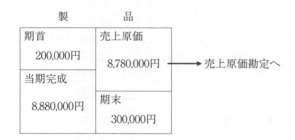

製　　品

| 期首 200,000円 | 売上原価 8,780,000円 → 売上原価勘定へ |
| 当期完成 8,880,000円 | 期末 300,000円 |

製 造 原 価 報 告 書 　　　　　（単位：円）

Ⅰ　直 接 材 料 費
　　1．月初原料棚卸高　　　（　　　　400）
　　2．当月原料仕入高　　　（　　　2,000）
　　　　　合　　　計　　　（　　　2,400）
　　3．月末原料棚卸高　　　（　　　　600）　（　　　　1,800）
Ⅱ　直 接 労 務 費
　　1．直 接 工 賃 金　　　　　　　　　　　（　　　　1,600）
Ⅲ　直 接 経 費
　　1.（外 注 加 工 賃）　　　　　　　　　　（　　　　　600）
Ⅳ　製 造 間 接 費
　　1．補 助 材 料 費　　　（　　　1,400）
　　2．間 接 工 賃 金　　　（　　　3,100）
　　3．給　　　　料　　　（　　　　900）
　　4．電　力　料　　　　（　　　　100）
　　5．減 価 償 却 費　　　（　　　1,000）
　　　　　合　　　計　　　（　　　6,500）
　　　製造間接費配賦差異　　（　　　　500）　（　　　　6,000）
　　　当月総製造費用　　　　　　　　　　　（　　　10,000）
　　　月初仕掛品棚卸高　　　　　　　　　　（　　　　2,000）
　　　　　合　　　計　　　　　　　　　　　（　　　12,000）
　　　月末仕掛品棚卸高　　　　　　　　　　（　　　　4,000）
　　（当月製品製造原価）　　　　　　　　　（　　　　8,000）

月 次 損 益 計 算 書 　　　　　（単位：円）

Ⅰ　売　　上　　高　　　　　　　　　　　　10,000
Ⅱ　売　上　原　価
　　1．月初製品棚卸高　　　（　　　1,000）
　　2．当月製品製造原価　　（　　　8,000）
　　　　　合　　　計　　　（　　　9,000）
　　3．月末製品棚卸高　　　（　　　2,000）
　　　　　差　　　引　　　（　　　7,000）
　　4．原　価　差　異　　　（　　　　500）　（　　　　7,500）
　　　売 上 総 利 益　　　　　　　　　　　2,500
Ⅲ　販売費及び一般管理費　　　　　　　　　1,500
　　　営　業　利　益　　　　　　　　　　　（　　　1,000）

解説 ●··

　本問は、工業簿記・原価計算の基礎となる勘定連絡と財務諸表の対応関係について確認する問題です。製造間接費について予定配賦していますので配賦差異の取扱いに注意してください。なお、解答にあたっては解答用紙に記入されている金額から期末製品の金額を推定していくことになります。

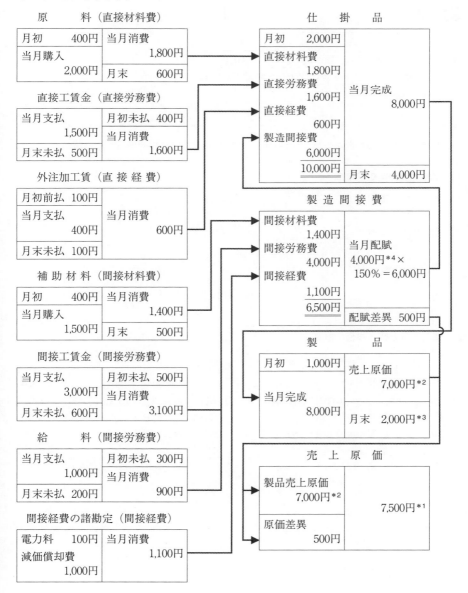

原　　料（直接材料費）

月初　　　400円	当月消費
当月購入	1,800円
2,000円	月末　　　600円

直接工賃金（直接労務費）

当月支払	月初未払　400円
1,500円	当月消費
月末未払　500円	1,600円

外注加工賃（直接経費）

月初前払　100円	
当月支払	当月消費
400円	600円
月末未払　100円	

補助材料（間接材料費）

月初　　　400円	当月消費
当月購入	1,400円
1,500円	月末　　　500円

間接工賃金（間接労務費）

当月支払	月初未払　500円
3,000円	当月消費
月末未払　600円	3,100円

給　　料（間接労務費）

当月支払	月初未払　300円
1,000円	当月消費
月末未払　200円	900円

間接経費の諸勘定（間接経費）

電力料　　100円	当月消費
減価償却費	1,100円
1,000円	

仕　　掛　　品

月初　　2,000円	
直接材料費	
1,800円	当月完成
直接労務費	8,000円
1,600円	
直接経費	
600円	
製造間接費	
6,000円	
10,000円	月末　　4,000円

製　造　間　接　費

間接材料費	
1,400円	当月配賦
間接労務費	4,000円*4×
4,000円	150％＝6,000円
間接経費	
1,100円	
6,500円	配賦差異　500円

製　　　品

月初　　1,000円	売上原価
当月完成	7,000円*2
8,000円	月末　2,000円*3

売　上　原　価

製品売上原価	
7,000円*2	7,500円*1
原価差異	
500円	

47

*1　10,000円〈売上高〉－2,500円〈売上総利益〉＝7,500円〈製品売上原価と配賦差異の合計〉

*2　7,500円〈製品売上原価と配賦差異の合計〉－500円〈配賦差異〉＝7,000円〈製品売上原価〉

*3　1,000円〈月初〉＋8,000円〈当月完成〉－7,000円〈売上原価〉＝2,000円〈月末〉

*4　1,800円〈直材〉＋1,600円〈直労〉＋600円〈直経〉＝4,000円〈製造直接費〉

解答 4

	Ａ　材　料	Ｂ　材　料
購　入　原　価	42,120円	16,947円
購　入　単　価	234円/kg	141.225円/kg

解説

本問は、材料副費を実際配賦している場合の材料の購入原価の計算の確認問題です。

1．材料副費の実際配賦率

引　取　運　賃：$\dfrac{3,120円}{180kg + 120kg} = @10.4円$

その他の引取費用：$\dfrac{1,611円}{38,700円 + 15,000円} = @0.03円$

購　入　事　務　費：$\dfrac{216円}{5回 + 3回} = @27円$

検　収　費：$\dfrac{420円}{180kg + 120kg} = @1.4円$

2．購入原価と購入単価の計算

	Ａ　材　料		Ｂ　材　料	
送　状　価　額		38,700円		15,000円
引　取　運　賃	@10.4円×180kg　＝	1,872円	@10.4円×120kg　＝	1,248円
その他の引取費用	@0.03円×38,700円＝	1,161円	@0.03円×15,000円＝	450円
購　入　事　務　費	@　27円×5回　　＝	135円	@　27円×3回　　＝	81円
検　収　費	@　1.4円×180kg　＝	252円	@　1.4円×120kg　＝	168円
合　　計		42,120円		16,947円
購　入　単　価	42,120円÷180kg＝@234円		16,947円÷120kg＝@141.225円	

（注）〔　　〕内には、「借方」または「貸方」を記入しなさい。

問1　材料副費を一括して予定配賦する場合

	A 材 料	B 材 料	材料副費配賦差異
購 入 原 価	417,600円	170,400円	2,670円〔借方〕
購 入 単 価	232円/kg	142円/kg	

問2　材料副費を費目別に予定配賦する場合

	A 材 料	B 材 料	材料副費配賦差異
購 入 原 価	419,661円	168,951円	2,058円〔借方〕
購 入 単 価	233.145円/kg	140.7925円/kg	

解説 ....●

本問は、材料副費を予定配賦している場合の材料の購入原価の計算の確認問題です。

問1　材料副費を一括して予定配賦する場合

1．総括予定配賦率の計算

$$\frac{646,000円}{23,000kg + 15,000kg} = @17円$$

2．購入原価と購入単価の計算

	A 材 料	B 材 料
送 状 価 額	387,000円	150,000円
材 料 副 費	@17円 × 1,800kg = 30,600円	@17円 × 1,200kg = 20,400円
合 計	417,600円	170,400円
購 入 単 価	417,600円 ÷ 1,800kg = @232円	170,400円 ÷ 1,200kg = @142円

3．材料副費配賦差異

@17円 ×（1,800kg + 1,200kg）－ 53,670円 ＝ △2,670円（借方・不利差異）
　　　　　予定配賦額　　　　　　　実際発生額

（注）不利差異＝借方差異
　　　　有利差異＝貸方差異

〈勘定記入〉 (単位：円)

買　掛　金		
	材　料	537,000

材　料		
買 掛 金	537,000	
材料副費	51,000	

材　料　副　費			
諸　　口	53,670	材　料	51,000
		材料副費配賦差異	2,670
	53,670		53,670

材料副費配賦差異		
材料副費	2,670	

問2　材料副費を費目別に予定配賦する場合

1．費目別予定配賦率の計算

引　取　運　賃：$\dfrac{368,600 \text{円}}{23,000\text{kg} + 15,000\text{kg}} = @9.7\text{円}$

その他の引取費用：$\dfrac{202,980 \text{円}}{4,876,000\text{円} + 1,890,000\text{円}} = @0.03\text{円}$

購　入　事　務　費：$\dfrac{25,020 \text{円}}{12\text{回} + 8\text{回}} = @1,251\text{円}$

検　　収　　費：$\dfrac{49,400 \text{円}}{23,000\text{kg} + 15,000\text{kg}} = @1.3\text{円}$

2．購入原価と購入単価の計算

	A　材　料		B　材　料	
送 状 価 額		387,000円		150,000円
引 取 運 賃	@9.7円×1,800kg =	17,460円	@9.7円×1,200kg =	11,640円
その他の引取費用	@0.03円×387,000円=	11,610円	@0.03円×150,000円=	4,500円
購 入 事 務 費	@1,251円×1回 =	1,251円	@1,251円×1回 =	1,251円
検 収 費	@1.3円×1,800kg =	2,340円	@1.3円×1,200kg =	1,560円
合 計		419,661円		168,951円
購 入 単 価	419,661円÷1,800kg =	@233.145円	168,951円÷1,200kg =	@140.7925円

3．材料副費配賦差異

引　取　運　賃：@9.7円×(1,800kg + 1,200kg) − 31,200円 = △2,100円（借方差異）
　　　　　　　　　　　予定配賦額　　　　　実際発生額

その他の引取費用：@0.03円×(387,000円 + 150,000円) − 16,110円 = 0円（　──　）
　　　　　　　　　　　　予定配賦額　　　　　　実際発生額

購　入　事　務　費：@1,251円×(1回 + 1回) − 2,160円 = +342円（貸方差異）
　　　　　　　　　　　予定配賦額　　　　実際発生額

検　　収　　費：@1.3円×(1,800kg + 1,200kg) − 4,200円 = △300円（借方差異）
　　　　　　　　　　　予定配賦額　　　　　実際発生額

合　　　計　　　　　　　　　　　　　　　　　　　　△2,058円（借方差異）

50

問1 (単位：円)

材 料

買 掛 金	2,000,000	仕 掛 品 （	1,696,000)
引 取 費 用 （	120,000)	次 月 繰 越 （	424,000)
	（ 2,120,000)		（ 2,120,000)

引 取 費 用

諸 口	120,000	材 料 （	120,000)

内 部 材 料 副 費

諸 口	98,400	仕 掛 品 （	84,800)
		次 月 繰 越 （	12,720)
		配 賦 差 異 （	880)
	（ 98,400)		（ 98,400)

問2 (単位：円)

材 料

買 掛 金	2,000,000	仕 掛 品 （	1,696,000)
引 取 費 用 （	120,000)	次 月 繰 越 （	424,000)
	（ 2,120,000)		（ 2,120,000)

引 取 費 用

諸 口	120,000	材 料 （	120,000)

内 部 材 料 副 費

諸 口	98,400	製 造 間 接 費 （	98,400)

解説

　本問は、購入原価に算入しない材料副費の処理に関する問題です。引取費用以外の材料副費については、購入原価にその全部または一部を含めない処理が認められています。

　この場合、購入原価に含めなかった材料副費については、材料費に配賦するか、または間接経費として処理されます。

問1

　材料副費を材料費（材料消費額）に配賦する場合には<u>消費材料だけでなく月末材料に対しても配賦額を計上します。</u>

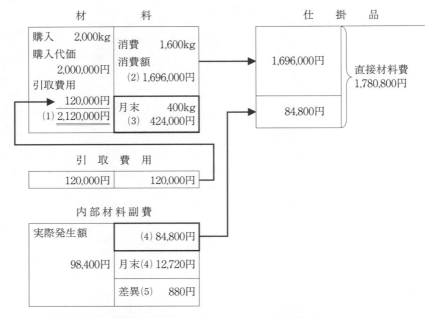

(1)　材料購入原価：2,000,000円 ＋ 120,000円 ＝ 2,120,000円（＠1,060円）

(2)　材料消費額（材料費）：＠1,060円 × 1,600kg ＝ 1,696,000円

(3)　月末材料有高：＠1,060円 × 400kg ＝ 424,000円

(4)　材料取扱・保管費の予定配賦額
$$\begin{cases} 消費材料に対する配賦額：1,696,000円 × 5 \% ＝ 84,800円 \\ 月末材料に対する配賦額：424,000円 × 3 \% ＝ 12,720円 \end{cases}$$

(5)　内部材料副費の配賦差異

　　（84,800円 ＋ 12,720円） － 98,400円 ＝ △880円（借方・不利差異）
　　　＿＿＿＿＿＿＿＿＿＿＿＿　＿＿＿＿＿
　　　　　予定配賦額　　　　　実際発生額

〈月末材料に対しても材料取扱・保管費を配賦する理由〉

　材料取扱・保管費は理論的には、購入原価に算入すべきものですが、購入時に購入原価に算入しなかったため、消費材料と同じく材料取扱・保管費を配賦する必要があります。ただし月末材料に対する材料取扱・保管費の発生割合は消費材料に比べて低いことから、配賦率を低く見積って算入します。

　なお、月末材料に対する配賦額は、本問のように内部材料副費勘定において繰越記入する処理のほかに、材料勘定へ振り替える処理もあります。

問2

　購入原価に算入しなかった材料副費を間接経費とする場合は、その他の材料副費は材料費以外の製造原価とみなし、製造間接費に計上します。

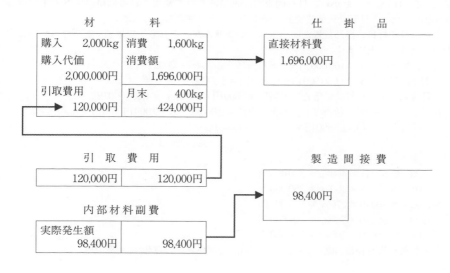

材　　　料		
購入　　　2,000kg	消費　　　1,600kg	
購入代価	消費額	
2,000,000円	1,696,000円	
引取費用	月末　　　　400kg	
120,000円	424,000円	

仕　掛　品
直接材料費
1,696,000円

引　取　費　用
120,000円　　　　120,000円

製　造　間　接　費
98,400円

内　部　材　料　副　費
実際発生額
98,400円　　　　98,400円

解答　7

(1)　諸勘定の記入　　　　　　　　　　　　　　　　　　　（単位：円）

材　　　料

前　月　繰　越	160,000	〔仕　掛　品〕（	1,440,000)
〔買　　掛　　金〕（	1,600,000)	〔次　月　繰　越〕（	320,000)
	（　　1,760,000)		（　　1,760,000)

材料受入価格差異

〔買　　掛　　金〕（	60,000)	

（注）〔　　〕には適切な相手勘定科目名を記入しなさい。

(2)　製造指図書別原価計算表（一部）

製造指図書別原価計算表

	No.100	No.101	No.102	No.103	No.104	合　計
直接材料費（円）	（320,000)	（360,000)	（216,000)	（304,000)	（240,000)	（1,440,000)

本問は、材料購入時に予定価格で受入記帳する場合の確認問題です。問題文に予定単価で借記と指示があることから、材料勘定の記入にあたって使用される価格はすべて予定単価@800円となり、材料受入価格差異が発生することに注意してください。

また、月初材料の棚卸数量が明示されていませんが、これも予定単価で記帳されていますので、逆算して求めます。

月 初 棚 卸 数 量：160,000円÷@800円〈予定単価〉＝200kg

当 月 材 料 購 入 量：1,660,000円÷@830円＝2,000kg

当月購入原価（材料勘定借方記入額）：@800円×2,000kg＝1,600,000円

材料受入価格差異：（@800円－@830円）×2,000kg＝△60,000円（借方・不利差異）

材 料 消 費 額：@800円×1,800kg＝1,440,000円

［内　訳］

No.100：@800円×400kg＝320,000円

No.101：@800円×450kg＝360,000円

No.102：@800円×270kg＝216,000円

No.103：@800円×380kg＝304,000円

No.104：@800円×300kg＝240,000円

月末材料（次月繰越）：@800円×（200kg＋2,000kg－1,800kg）＝320,000円

問1 (単位：円)

① A材料購入

借 方 科 目	金 額	貸 方 科 目	金 額
材 料	486,000	買 掛 金	480,000
		現 金	6,000

② B材料購入

借 方 科 目	金 額	貸 方 科 目	金 額
材 料	36,000	現 金	36,000

③ A材料消費

借 方 科 目	金 額	貸 方 科 目	金 額
仕 掛 品	498,000	材 料	498,000

④ B材料消費

借 方 科 目	金 額	貸 方 科 目	金 額
製 造 間 接 費	34,600	材 料	34,600

A材料棚卸減耗

借 方 科 目	金 額	貸 方 科 目	金 額
製 造 間 接 費	3,600	材 料	3,600

材　料

月 初 在 高 （	51,600)	〔仕 掛 品〕（	498,000)
〔諸 口〕（	486,000)	〔製 造 間 接 費〕（	38,200)
〔現 金〕（	36,000)	月 末 在 高 （	37,400)
（	573,600)	（	573,600)

問2 　　　　　　　　　　　　　　　　　　　　　　　（単位：円）

① 材料購入

借　方　科　目	金　　　額	貸　方　科　目	金　　　額
材　　　　　料	252,000	買　　掛　　金	252,000

② 材料消費

借　方　科　目	金　　　額	貸　方　科　目	金　　　額
仕　　掛　　品	312,000	材　　　　　料	312,000

③ 差異計上

借　方　科　目	金　　　額	貸　方　科　目	金　　　額
材　　　　　料	36,000	材料消費価格差異	36,000

材　　　料

月　初　在　高 （	66,000)	〔仕　　掛　　品〕（	312,000)
〔買　　掛　　金〕（	252,000)	月　末　在　高 （	42,000)
〔材料消費価格差異〕（	36,000)		
（	354,000)	（	354,000)

56

本問は、材料消費価格を実際価格または予定価格で計算する場合の確認問題です。

問1

各金額は次のように計算します（本問は先入先出法です）。

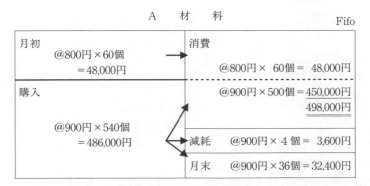

A材料　消　費　額：@800円×60個＋@900円×500個＝498,000円
　　　　減　　　耗：@900円× 4 個＝3,600円
　　　　月末在高：@900円×36個＝32,400円

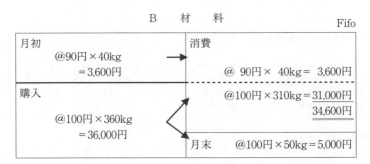

B材料　消　費　額：@90円×40kg＋@100円×310kg＝34,600円
　　　　月末在高：@100円×50kg＝5,000円

問2

各金額は次のように計算します（本問は先入先出法です）。

材　　　料

Fifo

月初 @110円×600kg ＝66,000円	消費 @120円×2,600kg ＝312,000円
購入 @105円×2,400kg ＝252,000円	
差異 36,000円	月末 @105円×400kg ＝42,000円

消　　費　　額：@120円×2,600kg＝312,000円
月　末　在　高：@105円×400kg＝42,000円
材料消費価格差異：312,000円－276,000円＝＋36,000円（貸方・有利差異）
　　　　　　　予定消費額　実際消費額

@110円×600kg＋@105円×2,000kg

解答 9

(1) 棚卸減耗の計上に関する仕訳

（単位：円）

借　方　科　目	金　　　額	貸　方　科　目	金　　　額
製　造　間　接　費	12,420	材　　　　　料	20,700
棚　卸　減　耗　費	8,280		

(2) 材料勘定の記入

材　　　料　　　（単位：円）

前　月　繰　越	（625,200）	仕　　掛　　品	（3,200,000）
買　　掛　　金	（5,682,000）	製　造　間　接　費	（2,021,620）
		材料消費価格差異	（96,000）
		棚　卸　減　耗　費	（8,280）
		次　月　繰　越	（981,300）
	（6,307,200）		（6,307,200）

58

本問は、各材料の消費額の計算の確認問題です。その計算は材料の種類別に行い、材料勘定（統制勘定）への記入段階で各金額を合計します。

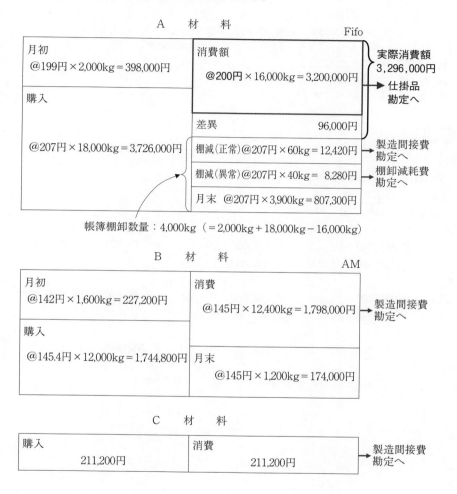

A　材　料

Fifo

月初 @199円×2,000kg＝398,000円	消費額 @200円×16,000kg＝3,200,000円	実際消費額 **3,296,000円** ▶ 仕掛品 　勘定へ
購入 @207円×18,000kg＝3,726,000円	差異　　　　　　　　　96,000円	
	棚減（正常）@207円×60kg＝12,420円	製造間接費 勘定へ
	棚減（異常）@207円×40kg＝ 8,280円	棚卸減耗費 勘定へ
	月末　@207円×3,900kg＝807,300円	

帳簿棚卸数量：4,000kg （＝2,000kg＋18,000kg−16,000kg）

B　材　料

AM

| 月初
@142円×1,600kg＝227,200円 | 消費
@145円×12,400kg＝1,798,000円 | 製造間接費
勘定へ |
| 購入
@145.4円×12,000kg＝1,744,800円 | 月末
@145円×1,200kg＝174,000円 | |

C　材　料

| 購入
　　　　　211,200円 | 消費
　　　　　211,200円 | 製造間接費
勘定へ |

〈材料勘定の記入〉

前 月 繰 越 額：398,000円＋227,200円＝625,200円
当 月 購 入 原 価：3,726,000円＋1,744,800円＋211,200円＝5,682,000円
当 月 消 費 額：
　仕 掛 品 勘 定 へ の 振 替 高：3,200,000円〈A材料〉
　製造間接費勘定への振替高：1,798,000円〈B材料〉＋211,200円〈C材料〉
　　　　　　　　　　　　　　　＋12,420円〈正常な棚卸減耗費〉＝2,021,620円
材料消費価格差異：96,000円
棚 卸 減 耗 費：8,280円〈異常な棚卸減耗費〉
次 月 繰 越 額：807,300円＋174,000円＝981,300円

解答 10

問1
　No.100 ___4,370,000___ 円
　No.200 ___5,220,000___ 円
　No.300 ___7,495,000___ 円
問2
　(1) ___6,237,000___ 円　(2) ___6,965,000___ 円　(3) ___78,650___ 円（**貸方**差異）
　(4) ___34,650___ 円　(5) ___1,386,000___ 円
問3
　(1) ___9,626,400___ 円　(2) ___10,120,000___ 円　(3) ___41,130___ 円（**借方**差異）
　(4) ___120,330___ 円　(5) ___2,165,940___ 円
問4
　(1) ___871,080___ 円　(2) ___816,120___ 円　(3) ___204,960___ 円
問5
　　　___53,720___ 円（**借方**差異）

解説 ⦿ ·· ●

本問は、材料会計のまとめ問題です。

問1　製造指図書別直接材料費の計算

実際材料費＝各材料予定価格×各材料実際消費量

No.100…（@350円×5,400kg）＋（@400円× 6,200個）＝4,370,000円
　　　　　　　A材料費　　　　　　　B材料費

No.200…（@350円×6,000kg）＋（@400円× 7,800個）＝5,220,000円
　　　　　　　A材料費　　　　　　　B材料費

No.300…（@350円×8,500kg）＋（@400円×11,300個）＝7,495,000円
　　　　　　　A材料費　　　　　　　B材料費

問2　A材料についての計算

(1) 実際購入原価

実際購入原価：実際購入代価＋材料副費予定配賦額（購入代価の5%）
　　　　　　＝実際購入代価×1.05
　　　　　　＝5,940,000円〈購入代価〉×1.05＝6,237,000円（@346.5円）

(2) 実際材料費

@350円〈予定価格〉×19,900kg〈実際消費量合計〉＝6,965,000円

(3) 材料消費価格差異

6,965,000円－6,886,350円＝＋78,650円（貸方・有利差異）
　予定消費額　　実際消費額

　　@345円×6,000kg＋@346.5円×13,900kg

(4) 棚卸減耗費

@346.5円×100kg＝34,650円

(5) 月末材料棚卸高

@346.5円×4,000kg＝1,386,000円

A　材　料

Fifo

月初	消費
@345円×6,000kg ＝2,070,000円	**@350円**×19,900kg ＝6,965,000円
購入	
@346.5円×18,000kg ＝6,237,000円	棚減（正常） @346.5円×100kg＝34,650円
	月末
差異 　　　78,650円	@346.5円×4,000kg ＝1,386,000円

問3　B材料についての計算

(1) 実際購入原価

9,168,000円〈購入代価〉× 1.05 = 9,626,400円（@401.1円）

(2) 実際材料費

@400円〈予定価格〉× 25,300個〈実際消費量合計〉= 10,120,000円

(3) 材料消費価格差異

$\underset{\text{予定消費額}}{\underline{10,120,000円}} - \underset{\text{実際消費額}}{\underline{10,161,130円}} = \triangle 41,130円$（借方・不利差異）

@403円 × 7,000個＋@401.1円 × 18,300個

(4) 棚卸減耗費

@401.1円 × 300個 = 120,330円

(5) 月末材料棚卸高

@401.1円 × 5,400個 = 2,165,940円

B　　材　　料

Fifo

月初 　　@403円 × 7,000個 = 2,821,000円	消費 　@400円 × 25,300個 = 10,120,000円
購入 @401.1円 × 24,000個 = 9,626,400円	差異　　　　　　　　　　　41,130円
	棚減（正常） 　　@401.1円 × 300個 = 120,330円
	月末 　　@401.1円 × 5,400個 = 2,165,940円

問4　C材料についての計算

(1) 実際購入原価

829,600円〈購入代価〉× 1.05 = 871,080円（@128.1円）

(2) 実際材料費および(3)　月末材料棚卸高

月末材料棚卸高：@128.1円 × 1,600kg = 204,960円

実際材料費：$\underset{\text{月初}}{\underline{150,000円}} + \underset{\text{当月購入}}{\underline{871,080円}} - \underset{\text{月末}}{\underline{204,960円}} = 816,120円$

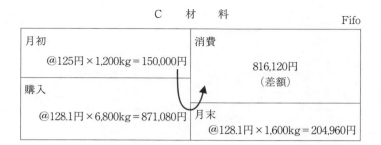

C 材 料 Fifo

月初	消費
@125円×1,200kg＝150,000円	816,120円 （差額）
購入	
@128.1円×6,800kg＝871,080円	月末 @128.1円×1,600kg＝204,960円

問5 材料副費配賦差異の計算

796,880円 *¹ － 850,600円＝△53,720円（借方・不利差異）
予定配賦額　　　実際発生額

＊1 （5,940,000円〈A材料〉＋9,168,000円〈B材料〉＋829,600円〈C材料〉）
　　　　　　　　　　　　　　　購入代価

× 0.05〈予定配賦率〉＝796,880円

材 料 副 費

実際発生額	予定配賦額
	796,880円
850,600円	差異
	53,720円

問1   （単位：円）

① 前月未払振替

借 方 科 目	金　　額	貸 方 科 目	金　　額
未　払　賃　金	20,000	賃　　　　　金	20,000

② 賃金支給

借 方 科 目	金　　額	貸 方 科 目	金　　額
賃　　　　　金	100,000	預　　り　　金	17,250
		当　座　預　金	82,750

③ 当月未払計上

借 方 科 目	金　　額	貸 方 科 目	金　　額
賃　　　　　金	24,000	未　払　賃　金	24,000

④ 賃金消費

借 方 科 目	金　　額	貸 方 科 目	金　　額
仕　　掛　　品	62,400	賃　　　　　金	104,000
製　造　間　接　費	41,600		

賃　　　　金

〔諸　　　　口〕(100,000)	〔未　払　賃　金〕(20,000)
〔未　払　賃　金〕(24,000)	〔仕　　掛　　品〕(62,400)
	〔製　造　間　接　費〕(41,600)
(124,000)	(124,000)

問2　　　　　　　　　　　　　　　　　　　　　　　　　　　　　（単位：円）

① 前月未払

借　方　科　目	金　　　額	貸　方　科　目	金　　　額
仕　訳　な　し			

② 賃金支給

借　方　科　目	金　　　額	貸　方　科　目	金　　　額
賃　　　　　金	655,000	預　　り　　金	105,000
		当　座　預　金	550,000

③ 賃金消費

借　方　科　目	金　　　額	貸　方　科　目	金　　　額
仕　　掛　　品	640,000	賃　　　　　金	640,000

④ 当月未払

借　方　科　目	金　　　額	貸　方　科　目	金　　　額
仕　訳　な　し			

⑤ 差異計上

借　方　科　目	金　　　額	貸　方　科　目	金　　　額
賃　率　差　異	10,000	賃　　　　　金	10,000

```
                      賃            金
〔諸        口〕(    655,000) 前  月  繰  越 (    130,000)
〔次 月 繰 越〕(    125,000) 〔仕    掛    品〕(    640,000)
                            〔賃  率  差  異〕(     10,000)
              (    780,000)               (    780,000)
```

解説 ••• ●

本問は、労務費の基本的な一連の処理を確認する問題です。

問1　実際賃率による計算と処理

(1) 要支払額の計算

直接工：75,000円〈当月支給〉− 15,000円〈前月未払〉+ 18,000円〈当月未払〉= 78,000円

間接工：25,000円〈当月支給〉−　5,000円〈前月未払〉+　6,000円〈当月未払〉= 26,000円

(2) 直接労務費の計算
直接工：@520円〈実際賃率〉× 120時間〈直接作業時間〉= 62,400円

78,000円〈要支払額〉÷ 150時間〈就業時間〉

(3) 間接労務費の計算
直接工：@520円〈実際賃率〉×（20時間〈間接作業時間〉+10時間〈手待時間〉）= 15,600円
間接工：要支払額 　　　　　　　　　　　　　　　　　　　　　　　　　　26,000円
　　　　　　　　　　　　　　　　　　　　　　　　　　　　　　　　　　41,600円

問2　予定賃率による計算と処理

① 前月未払および④　当月未払

使用できる勘定科目に未払賃金勘定がありません。この工場は、未払賃金を賃金勘定で繰り越していると考えて勘定記入だけします。

③ 賃金消費

@800円〈予定賃率〉× 800時間〈直接作業時間〉= 640,000円

1,536,000円〈予定賃金支給額〉÷ 1,920時間〈予定就業時間〉

⑤ 差異計上

640,000円 − 650,000円 = △10,000円（借方・不利差異）
予定消費額　実際消費額

655,000円〈当月支払〉− 130,000円〈前月未払〉+ 125,000円〈当月未払〉

解答　12

	賃　金　・　手　当		（単位：円）
諸　　　　口（	800,000）	未払賃金・手当（	270,000）
〔未払賃金・手当〕（	276,000）	仕　　掛　　品（	732,000）
		製　造　間　接　費（	60,000）
		〔賃　率　差　異〕（	14,000）
（	1,076,000）	（	1,076,000）

解説 ●

本問は、予定賃率による賃金消費額の計算を確認する問題です。

1．予定消費賃率の算定

$\dfrac{9,720,000円}{8,100時間} = @1,200円$

2．製造指図書別の直接労務費

直接労務費＝＠1,200円〈予定消費賃率〉×指図書別直接作業時間
資料(2)より製造指図書別の直接労務費を求めます。

製造指図書別原価計算表（一部）　　　　　（単位：円）

		No.101	No.102	No.103	No.104	No.105	合計
＠1,200円	直接労務費	84,000	186,000	156,000	204,000	102,000	732,000

3．直接工賃金・手当の計算

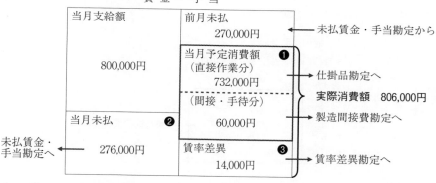

賃 金 ・ 手 当

❶ 賃金・手当予定消費額
直接労務費：＠1,200円×610時間　　　　＝　　　732,000円
間接労務費：＠1,200円×（40時間＋10時間）＝　　　 60,000円
計　792,000円

❷ 当月未払賃金・手当
＠1,200円×230時間＝276,000円

注意 当月未払賃金・手当は予定賃率で計算すること。

❸ 賃率差異：予定消費額－実際消費額
＝792,000円－806,000円＊
＝△14,000円（借方・不利差異）
＊ 実際消費額：当月支給－前月未払＋当月未払
＝800,000円－270,000円＋276,000円
＝806,000円

当月の間接労務費　　　389,000　　円

解説 ....●

本問は、直接工以外の労務費の計算を確認する問題です。

1．間接工の賃金・手当

　間接工賃金は、原価計算期間（11/1〜11/30）における要支払額をもって消費額とします。要支払額は貸借差額で計算します。

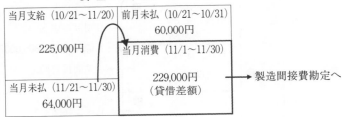

　　賃　金　・　手　当

当月支給（10/21〜11/20） 225,000円	前月未払（10/21〜10/31） 60,000円
	当月消費（11/1〜11/30） 229,000円 （貸借差額） → 製造間接費勘定へ
当月未払（11/21〜11/30） 64,000円	

　　要支払額：当月支給−前月未払＋当月未払
　　　　　　＝225,000円−60,000円＋64,000円
　　　　　　＝229,000円

2．その他の労務費

　社会保険料納付額のうち会社負担額（法定福利費）は実際発生額、退職給付引当金繰入額は引当金の当月繰入額を消費額とします。

3．当月の間接労務費

　　229,000円＋（207,000円−100,000円）＋53,000円＝389,000円
　間接工賃金・手当　　　法定福利費　　　退職給付引当金繰入額

（単位：円）

賃 金 ・ 手 当

諸 口	（ 2,050,000）	未払賃金・手当	（ 660,000）
〔未払賃金・手当〕	（ 716,060）	仕 掛 品	（ 1,482,300）
		製 造 間 接 費	（ 608,660）
		〔賃 率 差 異〕	（ 15,100）
	（ 2,766,060）		（ 2,766,060）

法 定 福 利 費

諸 口	（ 214,000）	〔製 造 間 接 費〕	（ 214,000）

退職給付引当金繰入額

退職給付引当金	（ 106,000）	〔製 造 間 接 費〕	（ 106,000）

解説

本問は、定時間外作業手当の処理を確認する問題です。

1．賃金・手当勘定の計算（直接工および間接工）

(1) 予定消費賃率の算定

$$\frac{19,440,000\text{円}}{16,000\text{時間}} = @1,215\text{円}$$

(2) 製造指図書別の直接労務費

直接労務費＝@1,215円〈予定消費賃率〉×指図書別直接作業時間

資料(2)より製造指図書別の直接労務費を求めます。

製造指図書別原価計算表（一部） （単位：円）

		No.101	No.102	No.103	No.104	No.105	合計
@1,215円	直接労務費	170,100	376,650	315,900	413,100	206,550	1,482,300

(3) **定時間外作業手当の計算**

@1,215円 × 40% × 60時間 = 29,160円（間接労務費として製造間接費勘定へ）
@486円〈割増賃金〉

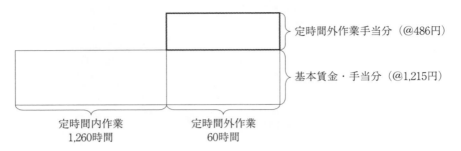

定時間外作業手当分（@486円）

基本賃金・手当分（@1,215円）

定時間内作業
1,260時間

定時間外作業
60時間

(4) **消費賃金の計算**

直接工と間接工は賃金消費額の計算方法が異なるので別々に計算しておき、勘定記入のときに金額を合計します。

賃 金 ・ 手 当

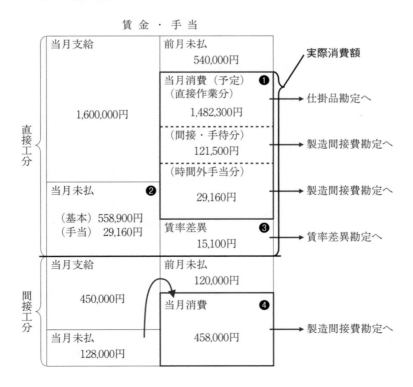

〈直接工分〉

❶ 賃金・手当予定消費額

　直接労務費：@1,215円×1,220時間　　　　　　　　　　　=　　1,482,300円

　間接労務費

　　間接作業・手待分：@1,215円×（80時間 + 20時間）=　　121,500円

　　定時間外作業手当分：@1,215円×40%×60時間　　=　　　29,160円

　　　　　　　　　　　　　　　　　　　　　　　　計　1,632,960円

❷ 当月未払賃金・手当

　基本賃金・手当分：@1,215円×（400時間 + 60時間）= 558,900円

　定時間外作業手当分：@1,215円×40%×60時間 = 29,160円

🐾注意 定時間外作業は11/28、11/29に行われているため、当月未払賃金・手当にも定時間外作業手当が計上されます。

❸ 賃率差異：賃金・手当予定消費額 − 賃金・手当実際消費額

　　　　= 1,632,960円 − 1,648,060円*

　　　　= △15,100円（借方・不利差異）

　＊　賃金・手当実際消費額 = 当月支給 − 前月未払 + 当月未払

　　　　　　　　　　　　　= 1,600,000円 − 540,000円 + 588,060円

　　　　　　　　　　　　　= 1,648,060円

〈間接工分〉

❹ 要支払額：当月支給 − 前月未払 + 当月未払

　　　　= 450,000円 − 120,000円 + 128,000円

　　　　= 458,000円

🐾注意 間接工の賃金消費額は要支払額で計算されるため賃率差異は生じません。

2．その他の労務費

　社会保険料納付額のうち会社負担額（法定福利費）は実際発生額、退職給付引当金繰入額は引当金の当月繰入額を消費額とします。なお、いずれも間接労務費として製造間接費勘定へ計上します。

解答 15

（単位：円）

	借 方 科 目	金 額	貸 方 科 目	金 額
1	仕 掛 品	300,000	材 料	300,000
2	外 注 加 工 賃	180,000	買 掛 金	180,000
	仕 掛 品	180,000	外 注 加 工 賃	180,000

〈勘定記入〉

（注）　□□□□□には適切な勘定科目名を記入しなさい。また勘定は締め切る必要はなく、相手勘定科目を記入する必要もない。

（単位：円）

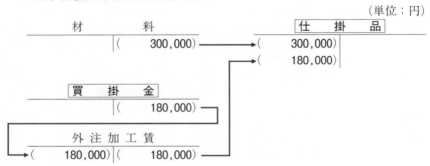

解説 ....●

　本問は、材料を無償支給し、外注加工賃を直接経費として処理する場合の確認問題です。以下の点に注意して解答してください。

1．材料を下請けに無償で支給し、加工品をただちに工場に引き渡す場合には、外注加工賃は直接経費となります。この場合には、材料支給時に通常の材料出庫票により材料を庫出するため、その時点で材料出庫額を直接材料費として仕掛品勘定へ計上します。

2．外注加工賃の代金の未払額を計上する科目は買掛金になります。

（単位：円）

	借　方　科　目	金　　額	貸　方　科　目	金　　額
1	仕　訳　な　し			
2	外　注　加　工　賃	180,000	買　　掛　　金	180,000
	部　　　　　　品	480,000	材　　　　　料	300,000
			外　注　加　工　賃	180,000
3	仕　　掛　　品	240,000	部　　　　　品	240,000

〈勘定記入〉

（注）　□□□□□には適切な勘定科目名を記入しなさい。また勘定は締め切る必要はなく、相手勘定科目を記入する必要もない。

（単位：円）

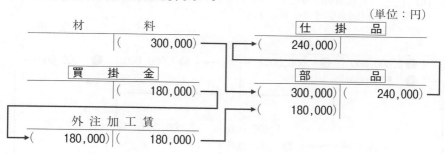

解説

本問は、材料を無償支給し、外注加工賃を部品原価として処理する場合の確認問題です。以下の点に注意して解答してください。

1．材料を下請けに無償で支給し、加工品をいったん部品として受け入れる場合には外注加工賃は部品原価の一部となります。

　　この場合、材料支給時には、通常の材料出庫票ではなく、外注出庫票により、材料を庫出するために仕訳は行われず、加工品の受入時において、材料原価を外注加工賃とともに部品勘定に振り替えます。

2．部品の出庫額は直接材料費となります。

（単位：円）

	借　方　科　目	金　　額	貸　方　科　目	金　　額
1	材　　　　　　料	2,000,000	買　　掛　　金	2,000,000
2	Ｚ　　　　　　社	1,500,000	材　　　　　　料	1,500,000
3	部　　　　　　品	2,000,000	Ｚ　　　　　　社	2,000,000
4	Ｚ　　　　　　社	500,000	当　　　　　　座	500,000
5	材　　　　　　料 交 付 材 料 差 益	500,000 500,000	交 付 材 料 差 益 部　　　　　　品	500,000 500,000

〈勘定記入〉

　（注）　□□□□□には適切な勘定科目名を記入しなさい。また勘定は締め切る必要はなく、
　　　相手勘定科目を記入する必要もない。

（単位：円）

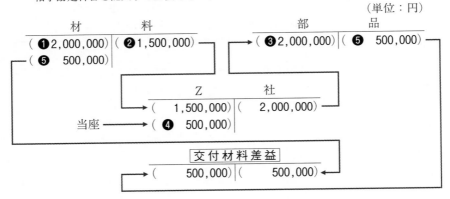

解説 ⋯⋯⋯●

　本問は、材料を有償支給する場合の確認問題です。

　以下の点に注意して解答してください。

1．材料を下請けに有償支給する場合には、同一取引先に対して債権（売掛金）と債務（買
　掛金）の両方が生じるため、人名勘定を用いてその債権・債務を処理します。

2．支給する材料の引渡価格（＝協定価格）と受入加工品の購入価格には交付材料差益が含
　まれているので、交付材料差益を使って精算します。

3．上記の金額の計算

　❶　材 料 購 入 原 価：@100円×20,000個＝2,000,000円

　❷　支給材料価額（協定価格）：@150円×10,000個＝1,500,000円

　❸　部 品 の 受 入 原 価：@200円×10,000個＝2,000,000円

　❹　債 権・債 務 の 精 算：2,000,000円－1,500,000円＝500,000円
　　　　　　　　　　　　　　　または@50円×10,000個＝500,000円

❺　交付材料差益の精算：（@150円－@100円）×10,000個＝500,000円

事 務 用 消 耗 品 費：	130,000	円
旅 費 交 通 費：	460,000	円
保 管 料：	510,000	円
電 力 料：	340,000	円
ガ ス 代：	151,600	円
減 価 償 却 費：	300,000	円
修繕引当金繰入額：	160,000	円
保 険 料：	240,000	円
材 料 棚 卸 減 耗 費：	20,000	円
合 計	2,311,600	円

解説

本問は、間接経費の消費額を支払経費、測定経費、月割経費、発生経費の分類にもとづい
て計算する確認問題です。

(1)　**支払経費**

実際の支払額または請求書の支払請求額をその原価計算期間における消費額とする経費
を支払経費といいます。

事務用消耗品費：当月購入額（支払額：130,000円）を当月消費額とします。

注意　事務用消耗品費とは工場で使用する伝票、帳簿類などの事務用消耗品をいい、
間接経費に分類されます。工場消耗品費（間接材料）と混同しないようにしま
しょう。

旅 費 交 通 費：400,000円〈当月支払〉－70,000円〈前月未払〉＋130,000円〈当月未払〉
＝460,000円

保 管 料：520,000円〈当月支払〉＋90,000円〈前月前払〉－100,000円〈当月前払〉
＝510,000円

(2)　**測定経費**

その原価計算期間における消費量を工場内のメーターで内部的に測定し、その消費量に
もとづいて、原価計算期間の消費額を計算することができる経費を測定経費といいます。

電力料：当月測定額（340,000円）を当月消費額とします。

ガス代：40,000円＋90円／㎥×1,240㎥＝151,600円

(3)　**月割経費**

一定期間における費用発生額の月割額をその原価計算期間の消費額とする経費を月割経
費といいます。

減 価 償 却 費：3,600,000円 ÷ 12か月 = 300,000円

修繕引当金繰入額：1,920,000円 ÷ 12か月 = 160,000円

 注意 修繕料のように支払経費であっても、年間発生額を見積り、引当金計上している場合には、月割りした引当金繰入額を当月消費額としますので、月割経費となります。

保　　　険　　　料：1,440,000円 ÷ 6か月 = 240,000円

(4)　**発生経費**

実際の発生額を認識して、その原価計算期間における消費額とする経費を発生経費といいます。

材料棚卸減耗費：2,800,000円〈帳簿棚卸高〉 − 2,780,000円〈実地棚卸高〉 = 20,000円

解答 19

間接経費の実際額　　　452,800　　円

解説 ••

本問は、前問と同様、間接経費の消費額を計算する問題ですが、資料の与えられ方が違います。二重計算にならないように注意して解答してください。

(1)　**支払経費**

旅 費 交 通 費	30,000円	
通　　信　　費	16,000円	
保　　管　　料	24,000円	
雑　　　　　費	14,000円	84,000円

(2)　**測定経費**

電　　力　　料	48,800円	
ガ　　ス　　代	72,000円	120,800円

> 20,000円＋8円/kwh ×（8,400kwh − 4,800kwh）

> 24,000円＋20円/㎥ ×（5,900㎥ − 3,500㎥）

(3)　**月割経費**

減 価 償 却 費	160,000円	
賃　　借　　料	60,000円	
保　　険　　料	18,000円	238,000円

(4)　**発生経費**

棚 卸 減 耗 費		10,000円
	合計	452,800円

下記の（　　）内には金額を、〔　　〕内には適当な語句を記入しなさい。

仕 掛 品　　　　　　（単位：円）

前 期 繰 越	（ 296,400)	〔製 品〕	（ 2,981,000)
材 料	（ 1,166,000)	次 期 繰 越	（ 490,400)
賃 金	（ 833,000)		
製 造 間 接 費	（ 1,176,000)		
	（ 3,471,400)		（ 3,471,400)

製 造 原 価 明 細 書

××社

自×年×月×日

至×年×月×日　　　　　　　　（単位：円）

Ⅰ　直 接 材 料 費		
1．期首材料棚卸高	（ 30,000)	
2．当期材料仕入高	（ 1,160,000)	
合　　　計	（ 1,190,000)	
3．期末材料棚卸高	（ 24,000)	（ 1,166,000)
Ⅱ　直 接 労 務 費		（ 833,000)
Ⅲ　製 造 間 接 費		（ 1,176,000)
〔当期総製造費用〕		（ 3,175,000)
期首仕掛品棚卸高		（ 296,400)
合　　　計		（ 3,471,400)
期末仕掛品棚卸高		（ 490,400)
〔当期製品製造原価〕		（ 2,981,000)

<table>
<tr><td colspan="3" align="center">損 益 計 算 書</td></tr>
</table>

損　益　計　算　書

××社　　　　　　　　自×年×月×日
　　　　　　　　　　至×年×月×日　　　　　　　（単位：円）

Ⅰ　売　　上　　高			（　　3,960,000）
Ⅱ　売　上　原　価			
1．期首製品棚卸高	（　　　　692,000）		
2．〔当期製品製造原価〕	（　　2,981,000）		
合　　　　計	（　　3,673,000）		
3．期末製品棚卸高	（　　1,273,000）		
差　　　引	（　　2,400,000）		
4．〔原　価　差　額〕	（　　　　28,000）		（　　2,428,000）
売　上　総　利　益			（　　1,532,000）
Ⅲ　販売費及び一般管理費			（　　1,310,000）
営　業　利　益			（　　　222,000）

解説 ....●

　本問は、個別原価計算の一連の手続きについて、原価計算表と仕掛品勘定の対応関係、勘定連絡と財務諸表の対応関係について確認する問題です。

1．製造・販売データ

　当期の製造・販売の流れを整理すると次のとおりです。資料3⑸から期首製品（No.101）と期首仕掛品（No.102）を見落とさないように注意しましょう。

　解答手順としては、製造指図書別の製造原価を計算し、仕掛品勘定への記入および財務諸表の作成を行います。

仕　　掛　　品			製　　　　品	
296,400円 期首　No.102	完成　No.102	692,000円 期首　No.101	販売　No.101	
当期　No.103	No.103	完成　No.102	No.102	
No.104	No.104	No.103	No.103	
No.105	期末　No.105	No.104	期末　No.104	

2. 製造指図書別原価の計算…製造指図書別原価計算表の作成と仕掛品勘定の記入

製造指図書別原価計算表　　　　　　（単位：円）

	No.102	No.103	No.104	No.105	合　計
期首仕掛品	296,400	——			296,400
直接材料費*1	——	444,000	330,000	392,000	1,166,000
直接労務費*2	163,200	238,000	391,000	40,800	833,000
製造間接費*3	230,400	336,000	552,000	57,600	1,176,000
合　計	690,000	1,018,000	1,273,000	490,400	3,471,400
備　考	完成、引渡済	完成、引渡済	完成、未引渡	仕掛中	

仕掛品勘定借方の記入

仕掛品勘定貸方の記入

＊1　直接材料費：資料3(4)の製造指図書別の材料出庫額を転記します。

＊2　直接労務費：直接労務費＝実際消費賃率（@850円）×指図書別の直接作業時間

注意　実際消費賃率は賃金実際消費額から計算します。

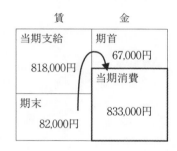

賃	金
当期支給	期首
	67,000円
818,000円	当期消費
期末	833,000円
82,000円	

実際消費賃率：$\dfrac{833,000円}{980時間}=@850円$

＊3　製造間接費：予定配賦額＝予定配賦率（@1,200円）×指図書別の直接作業時間

なお、製造間接費配賦差異（原価差異）は、当年度の売上原価に賦課します。
製造間接費配賦差異：予定配賦額 − 実際発生額
　　　　　　　　　　＝@1,200円×980時間 − 1,204,000円
　　　　　　　　　　＝△28,000円（借方・不利差異）

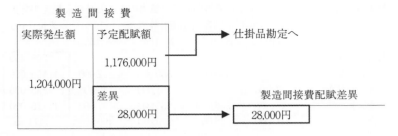

製 造 間 接 費

実際発生額	予定配賦額
	1,176,000円 → 仕掛品勘定へ
1,204,000円	差異
	28,000円 → 製造間接費配賦差異 28,000円

注意 解答用紙の製造原価明細表のⅢ製造間接費は実際発生額に製造間接費配賦差異を加減算し予定配賦額に修正する形式もありますが、本問は、解答箇所が1行しかないことから予定配賦額だけ記入します。

参考までに、勘定連絡図を示すと次のようになります。仕掛品勘定へ集計される製造原価の内訳は製造原価明細書に、製品勘定の内訳は損益計算書の売上原価の区分にそれぞれ対応しています。

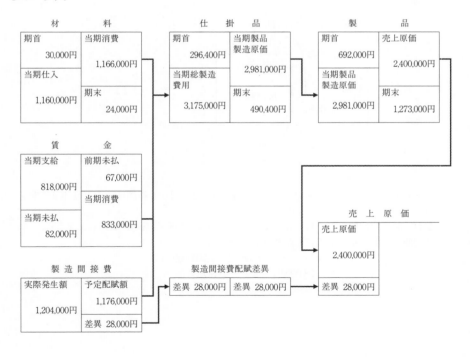

材 料
期首 30,000円	当期消費 1,166,000円
当期仕入 1,160,000円	期末 24,000円

仕 掛 品
期首 296,400円	当期製品製造原価 2,981,000円
当期総製造費用 3,175,000円	期末 490,400円

製 品
期首 692,000円	売上原価 2,400,000円
当期製品製造原価 2,981,000円	期末 1,273,000円

賃 金
当期支給 818,000円	前期未払 67,000円
当期未払 82,000円	当期消費 833,000円

売 上 原 価
売上原価 2,400,000円	

製 造 間 接 費
実際発生額 1,204,000円	予定配賦額 1,176,000円
	差異 28,000円

製造間接費配賦差異
差異 28,000円	差異 28,000円

売 上 原 価
差異 28,000円	

問1

		ケース1 実際的生産能力		ケース2 平 均 操 業 度		ケース3 期待実際操業度	
予定配賦率	固定費率	@	237.5円	@	266円	@	280円
	変動費率	@	120円	@	120円	@	120円
	計	@	357.5円	@	386円	@	400円
予定配賦額	固 定 費		2,196,875円		2,460,500円		2,590,000円
	変 動 費		1,110,000円		1,110,000円		1,110,000円
	計		3,306,875円		3,570,500円		3,700,000円
配 賦 差 異	予算差異		－30,000円		－30,000円		－30,000円
	操業度差異		－463,125円		－199,500円		－70,000円
	計		－493,125円		－229,500円		－100,000円

問2

	ケース1 実際的生産能力	ケース2 平 均 操 業 度	ケース3 期待実際操業度
予定配賦額	40,218,750円	43,425,000円	45,000,000円
操業度差異	－5,201,250円	－1,995,000円	－420,000円

解説 ··●

　本問は、基準操業度の算定とその変化に伴う予定配賦率、予定配賦額、配賦差異の計算を確認する問題です。

問1　当月に関する計算

　製造間接費予算が公式法変動予算として設定されているときは、変動費率および変動費配賦額は、基準操業度に何を選択しても同一の値となります。基準操業度の種類によって異なるのは、固定費率および固定費配賦額です。

　また、いずれのケースも同一の公式法変動予算を前提としているので、予算差異は基準操業度に何を選択しても同一の値となります。これに対して操業度差異は各ケースによって異なります。なぜなら固定費率および固定費配賦額が異なるからです。

〈ケース1〉 実際的生産能力

実際的生産能力：（100台 × 7 時間 × 240日）− 33,600時間〈作業休止〉＝ 134,400時間

変 動 費 率 　　　　　　　　　　　　　　　　　　　　　　　　　　　　 ＠ 120円
固 定 費 率　31,920,000円〈固定費予算〉÷ 134,400時間〈実際的生産能力〉＝ ＠ 237.5円
予 定 配 賦 率　　　　　　　　　　　　　　　　　　　　　　　　　　　　 ＠ 357.5円

変 動 費　＠120円〈変動費率〉× 9,250時間〈実際機械時間〉＝ 1,110,000円
固 定 費　＠237.5円〈固定費率〉× 9,250時間〈実際機械時間〉＝ 2,196,875円
予 定 配 賦 額　　　　　　　　　　　　　　　　　　　　　　　　 3,306,875円

予 算 差 異　　3,770,000円*1〈予算許容額〉− 3,800,000円〈実際発生額〉＝ △30,000円
操業度差異*2　3,306,875円〈予定配賦額〉− 3,770,000円〈予算許容額〉＝ △463,125円
配 賦 差 異　　　　　　　　　　　　　　　　　　　　　　　　　　　 △493,125円

＊1　＠120円〈変動費率〉× 9,250時間〈実際機械時間〉＋ 31,920,000円〈固定費予算〉÷ 12か月
　　　　　　　　　　　　　　　　　　　　　　　　　　　　　　　 ＝ 3,770,000円

＊2　＠237.5円〈固定費率〉×（9,250時間〈実際機械時間〉− 134,400時間〈実際的生産能力〉÷ 12か月）
　　　　　　　　　　　　　　　　　　　　　　　　　　　　　　　 ＝ △463,125円

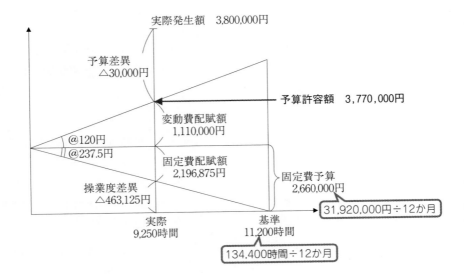

〈ケース2〉 平均操業度

平均操業度：120,000時間（資料2⑵より）

変 動 費 率　　　　　　　　　　　　　　　　　　　　　　　　　　@120円
固 定 費 率　31,920,000円〈固定費予算〉÷ 120,000時間〈平均操業度〉= @266円
予定配賦率　　　　　　　　　　　　　　　　　　　　　　　　　　@386円

変　動　費　@120円〈変動費率〉× 9,250時間〈実際機械時間〉= 1,110,000円
固　定　費　@266円〈固定費率〉× 9,250時間〈実際機械時間〉= 2,460,500円
予定配賦額　　　　　　　　　　　　　　　　　　　　　　　　　3,570,500円

予 算 差 異　3,770,000円〈予算許容額〉－ 3,800,000円〈実際発生額〉=　△30,000円
操業度差異*3　3,570,500円〈予定配賦額〉－ 3,770,000円〈予算許容額〉=△199,500円
配 賦 差 異　　　　　　　　　　　　　　　　　　　　　　　　　△229,500円

*3　@266円〈固定費率〉×（9,250時間〈実際機械時間〉－ 120,000時間〈平均操業度〉÷12か月）
　　　　　　　　　　　　　　　　　　　　　　　　　　　　　　=△199,500円

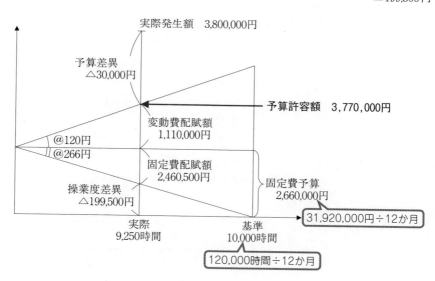

〈ケース3〉 期待実際操業度
期待実際操業度：114,000時間（資料2⑶より）

変 動 費 率　　　　　　　　　　　　　　　　　　　　　　　　＠120円
固 定 費 率　31,920,000円〈固定費予算〉÷114,000時間〈期待実際操業度〉＝＠280円
予 定 配 賦 率　　　　　　　　　　　　　　　　　　　　　　　　＠400円

変 動 費　＠120円〈変動費率〉×9,250時間〈実際機械時間〉＝1,110,000円
固 定 費　＠280円〈固定費率〉×9,250時間〈実際機械時間〉＝2,590,000円
予 定 配 賦 額　　　　　　　　　　　　　　　　　　　　　　　3,700,000円

予 算 差 異　3,770,000円〈予算許容額〉－3,800,000円〈実際発生額〉＝△30,000円
操業度差異*4　3,700,000円〈予定配賦額〉－3,770,000円〈予算許容額〉＝△70,000円
配 賦 差 異　　　　　　　　　　　　　　　　　　　　　　　△100,000円

＊4　＠280円〈固定費率〉×（9,250時間〈実際機械時間〉－114,000時間〈期待実際操業度〉÷12か月）
　　　　　　　　　　　　　　　　　　　　　　　　　　　　＝△70,000円

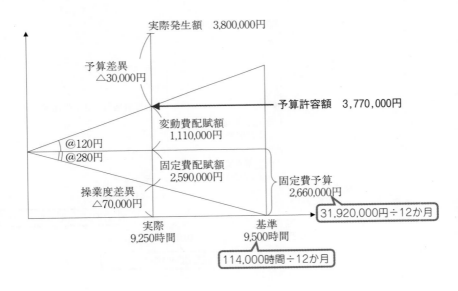

問2　当年度に関する計算

　　予定配賦額と不利な操業度差異の絶対値の合計は予算許容額に一致し、その金額はケースによらず同一です。すなわち

　　操業度差異＝予定配賦額－予算許容額

であって、不利な操業度差異はマイナスで示されるので

　　予算許容額＝予定配賦額＋操業度差異

となるからです。

〈ケース1〉　実際的生産能力

予定配賦額　@357.5円〈予定配賦率〉×112,500時間〈実際機械時間〉　＝　40,218,750円

操業度差異　$@237.5円〈固定費率〉×\left(\dfrac{112,500時間}{実際機械時間}-\dfrac{134,400時間}{実際的生産能力}\right)$ ＝ －5,201,250円

予算許容額　　　　　　　　　　　　　　　　　　　　　　　　　　　　　　45,420,000円

〈ケース2〉　平均操業度

予定配賦額　@386円〈予定配賦率〉×112,500時間〈実際機械時間〉　＝　43,425,000円

操業度差異　$@266円〈固定費率〉×\left(\dfrac{112,500時間}{実際機械時間}-\dfrac{120,000時間}{平均操業度}\right)$ ＝ －1,995,000円

予算許容額　　　　　　　　　　　　　　　　　　　　　　　　　　　　　　45,420,000円

〈ケース3〉　期待実際操業度

予定配賦額　@400円〈予定配賦率〉×112,500時間〈実際機械時間〉　＝　45,000,000円

操業度差異　$@280円〈固定費率〉×\left(\dfrac{112,500時間}{実際機械時間}-\dfrac{114,000時間}{期待実際操業度}\right)$ ＝ －420,000円

予算許容額　　　　　　　　　　　　　　　　　　　　　　　　　　　　　　45,420,000円

(1) 予定配賦率 　350　 円／時間

(2) 勘定記入

製 造 間 接 費

実 際 発 生 額 （　　1,275,000）	予 定 配 賦 額 （　　1,260,000）
総　　差　　異 （　　──　　）	総　　差　　異 （　　　15,000）
（　　1,275,000）	（　　1,275,000）

変動費予算差異	固定費予算差異	操 業 度 差 異
（　10,000）｜（　──　）	（　──　）｜（　25,000）	（　30,000）｜（　──　）

（注）上記勘定の（　　）内には金額（単位：円）を記入しなさい。差異の勘定は借方または貸方のいずれかに記入しなさい。なお、不要な（　　）には、──を記入すること。

解説

本問は、製造間接費配賦差異の把握、分析を確認する問題です。

固 定 費 率：9,000,000円 ÷ 45,000時間 ＝ @200円

予定配賦率：<u>@150円</u> ＋ <u>@200円</u> ＝ @350円
　　　　　　　変動費率　　固定費率

予定配賦額：@350円 × <u>3,600時間</u> ＝ 1,260,000円
　　　　　　　　　　　　実際機械運転時間

総　差　異：<u>1,260,000円</u> － <u>1,275,000円</u> ＝ △15,000円（借方・不利差異）
　　　　　　　　予定配賦額　　　実際発生額

〈内訳〉

変動費予算差異：<u>@150円 × 3,600時間</u> － <u>550,000円</u> ＝ △10,000円（借方・不利差異）
　　　　　　　　　　　　予算許容額　　　　実際発生額

固定費予算差異：<u>9,000,000円 ÷ 12か月</u> － <u>725,000円</u> ＝ ＋25,000円（貸方・有利差異）
　　　　　　　　　予算額＝予算許容額　　実際発生額

操 業 度 差 異：@200円 × ｛<u>3,600時間</u> － （<u>45,000時間 ÷ 12か月</u>）｝
　　　　　　　　　　　　　　実際機械運転時間　　　　基準操業度

　　　　　　　　　　　　　　　　　　　　　　　＝△30,000円（借方・不利差異）

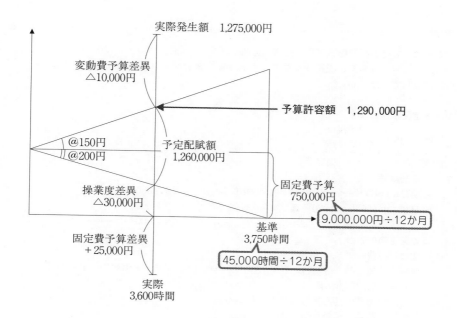

実際発生額 1,275,000円

変動費予算差異
△10,000円

予算許容額 1,290,000円

@150円
@200円

予定配賦額
1,260,000円

操業度差異
△30,000円

固定費予算
750,000円

9,000,000円÷12か月

基準
3,750時間

45,000時間÷12か月

固定費予算差異
＋25,000円

実際
3,600時間

解答 23

（注）下記勘定の（　　）内に適切な金額（単位：円）を記入しなさい。差異の勘定には、借方または貸方のいずれかの記入のみでよい。なお、不要な（　　）には、──を記入すること。

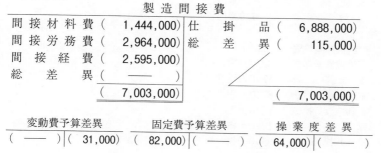

製 造 間 接 費

間 接 材 料 費 （ 1,444,000）	仕 　掛 　品 （ 6,888,000）
間 接 労 務 費 （ 2,964,000）	総 　差 　異 （ 115,000）
間 接 経 費 （ 2,595,000）	
総 　差 　異 （ ── ）	
（ 7,003,000）	（ 7,003,000）

変動費予算差異		固定費予算差異		操 業 度 差 異	
（ ── ）	（ 31,000）	（ 82,000）	（ ── ）	（ 64,000）	（ ── ）

本問は、製造間接費配賦差異の把握・分析を確認する問題です。

ただし勘定記入の際、製造間接費の実際発生額を費目別に分類・集計しなければならない点に注意してください。

1. 予定配賦率の算定

$$@600円 + \frac{48,000,000円}{60,000時間} \ (=@800円) \ = @1,400円$$

変動費率　　　　　　　固定費率

2. 予定配賦額

変動費：@600円×4,920時間〈実際直接作業時間〉= 2,952,000円

固定費：@800円×4,920時間〈実際直接作業時間〉= 3,936,000円

　　　　　　　　　　　　　　　　　　　　　　　6,888,000円　　⟶　仕掛品勘定へ

3. 実際発生額の集計

(1) 間接材料費

資料(1)	補 助 材 料 費：	850,000円（=124,000円+900,000円−174,000円）
(3)	工 場 消 耗 品 費：	192,000円
(9)	消耗工具器具備品費：	156,000円
(13)	消耗工具器具備品費：	246,000円
		1,444,000円

(2) 間接労務費

資料(4)	間 接 工 賃 金：	760,000円
(7)	間 接 賃 金 ほ か：	584,000円
(10)	工場事務職員給料：	1,050,000円
(12)	法 定 福 利 費：	570,000円
		2,964,000円

(3) 間接経費

資料(2)	材料棚卸減耗費：	45,000円
(5)	工場減価償却費：	1,090,000円
(6)	工 員 募 集 費：	170,000円
(8)	電 力 料 ほ か：	650,000円
(11)	福利施設負担額：	170,000円
(14)	厚 生 費：	120,000円
(15)	そ の 他 雑 費：	350,000円
		2,595,000円

製造間接費合計＝(1)+(2)+(3)= 7,003,000円

4. 製造間接費配賦差異の把握

配賦差異：6,888,000円 − 7,003,000円 = △115,000円（借方・不利差異）

　　　　　　予定配賦額　　実際発生額

5．差異分析

変動費予算差異：@600円 × 4,920時間 − 2,921,000円 = ＋31,000円（貸方・有利差異）
　　　　　　　　　<u>予算許容額</u>　　　　<u>実際発生額</u>

固定費予算差異：（48,000,000円 ÷ 12か月）− 4,082,000円[*] = △82,000円（借方・不利差異）
　　　　　　　　　<u>予算額＝予算許容額</u>　　<u>実際発生額</u>

操 業 度 差 異：@800円 × ｛ 4,920時間 − （60,000時間 ÷ 12か月）｝= △64,000円（借方・不利差異）
　　　　　　　　　　　　　<u>実際直接作業時間</u>　　<u>基準操業度</u>

＊　固定費実際発生額：7,003,000円 − 2,921,000円 = 4,082,000円

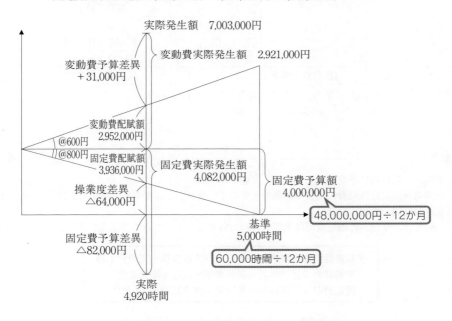

（単位：円）

変動費予算差異			固定費予算差異	
補 助 材 料 費	14,500〔借方〕	工場消耗品費	1,000〔借方〕
工 場 消 耗 品 費	0〔──〕	間 接 工 賃 金	2,500〔借方〕
電 力 料	3,500〔借方〕	給 料	0〔──〕
		賞 与 ・ 手 当	500〔貸方〕
		減 価 償 却 費	0〔──〕
		賃 借 料	2,000〔借方〕
		電 力 料	0〔──〕
合 計	18,000〔借方〕	合 計	5,000〔借方〕

（注）〔 〕内には、「借方」または「貸方」を記入しなさい。
　　　なお、不要な〔 〕には──を入れなさい。

解説

　本間は、費目別に予算差異を分析する問題です。
　予算差異は製造間接費の浪費や節約を示すので、費目ごとに予算・実績比較を行うことで、各費目の原価の管理に役立てることができます。
　このとき、変動費と固定費では予算許容額の計算方法が異なるので注意しましょう。

> 予算差異：実際操業度における予算許容額－実際発生額
> 変動費の予算許容額＝変動費率×当月実際操業度
> 固定費の予算許容額＝年間固定費予算額÷12か月

	変動費率	予算許容額(A)	実際発生額(B)	予算差異((A)－(B))
補 助 材 料 費	@50円	123,750円	138,250円	△14,500円
工 場 消 耗 品 費	@40円	99,000円	99,000円	0円
電 力 料	@30円	74,250円	77,750円	△3,500円
変 動 費 計	@120円	297,000円	315,000円	△18,000円

	予算許容額(A)	実際発生額(B)	予算差異((A)−(B))
工 場 消 耗 品 費	15,000円	16,000円	△1,000円
間 接 工 賃 金	37,500円	40,000円	△2,500円
給 料	22,500円	22,500円	0円
賞 与 ・ 手 当	10,000円	9,500円	＋500円
減 価 償 却 費	45,000円	45,000円	0円
賃 借 料	40,000円	42,000円	△2,000円
電 力 料	30,000円	30,000円	0円
固 定 費 計	200,000円	205,000円	△5,000円

〈変動費〉ex. 補助材料費

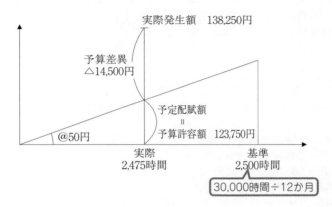

〈固定費〉ex. 工場消耗品費

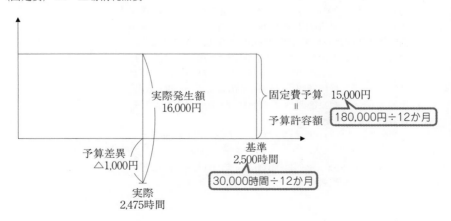

（単位：円）

	借　方　科　目	金　　　額	貸　方　科　目	金　　　額
(1)	仕　　　掛　　　品	4,120,000	切　削　部　門　費 組　立　部　門　費	2,080,000 2,040,000
(2)	切　削　部　門　費 組　立　部　門　費 動　力　部　門　費 修　繕　部　門　費	1,980,000 1,906,000 108,000 146,000	材　　　　　　　料 賃　金　・　手　当 経　　　　　　　費	1,200,000 1,540,000 1,400,000
(3)	切　削　部　門　費 組　立　部　門　費	108,600 145,400	動　力　部　門　費 修　繕　部　門　費	108,000 146,000
(4)	製造部門費配賦差異	20,000	切　削　部　門　費 組　立　部　門　費	8,600 11,400

解説 ●

本問は、部門別個別原価計算（予定配賦）の一連の流れを確認する問題です。

(1) **製造部門費勘定から仕掛品勘定への予定配賦**
　　　切削部門：@800円×2,600時間＝2,080,000円
　　　組立部門：@600円×3,400時間＝2,040,000円

(2) **部門個別費と部門共通費の集計（第1次集計）**
　　　切削部門費：578,000円＋670,000円＋732,000円＝1,980,000円
　　　組立部門費：528,000円＋762,000円＋616,000円＝1,906,000円
　　　動力部門費：　20,000円＋　48,000円＋　40,000円＝　108,000円
　　　修繕部門費：　74,000円＋　60,000円＋　12,000円＝　146,000円

(3) **補助部門費勘定から製造部門費勘定へ配賦（第2次集計）**
　　（動力部門費）切削部門へ：108,000円×60％＝　64,800円
　　　　　　　　　組立部門へ：108,000円×40％＝　43,200円
　　（修繕部門費）切削部門へ：146,000円×30％＝　43,800円
　　　　　　　　　組立部門へ：146,000円×70％＝102,200円

(4) **製造部門費配賦差異**
　　切削部門：2,080,000円－(1,980,000円＋64,800円＋43,800円)＝△8,600円（借方・不利差異）
　　　　　　　　　予定配賦額　　　　　実際発生額
　　組立部門：2,040,000円－(1,906,000円＋43,200円＋102,200円)＝△11,400円（借方・不利差異）
　　　　　　　　　予定配賦額　　　　　実際発生額

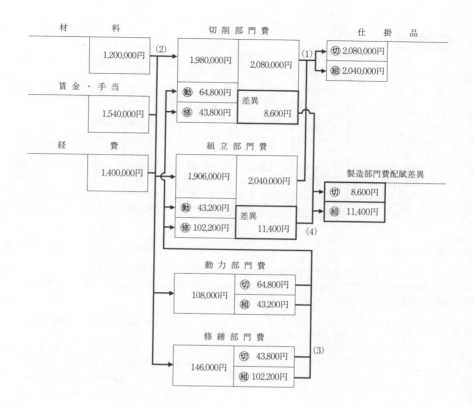

部　門　費　配　賦　表　　　　　　　　　　　　　　　　（単位：円）

摘　　要	配　賦基　準	合　　計	製　造　部　門		補　助　部　門		
			切削部門	組立部門	動力部門	修繕部門	事務部門
部門個別費							
間接材料費		2,775,000	450,000	375,000	900,000	1,050,000	――
間接労務費		1,965,000	630,000	285,000	150,000	750,000	150,000
部門共通費							
間接労務費	従業員数	810,000	378,000	252,000	30,000	120,000	30,000
建物減価償却費	床　面　積	1,080,000	420,000	300,000	180,000	90,000	90,000
電　力　料	電力消費量	1,350,000	337,500	351,000	607,500	27,000	27,000
部　門　費		7,980,000	2,215,500	1,563,000	1,867,500	2,037,000	297,000

解説

本問は、部門個別費と部門共通費の集計（第1次集計）を確認する問題です。

部門個別費は各部門に直課し、部門共通費は、費目別にそれぞれ適切な配賦基準により各部門に配賦します。

$$\text{間接労務費：}\frac{810,000\text{円}}{126\text{人}+84\text{人}+10\text{人}+40\text{人}+10\text{人}} \times 126\text{人} = 378,000\text{円　（切削部門へ）}$$

〃　　　　　　　　　× 84人 = 252,000円　（組立部門へ）

〃　　　　　　　　　× 10人 = 30,000円　（動力部門へ）

〃　　　　　　　　　× 40人 = 120,000円　（修繕部門へ）

〃　　　　　　　　　× 10人 = 30,000円　（事務部門へ）

$$\text{建物減価償却費：}\frac{1,080,000\text{円}}{2,800\text{㎡}+2,000\text{㎡}+1,200\text{㎡}+600\text{㎡}+600\text{㎡}} \times 2,800\text{㎡} = 420,000\text{円（切削部門へ）}$$

〃　　　　　　　　　×2,000㎡ = 300,000円（組立部門へ）

〃　　　　　　　　　×1,200㎡ = 180,000円（動力部門へ）

〃　　　　　　　　　× 600㎡ = 90,000円（修繕部門へ）

〃　　　　　　　　　× 600㎡ = 90,000円（事務部門へ）

$$\text{電力料：}\frac{1,350,000\text{円}}{250\text{kwh}+260\text{kwh}+450\text{kwh}+20\text{kwh}+20\text{kwh}} \times 250\text{kwh} = 337,500\text{円（切削部門へ）}$$

〃　　　　　　　　　×260kwh = 351,000円（組立部門へ）

〃　　　　　　　　　×450kwh = 607,500円（動力部門へ）

〃　　　　　　　　　× 20kwh = 27,000円（修繕部門へ）

〃　　　　　　　　　× 20kwh = 27,000円（事務部門へ）

（単位：円）

部 門 費 配 賦 表

摘　　要	合　　計	製　造　部　門		補　助　部　門		
		切 削 部	組 立 部	動 力 部	修 繕 部	事 務 部
部　　門　　費	5,100,000	1,332,000	1,368,000	1,000,000	800,000	600,000
動 力 部 費		500,000	500,000			
修 繕 部 費		480,000	320,000			
事 務 部 費		240,000	360,000			
製 造 部 門 費	5,100,000	2,552,000	2,548,000			

切　　削　　部

製 造 間 接 費	1,332,000	
動　　力　　部	（　　500,000）	
修　　繕　　部	（　　480,000）	
事　　務　　部	（　　240,000）	
	（　2,552,000）	

組　　立　　部

製 造 間 接 費	1,368,000	
動　　力　　部	（　　500,000）	
修　　繕　　部	（　　320,000）	
事　　務　　部	（　　360,000）	
	（　2,548,000）	

動　　力　　部

製 造 間 接 費	1,000,000	切　　削　　部	（　　500,000）
		組　　立　　部	（　　500,000）
	（　1,000,000）		（　1,000,000）

修　　繕　　部

製 造 間 接 費	800,000	切　　削　　部	（　　480,000）
		組　　立　　部	（　　320,000）
	（　　800,000）		（　　800,000）

事　　務　　部

製 造 間 接 費	600,000	切　　削　　部	（　　240,000）
		組　　立　　部	（　　360,000）
	（　　600,000）		（　　600,000）

解説 ....●

　本問は、補助部門費の製造部門への配賦（第2次集計）のうち、直接配賦法の計算と勘定記入を確認する問題です。

　計算過程は次のとおりです。

動力部費：$\dfrac{1,000,000円}{1,500\text{kwh} + 1,500\text{kwh}} \times 1,500\text{kwh} = 500,000円$（切削部へ）

　　　　　　　〃　　　　　　　　$\times 1,500\text{kwh} = 500,000円$（組立部へ）

修繕部費：$\dfrac{800,000円}{240時間 + 160時間} \times 240時間 = 480,000円$（切削部へ）

　　　　　　　〃　　　　　　$\times 160時間 = 320,000円$（組立部へ）

事務部費：$\dfrac{600,000円}{30人 + 45人} \times 30人 = 240,000円$（切削部へ）

　　　　　　　〃　　　$\times 45人 = 360,000円$（組立部へ）

🐾 **注意** 直接配賦法ですから、他の補助部門への用役提供（サービス提供）は配賦計算上無視して、製造部門にのみ配賦します。

解答 28　　　　　　　　　　　　　　　　　　　　　　　　（単位：円）

部 門 費 配 賦 表

摘　　要	合　　計	製　造　部　門		補　助　部　門		
		切 削 部	組 立 部	動 力 部	修 繕 部	事 務 部
部　門　費	5,600,000	1,200,000	1,600,000	1,200,000	1,000,000	600,000
第 1 次 配 賦						
動 力 部 費		600,000	360,000	──	240,000	──
修 繕 部 費		400,000	400,000	200,000	──	──
事 務 部 費		180,000	240,000	120,000	60,000	──
第 2 次 配 賦				320,000	300,000	──
動 力 部 費		200,000	120,000			
修 繕 部 費		150,000	150,000			
製 造 部 門 費	5,600,000	2,730,000	2,870,000			

切　　削　　部

製 造 間 接 費	（	1,200,000）
動　　力　　部	（	800,000）
修　　繕　　部	（	550,000）
事　　務　　部	（	180,000）
	（	2,730,000）

96

組　立　部

製 造 間 接 費（	1,600,000）	
動　　力　　部（	480,000）	
修　　繕　　部（	550,000）	
事　　務　　部（	240,000）	
（	2,870,000）	

動　力　部

製 造 間 接 費（	1,200,000）	切　　削　　部（	800,000）
修　　繕　　部（	200,000）	組　　立　　部（	480,000）
事　　務　　部（	120,000）	修　　繕　　部（	240,000）
（	1,520,000）	（	1,520,000）

修　繕　部

製 造 間 接 費（	1,000,000）	切　　削　　部（	550,000）
動　　力　　部（	240,000）	組　　立　　部（	550,000）
事　　務　　部（	60,000）	動　　力　　部（	200,000）
（	1,300,000）	（	1,300,000）

事　務　部

製 造 間 接 費（	600,000）	切　　削　　部（	180,000）
		組　　立　　部（	240,000）
		動　　力　　部（	120,000）
		修　　繕　　部（	60,000）
（	600,000）	（	600,000）

本問は、補助部門費の製造部門への配賦（第2次集計）のうち、簡便法としての相互配賦法の計算と勘定記入を確認する問題です。

1. 第1次配賦

第1次配賦は補助部門間相互の用役（サービス）の授受を配賦計算上も認めて関係部門へ配賦します。

動力部： $\dfrac{1,200,000\,円}{1,000\text{kwh} + 600\text{kwh} + 400\text{kwh}} \times 1,000\text{kwh} = 600,000\,円$ （切削部へ）

$\qquad\qquad\qquad$ 〃 $\qquad\qquad\quad \times\ 600\text{kwh} = 360,000\,円$ （組立部へ）

$\qquad\qquad\qquad$ 〃 $\qquad\qquad\quad \times\ 400\text{kwh} = 240,000\,円$ （修繕部へ）

修繕部： $\dfrac{1,000,000\,円}{400\,時間 + 400\,時間 + 200\,時間} \times 400\,時間 = 400,000\,円$ （切削部へ）

$\qquad\qquad\qquad$ 〃 $\qquad\qquad\quad \times 400\,時間 = 400,000\,円$ （組立部へ）

$\qquad\qquad\qquad$ 〃 $\qquad\qquad\quad \times 200\,時間 = 200,000\,円$ （動力部へ）

事務部： $\dfrac{600,000\,円}{60\,人 + 80\,人 + 40\,人 + 20\,人} \times 60\,人 = 180,000\,円$ （切削部へ）

$\qquad\qquad\qquad$ 〃 $\qquad\qquad\quad \times 80\,人 = 240,000\,円$ （組立部へ）

$\qquad\qquad\qquad$ 〃 $\qquad\qquad\quad \times 40\,人 = 120,000\,円$ （動力部へ）

$\qquad\qquad\qquad$ 〃 $\qquad\qquad\quad \times 20\,人 =\ \ 60,000\,円$ （修繕部へ）

注意 なお、事務部から事務部への配賦（用役（サービス）の自家消費の考慮）は行いません。

2. 第2次配賦

第2次配賦は補助部門間相互の用役（サービス）の授受を配賦計算上無視して、直接配賦法と同様に、製造部門にのみ配賦します。

動力部： $\dfrac{200,000\,円 + 120,000\,円}{1,000\text{kwh} + 600\text{kwh}} \times 1,000\text{kwh} = 200,000\,円$ （切削部へ）

$\qquad\qquad\qquad$ 〃 $\qquad\qquad\quad \times\ \ 600\text{kwh} = 120,000\,円$ （組立部へ）

修繕部： $\dfrac{240,000\,円 + 60,000\,円}{400\,時間 + 400\,時間} \times 400\,時間 = 150,000\,円$ （切削部へ）

$\qquad\qquad\qquad$ 〃 $\qquad\qquad\quad \times 400\,時間 = 150,000\,円$ （組立部へ）

（単位：円）

部 門 費 配 賦 表

摘　　　要	合　　計	製　造　部　門		補　助　部　門		
		切削部門	組立部門	動力部門	修繕部門	事務部門
部 門 個 別 費	2,500,000	800,000	500,000	400,000	500,000	300,000
部 門 共 通 費	1,900,000	600,000	700,000	400,000	100,000	100,000
部 門 費 計	4,400,000	1,400,000	1,200,000	800,000	600,000	400,000
動 力 部 門 費		440,000	440,000	(1,100,000)	220,000	——
修 繕 部 門 費		264,000	396,000	220,000	(880,000)	——
事 務 部 門 費		140,000	120,000	80,000	60,000	(400,000)
製 造 部 門 費	4,400,000	2,244,000	2,156,000	0	0	0

切　削　部　門

部 門 個 別 費 （	800,000)	
部 門 共 通 費 （	600,000)	
動 力 部 門 （	440,000)	
修 繕 部 門 （	264,000)	
事 務 部 門 （	140,000)	
（	2,244,000)	

組　立　部　門

部 門 個 別 費 （	500,000)	
部 門 共 通 費 （	700,000)	
動 力 部 門 （	440,000)	
修 繕 部 門 （	396,000)	
事 務 部 門 （	120,000)	
（	2,156,000)	

動　力　部　門

部 門 個 別 費 （	400,000)	切 削 部 門 （	440,000)
部 門 共 通 費 （	400,000)	組 立 部 門 （	440,000)
修 繕 部 門 （	220,000)	修 繕 部 門 （	220,000)
事 務 部 門 （	80,000)		
（	1,100,000)	（	1,100,000)

修　繕　部　門

部 門 個 別 費	(500,000)	切　削　部　門	(	264,000)
部 門 共 通 費	(100,000)	組　立　部　門	(	396,000)
動　力　部　門	(220,000)	動　力　部　門	(	220,000)
事　務　部　門	(60,000)			
	(880,000)		(	880,000)

事　務　部　門

部 門 個 別 費	(300,000)	切　削　部　門	(	140,000)
部 門 共 通 費	(100,000)	組　立　部　門	(	120,000)
		動　力　部　門	(	80,000)
		修　繕　部　門	(	60,000)
	(400,000)		(	400,000)

解説 ....●

　本問は、補助部門費の製造部門への配賦（第2次集計）のうち、相互配賦法（連立方程式法）の計算と勘定記入を確認する問題です。

1．最終的に計算された（相互に配賦済みの）動力部門費をa、修繕部門費をb、事務部門費をcとおきます。

部 門 費 配 賦 表

摘　　　要	合　　計	製 造 部 門		補 助 部 門		
		切 削 部 門	組 立 部 門	動 力 部 門	修 繕 部 門	事 務 部 門
部 門 個 別 費	2,500,000	800,000	500,000	400,000	500,000	300,000
部 門 共 通 費	1,900,000	600,000	700,000	400,000	100,000	100,000
部 門 費 計	4,400,000	1,400,000	1,200,000	800,000	600,000	400,000
動 力 部 門 費						
修 繕 部 門 費						
事 務 部 門 費						
製 造 部 門 費				a	b	c

2．a、b、cを各部門に用役（サービス）提供割合にもとづいて配賦します。

部門費配賦表

摘　　要	合　　計	製　造　部　門		補　助　部　門		
		切削部門	組立部門	動力部門	修繕部門	事務部門
部門個別費	2,500,000	800,000	500,000	400,000	500,000	300,000
部門共通費	1,900,000	600,000	700,000	400,000	100,000	100,000
部門費計	4,400,000	1,400,000	1,200,000	800,000	600,000	400,000
動力部門費		0.4 a	0.4 a	――	0.2 a	
修繕部門費		0.3 b	0.45 b	0.25 b	――	
事務部門費		0.35 c	0.3 c	0.2 c	0.15 c	――
製造部門費				a	b	c

3．部門費配賦表の補助部門の列を縦に見て連立方程式を立てます。

$$\begin{cases} a = 800{,}000 + 0.25\ b + 0.2\ c & \cdots① \\ b = 600{,}000 + 0.2\ a + 0.15\ c & \cdots② \\ c = 400{,}000 & \cdots③ \end{cases}$$

4．上記連立方程式を解きます。

　　③式を①式と②式に代入

$$\begin{cases} a = 800{,}000 + 0.25\ b + 0.2 \times 400{,}000 \\ b = 600{,}000 + 0.2\ a + 0.15 \times 400{,}000 \end{cases}$$

　　　　　↓

$$\begin{cases} a = 800{,}000 + 0.25\ b + 80{,}000 \\ b = 600{,}000 + 0.2\ a + 60{,}000 \end{cases}$$

　　　　　↓

$$\begin{cases} a = 880{,}000 + 0.25\ b & \cdots①' \\ b = 660{,}000 + 0.2\ a & \cdots②' \end{cases}$$

　　　　↓　②'式を①'式に代入

$a = 880{,}000 + 0.25 \times (660{,}000 + 0.2\ a)$

$a = 880{,}000 + 165{,}000 + 0.05\ a$

$a - 0.05\ a = 880{,}000 + 165{,}000$

$0.95\ a = 1{,}045{,}000$

　　　↓　両辺÷0.95

$a = 1{,}100{,}000$

　　　↓　$a = 1{,}100{,}000$を②'に代入

$b = 660{,}000 + 0.2 \times 1{,}100{,}000$

$\ \ = 660{,}000 + 220{,}000$

$\ \ = 880{,}000$

　　　↓　したがって、最終解答は、以下のようになります。

$$\begin{cases} a = 1{,}100{,}000 \\ b = \ \ \ 880{,}000 \\ c = \ \ \ 400{,}000 \end{cases}$$

5. 連立方程式の解（a、b、cの数値）を部門費配賦表に代入します。

部 門 費 配 賦 表

摘　　要	合　計	製 造 部 門		補 助 部 門		
		切削部門	組立部門	動力部門	修繕部門	事務部門
部 門 個 別 費	2,500,000	800,000	500,000	400,000	500,000	300,000
部 門 共 通 費	1,900,000	600,000	700,000	400,000	100,000	100,000
部 門 費 計	4,400,000	1,400,000	1,200,000	800,000	600,000	400,000
動 力 部 門 費		440,000	440,000	──	220,000	──
修 繕 部 門 費		264,000	396,000	220,000	──	──
事 務 部 門 費		140,000	120,000	80,000	60,000	──
製 造 部 門 費				1,100,000	880,000	400,000

6. 部門費配賦表の表示形式を整えます。

部 門 費 配 賦 表

摘　　要	合　計	製 造 部 門		補 助 部 門		
		切削部門	組立部門	動力部門	修繕部門	事務部門
部 門 個 別 費	2,500,000	800,000	500,000	400,000	500,000	300,000
部 門 共 通 費	1,900,000	600,000	700,000	400,000	100,000	100,000
部 門 費 計	4,400,000	1,400,000	1,200,000	800,000	600,000	400,000
動 力 部 門 費		440,000	440,000	(1,100,000)	220,000	──
修 繕 部 門 費		264,000	396,000	220,000	(880,000)	──
事 務 部 門 費		140,000	120,000	80,000	60,000	(400,000)
製 造 部 門 費	4,400,000	2,244,000	2,156,000	0	0	0

解答 30 （単位：円）

部 門 費 配 賦 表

摘　　要	合　計	製 造 部 門		補 助 部 門		
		切 削 部	組 立 部	修 繕 部	動 力 部	事 務 部
部 門 個 別 費	6,340,000	2,400,000	2,000,000	600,000	800,000	540,000
部 門 共 通 費	5,400,000	1,400,000	1,790,000	880,000	1,020,000	310,000
部 門 費	11,740,000	3,800,000	3,790,000	1,480,000	1,820,000	850,000
事 務 部 費		250,000	225,000	175,000	200,000	850,000
動 力 部 費		606,000	909,000	505,000	2,020,000	
修 繕 部 費		864,000	1,296,000	2,160,000		
製 造 部 門 費	11,740,000	5,520,000	6,220,000			

切　削　部

製 造 間 接 費 （	3,800,000）	
事　　務　　部 （	250,000）	
動　　力　　部 （	606,000）	
修　　繕　　部 （	864,000）	
（	5,520,000）	

組　立　部

製 造 間 接 費 （	3,790,000）	
事　　務　　部 （	225,000）	
動　　力　　部 （	909,000）	
修　　繕　　部 （	1,296,000）	
（	6,220,000）	

修　繕　部

製 造 間 接 費 （	1,480,000）	切　削　部 （	864,000）
事　　務　　部 （	175,000）	組　立　部 （	1,296,000）
動　　力　　部 （	505,000）		
（	2,160,000）	（	2,160,000）

動　力　部

製 造 間 接 費 （	1,820,000）	切　削　部 （	606,000）
事　　務　　部 （	200,000）	組　立　部 （	909,000）
		修　繕　部 （	505,000）
（	2,020,000）	（	2,020,000）

事　務　部

製 造 間 接 費 （	850,000）	切　削　部 （	250,000）
		組　立　部 （	225,000）
		修　繕　部 （	175,000）
		動　力　部 （	200,000）
（	850,000）	（	850,000）

解説 ・・●

　本問は、補助部門費の製造部門への配賦（第２次集計）のうち、階梯式配賦法の計算と勘定記入を確認する問題です。

１．補助部門の順位づけ

　①　第１判断基準…他の補助部門への用役（サービス）提供件数

　②　第２判断基準…同一順位の部門の第１次集計費（または用役提供額）

	第１判断基準	第２判断基準
動力部	動力部→修繕部（１件）	1,820,000円…第２位
修繕部	修繕部→動力部（１件）	1,480,000円…第３位
事務部	事務部→動力部、修繕部（２件）…第１位	

　補助部門の順位づけができたら、先順位から部門費配賦表の補助部門欄に右から左へ記入していきます。本問においては、問題資料の並び順と部門費配賦表の並び順が異なるので注意してください。

部 門 費 配 賦 表　　　　　　　　　　　　　　　（単位：円）

摘　　要	合　　計	製 造 部 門		補 助 部 門		
		切 削 部	組 立 部	修 繕 部	動 力 部	事 務 部
部 門 個 別 費						
部 門 共 通 費						
部 　 門 　 費						
事 務 部 費						
動 力 部 費						
修 繕 部 費						
製 造 部 門 費						

２．補助部門費の配賦

　最右端の事務部（第１位）から自分より左の部門（製造部門および下位の補助部門）へ配賦を行います。

事務部費：$\dfrac{850,000 円}{100 人 + 90 人 + 80 人 + 70 人} \times 100 人 = 250,000 円$（切削部へ）

$\qquad\qquad\qquad$　〃　$\qquad\qquad\quad \times\ 90 人 =\ 225,000 円$（組立部へ）

$\qquad\qquad\qquad$　〃　$\qquad\qquad\quad \times\ 70 人 =\ 175,000 円$（修繕部へ）

$\qquad\qquad\qquad$　〃　$\qquad\qquad\quad \times\ 80 人 =\ 200,000 円$（動力部へ）

なお、事務部から事務部への配賦（用役の自家消費の考慮）は行われません。

動力部費：$\dfrac{1,820,000 円 + 200,000 円}{2,400kwh + 3,600kwh + 2,000kwh} \times 2,400kwh = 606,000 円$（切削部へ）

$\qquad\qquad\qquad$　〃　$\qquad\qquad\qquad \times 3,600kwh = 909,000 円$（組立部へ）

$\qquad\qquad\qquad$　〃　$\qquad\qquad\qquad \times 2,000kwh = 505,000 円$（修繕部へ）

$$\text{修繕部費：} \frac{1,480,000\text{円}+175,000\text{円}+505,000\text{円}}{400\text{時間}+600\text{時間}} \times 400\text{時間} = \ 864,000\text{円（切削部へ）}$$

$$\text{〃} \times 600\text{時間} = 1,296,000\text{円（組立部へ）}$$

なお、修繕部（第3位）から動力部（第2位）への配賦は行われません。

解答 31

問1

（単位：千円）

	製 造 部 門		補 助 部 門		
	切 削 部	組 立 部	動 力 部	修 繕 部	事 務 部
部　　門　　費	47,200	45,000	7,704	16,000	6,000
事　務　部　費	2,700	2,100	600	600	
修　繕　部　費	9,960	4,980	1,660	16,600	
動　力　部　費	5,480.2	4,483.8	9,964		
製 造 部 門 費	65,340.2	56,563.8			

問2

（単位：千円）

	製 造 部 門				補 助 部 門					
	切 削 部		組 立 部		動 力 部		修 繕 部		事 務 部	
	F	V	F	V	F	V	F	V	F	V
部　　門　　費	30,800	16,400	25,800	19,200	4,104	3,600	12,000	4,000	4,000	2,000
事　務　部　費	2,000	900	1,200	700	400	200	400	200		
修　繕　部　費	6,200	2,520	4,960	1,260	1,240	420	12,400	4,200		
動　力　部　費	3,446.4	2,321	2,297.6	1,899	5,744	4,220				
製造部門費	42,446.4	22,141	34,257.6	23,059						

本問は、補助部門費の製造部門への配賦（第2次集計）のうち、単一基準配賦法と複数基準配賦法を確認する問題です。

問1　単一基準配賦法

補助部門の順位は、次のように決定します。まず用役提供先の数（第1基準）によると、第1順位は事務部となります（就業時間が事務部変動費の発生原因とされており、2部門に用役が提供されています）。しかし、動力部と修繕部は無差別です（用役提供先はいずれも1部門です）。そこで、部門費の額（第2基準）によると修繕部（16,000千円）が第2順位、動力部（7,704千円）が第3順位となります。

事務部費：$\dfrac{6,000千円}{180千時間+140千時間+40千時間+40千時間}×180千時間＝2,700千円（切削部へ）$

〃 ×140千時間＝2,100千円（組立部へ）

〃 × 40千時間＝ 600千円（動力部へ）

〃 × 40千時間＝ 600千円（修繕部へ）

修繕部費：$\dfrac{16,000千円+600千円}{24,000時間+12,000時間+4,000時間}×24,000時間＝9,960千円（切削部へ）$

〃 ×12,000時間＝4,980千円（組立部へ）

〃 × 4,000時間＝1,660千円（動力部へ）

動力部費：$\dfrac{7,704千円+600千円+1,660千円}{19,800kwh+16,200kwh}×19,800kwh＝5,480.2千円（切削部へ）$

〃 ×16,200kwh＝4,483.8千円（組立部へ）

問2　複数基準配賦法

補助部門の順位づけは問1と同じです。各補助部門費の配賦基準は次のとおりです。

	固 定 費	変 動 費
事 務 部 費	従業員数	就業時間
修 繕 部 費	実際的生産能力のもとでの修繕時間	実際修繕時間
動 力 部 費	実際的生産能力のもとでの動力消費量	実際動力消費量

事務部費（固定費）：$\dfrac{4,000千円}{1,000人+600人+200人+200人}×1,000人＝2,000千円（切削部へ）$

〃 × 600人＝1,200千円（組立部へ）

〃 × 200人＝ 400千円（動力部へ）

〃 × 200人＝ 400千円（修繕部へ）

〃　（変動費）： $\dfrac{2,000\text{千円}}{180\text{千時間}+140\text{千時間}+40\text{千時間}+40\text{千時間}} \times 180\text{千時間}=900\text{千円}（切削部へ）$

〃　$\times 140\text{千時間}=700\text{千円}（組立部へ）$

〃　$\times\ 40\text{千時間}=200\text{千円}（動力部へ）$

〃　$\times\ 40\text{千時間}=200\text{千円}（修繕部へ）$

修繕部費（固定費）： $\dfrac{12,000\text{千円}+400\text{千円}}{300,000\text{時間}+240,000\text{時間}+60,000\text{時間}} \times 300,000\text{時間}=6,200\text{千円}（切削部へ）$

〃　$\times 240,000\text{時間}=4,960\text{千円}（組立部へ）$

〃　$\times\ 60,000\text{時間}=1,240\text{千円}（動力部へ）$

〃　（変動費）： $\dfrac{4,000\text{千円}+200\text{千円}}{24,000\text{時間}+12,000\text{時間}+4,000\text{時間}} \times 24,000\text{時間}=2,520\text{千円}（切削部へ）$

〃　$\times 12,000\text{時間}=1,260\text{千円}（組立部へ）$

〃　$\times\ 4,000\text{時間}=\ 420\text{千円}（動力部へ）$

動力部費（固定費）： $\dfrac{4,104\text{千円}+400\text{千円}+1,240\text{千円}}{273,600\text{kwh}+182,400\text{kwh}} \times 273,600\text{kwh}=3,446.4\text{千円}（切削部へ）$

〃　$\times 182,400\text{kwh}=2,297.6\text{千円}（組立部へ）$

〃　（変動費）： $\dfrac{3,600\text{千円}+200\text{千円}+420\text{千円}}{19,800\text{kwh}+16,200\text{kwh}} \times 19,800\text{kwh}=2,321\text{千円}（切削部へ）$

〃　$\times 16,200\text{kwh}=1,899\text{千円}（組立部へ）$

解答 32

問1

切削部に対する実際配賦額＝ 200,000 円

組立部に対する実際配賦額＝ 120,000 円

問2

切削部に対する実際配賦額＝ 189,080 円

組立部に対する実際配賦額＝ 130,920 円

問3

動　力　部　（単位：円）

実 際 発 生 額		予 定 配 賦 額	
変　　動　　費	152,000	切　　削　　部 （ 175,000)
固　　定　　費	168,000	組　　立　　部 （ 105,000)
		総　　差　　異 （ 40,000)
	320,000	（ 320,000)

動力部の差異分析

総 差 異	=	40,000	円	〔借方〕
内訳：変動費予算差異	=	20,000	円	〔借方〕
固定費予算差異	=	1,500	円	〔借方〕
操 業 度 差 異	=	18,500	円	〔借方〕

（注）　　　　　内には計算した差異の金額を、〔　　〕内には借方または貸方を記入すること。

問4

動 力 部　　　　　　　　（単位：円）

実 際 発 生 額		予 算 許 容 額	
変 動 費	152,000	切 削 部 （	175,740)
固 定 費	168,000	組 立 部 （	122,760)
		総 差 異 （	21,500)
	320,000	（	320,000)

動力部の差異分析

総 差 異	=	21,500	円	〔借方〕
内訳：変動費予算差異	=	20,000	円	〔借方〕
固定費予算差異	=	1,500	円	〔借方〕
操 業 度 差 異	=	———	円	〔——〕

（注）　　　　　内には計算した差異の金額を、〔　　〕内には借方または貸方を記入すること。また、不要な欄には「——」を記入すること。

解説　••

　本問は、補助部門費の製造部門への配賦（第2次集計）のうち、責任会計上最も望ましい配賦方法の計算を確認する問題です。

問1

　単一基準配賦法により動力部門費を実際配賦するため、変動費、固定費ともに製造部門の実際用役消費量の割合で配賦します。

動力部費実際配賦率：$\dfrac{320,000円}{400kwh}$ ＝＠800円

実 際 配 賦 額：＠800円×250kwh ＝	200,000円	（切削部へ）
〃 ×150kwh ＝	120,000円	（組立部へ）
	合計　320,000円	

問2

　複数基準配賦法により、動力部費を実際配賦するため、変動費は製造部門の実際用役消費量の割合で、固定費は製造部門の用役消費能力の割合で配賦します。

実際配賦額：変動費；$\dfrac{152,000 円}{400kwh} \times 250kwh =$　　　　95,000 円（切削部へ）

　　　　　　　　〃　　$\times 150kwh =$　　　　57,000 円（組立部へ）

　　　　　固定費；$\dfrac{168,000 円}{500kwh} \times 280kwh =$　　　　94,080 円（切削部へ）

　　　　　　　　〃　　$\times 220kwh =$　　　　73,920 円（組立部へ）

　　　　　　　　　　　　　　　　　　　　合計　320,000 円

　したがって切削部に対する配賦額合計は189,080円（＝95,000円＋94,080円）、組立部に対する配賦額は、130,920円（＝57,000円＋73,920円）となります。

問3

　動力部費を予定配賦するため、動力部予算額と動力予定用役消費量により動力部費予定配賦率を算定します。

動力部費予定配賦率：$\dfrac{315,000 円}{450kwh} = @\,700 円$

　単一基準配賦法により動力部費を予定配賦するため、上記予定配賦率に製造部門の実際用役消費量を乗じて予定配賦額を配賦します。

予定配賦額：$@\,700 円 \times 250kwh =$　　　　175,000 円（切削部へ）

　　　　　　　〃　　$\times 150kwh =$　　　　105,000 円（組立部へ）

　　　　　　　　　　　　　　　　合計　280,000 円

動力部の差異分析は次のとおりとなります。

総　　差　　異：280,000円 − 320,000円 = △40,000円（借方）

　変動費予算差異：@330円*1〈変動費率〉× 400kwh − 152,000円 = △20,000円（借方・不利差異）

　固定費予算差異：166,500円〈固定費予算額〉− 168,000円 = △1,500円（借方）

　操　業　度　差　異：@370円*2〈固定費率〉×（400kwh − 450kwh）= △18,500円（借方・不利差異）

＊1　148,500円 ÷ 450kwh = @330円

＊2　166,500円 ÷ 450kwh = @370円

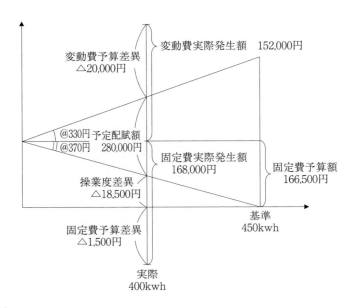

変動費予算差異
△20,000円

変動費実際発生額　152,000円

@330円 予定配賦額
@370円 280,000円

固定費実際発生額
168,000円

固定費予算額
166,500円

操業度差異
△18,500円

基準
450kwh

固定費予算差異
△1,500円

実際
400kwh

問4

　複数基準配賦法により動力部を予算許容額配賦するため、変動費については予定配賦率に製造部門の実際用役消費量を乗じて配賦し、固定費については予算額を用役消費能力の割合で配賦します。

動力部変動費率：$\dfrac{148,500円}{450kwh} = @330円$

予算許容額：変動費；@330円 × 250kwh　　=　　　　82,500円（切削部へ）
　　　　　　　　〃　　 × 150kwh　　=　　　　49,500円（組立部へ）

固定費：$\dfrac{166,500円}{500kwh}$ × 280kwh =　　　　93,240円（切削部へ）
　　　　　〃　　 × 220kwh =　　　　73,260円（組立部へ）
　　　　　　　　　　　　　　　　合計　298,500円

　したがって、切削部に対する配賦額合計は175,740円（＝82,500円＋93,240円）、組立部に対する配賦合計は、122,760円（＝49,500円＋73,260円）となります。

　動力部の差異分析は次のとおりとなります。

総　　差　　異　：298,500円 − 320,000円＝△21,500円（借方・不利差異）
変動費予算差異　：@330円〈変動率〉× 400kwh − 152,000円＝△20,000円（借方・不利差異）
固定費予算差異　：166,500円 − 168,000円＝△1,500円（借方・不利差異）
操 業 度 差 異　：予算許容額を配賦しているため、動力部で操業度差異は把握されません。

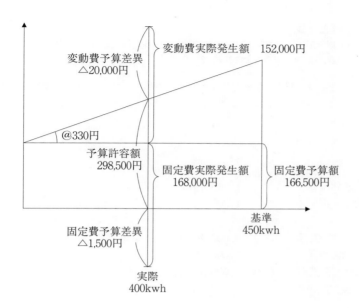

変動費実際発生額　152,000円

変動費予算差異
△20,000円

@330円

予算許容額
298,500円

固定費実際発生額
168,000円

固定費予算額
166,500円

基準
450kwh

固定費予算差異
△1,500円

実際
400kwh

解答 33

(イ)	40,000	円
(ロ)	740,000	円
(ハ)	200,000	円
(ニ)	1,050,000	円
(ホ)	450,000	円
(ヘ)	900,000	円

解説 ....●

本問は、仕損費の計算を確認する問題です。

1．仕損（代品製作－一部仕損）

仕損費(イ)：50,000円〈製造指図書No.1-2〉－10,000円〈仕損品評価額〉＝40,000円

製品原価総額(ロ)：700,000円〈製造指図書No.1〉＋40,000円〈仕損費〉＝740,000円

2．仕損（補修）

仕損費(ハ)：200,000円〈製造指図書No.2-2〉

製品原価総額(ニ)：850,000円〈製造指図書No.2〉＋200,000円〈仕損費〉＝1,050,000円

3．仕損（代品製作－全部仕損）

仕損費(ホ)：600,000円〈製造指図書No.3〉－150,000円〈仕損品評価額〉＝450,000円

製品原価総額(ヘ)：900,000円〈製造指図書No.3-2〉

> **注意** 1、2の正常仕損は、特定の製造指図書から生じたものですから直接経費として処理します。また3の異常仕損は非原価項目として処理しますので製品原価に含めません。

解答 34

問1 切削部門費予定配賦率 ____1,500____ 円/h

組立部門費予定配賦率 ____1,200____ 円/h

問2 切削部門費予 算 差 異 （－）8,000 円

操業度差異 （＋）28,000 円

組立部門費予 算 差 異 （－）10,000 円

操業度差異 0 円

問3

（単位：円）

	No.1	No.2	No.3	No.4	No.5	No.6
期首仕掛品原価	150,000	——	——	——	——	——
直 接 材 料 費	360,000	480,000	288,000	72,000	528,000	72,000
直 接 労 務 費	680,000	816,000	544,000	374,000	970,000	156,000
製 造 間 接 費	990,000	1,188,000	792,000	552,000	1,410,000	228,000
小 計	2,180,000	2,484,000	1,624,000	998,000	2,908,000	456,000
仕損品評価額	——	△250,000	——	——	——	△20,000
仕 損 費	998,000	△2,234,000	436,000	△998,000	2,234,000	△436,000
合 計	3,178,000	0	2,060,000	0	5,142,000	0

売上原価 ____3,178,000____ 円

問4

（単位：円）

	No.1	No.2	No.3	No.4	No.5	No.6
期首仕掛品原価	150,000	——	——			
直 接 材 料 費	360,000	480,000	288,000	72,000	528,000	72,000
直 接 労 務 費	680,000	816,000	544,000	374,000	970,000	156,000
製 造 間 接 費	1,990,000	2,388,000	1,592,000	1,192,000	2,810,000	468,000
小 計	3,180,000	3,684,000	2,424,000	1,638,000	4,308,000	696,000
仕損品評価額	——	△250,000	——			△20,000
仕 損 費	——	△3,434,000	——	△1,638,000		△676,000
合 計	3,180,000	0	2,424,000	0	4,308,000	0

売上原価　 3,180,000 　円

問5　切削部門費予 算 差 異　（－）476,000 円
　　　　　操業度差異　（＋）　28,000 円
　　　組立部門費予 算 差 異　（－）　10,000 円
　　　　　操業度差異　　　　　　　0 円

解説

本問は、仕損費の直接経費処理と間接経費処理を確認する問題です。

問1　製造部門費予算配賦率の計算（単位：千円）

	切 削 部 門		組 立 部 門		動 力 部 門	
	変 動 費	固 定 費	変 動 費	固 定 費	変 動 費	固 定 費
部 門 費	18,560	21,840	4,800	6,000	5,200	4,800
補 助 部 門 費	6,400*	——	3,600	——		
製 造 部 門 費	24,960	21,840	8,400	6,000		
配 賦 率	@800円	@700円	@700円	@500円		

* $\underline{（5,200千円〈変動費〉＋4,800千円〈固定費〉）}$ ÷ $\underline{（128,000kwh＋72,000kwh）}$
　　　　補助部門費予算額　　　　　　　　動力消費量合計
　　　　　　　　　　× 128,000kwh〈切削部門動力予定消費量〉= 6,400千円

・切削部門費予定配賦率：@800円〈変動費率〉＋@700円〈固定費率〉= @1,500円
・組立部門費予定配賦率：@700円〈変動費率〉＋@500円〈固定費率〉= @1,200円

問2　製造部門費配賦差異の計算（仕損費を直接経費処理する場合）

1．製造部門費実際発生額の計算（単位：円）

	切　削　部　門		組　立　部　門		動　力　部　門	
	変　動　費	固　定　費	変　動　費	固　定　費	変　動　費	固　定　費
部　　門　　費	1,570,000	1,820,000	410,000	500,000	450,000	400,000
補　助　部　門　費	550,000*	——	300,000	——		
製　造　部　門　費	2,120,000	1,820,000	710,000	500,000		

*　　(450,000円〈変動費〉 + 400,000円〈固定費〉) ÷ (11,000kwh + 6,000kwh)
　　　　　　補助部門費実際発生額　　　　　　　　動力実際消費量合計

　　　　　　　　　× 11,000kwh〈切削部門動力実際消費量〉 = 550,000円

2．各製造部門費配賦差異の分析

（切削部門）

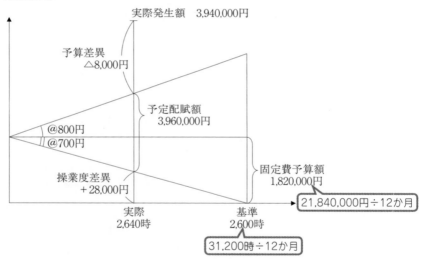

・予 算 差 異：3,932,000円*1〈予算許容額〉 − 3,940,000円*2〈実際発生額〉
　　　　　　　　　　　　　　　　　　　　　　= △8,000円（借方・不利差異）
　　*1　@800円〈変動費率〉× 2,640時〈実際操業度〉+ 1,820,000円〈固定費予算額〉
　　　　　　　　　　　　　　　　　　　　　　= 3,932,000円
　　*2　2,120,000円〈変動費実際発生額〉+ 1,820,000円〈固定費実際発生額〉
　　　　　　　　　　　　　　　　　　　　　　= 3,940,000円
・操業度差異：@700円〈固定費率〉×（2,640時〈実際操業度〉− 2,600時〈基準操業度〉）
　　　　　　　　　　　　　　　　　　　　　　= + 28,000円（貸方・有利差異）

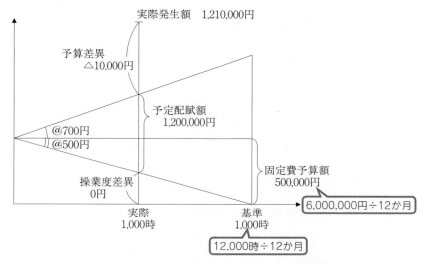

（組立部門）

・予算差異：1,200,000円*1〈予算許容額〉 − 1,210,000円*2〈実際発生額〉

$$= △10,000円（借方・不利差異）$$

*1 @700円〈変動費率〉 × 1,000時〈実際操業度〉 + 500,000円〈固定費予算額〉

$$= 1,200,000円$$

*2 710,000円〈変動費実際発生額〉 + 500,000円〈固定費実際発生額〉 = 1,210,000円

・操業度差異：@500円〈固定費率〉 × （1,000時〈実際操業度〉 − 1,000時〈基準操業度〉）

$$= 0円$$

問3　個別原価計算表の作成（仕損費を直接経費処理する場合）

（単位：円）

	No.1	No.2	No.3	No.4	No.5	No.6
期首仕掛品原価	150,000	──	──	──	──	──
直 接 材 料 費	360,000*1	480,000	288,000	72,000	528,000	72,000
直 接 労 務 費	680,000*2	816,000	544,000	374,000	970,000	156,000
製 造 間 接 費	990,000*3	1,188,000	792,000	552,000	1,410,000	228,000
小　　　　計	2,180,000	2,484,000	1,624,000	998,000	2,908,000	456,000
仕 損 品 評 価 額	──	△250,000*5	──	──	──	△20,000*8
仕　損　費	998,000*4	△2,234,000	436,000*6	△998,000	2,234,000*7	△436,000
合　　　　計	3,178,000	0	2,060,000	0	5,142,000	0

*1 @1,200円〈予定価格〉 × 300kg〈No.1実際消費量〉 = 360,000円

*2 （@1,000円*9〈予定賃率〉 × 500時〈No.1実際直接作業時間〉）

切削部門

+ （@900円*10〈予定賃率〉 × 200時〈No.1実際直接作業時間〉） = 680,000円

組立部門

* 3 　$\underline{(@\,1,500\,円\,〈予定配賦率〉×500時\,〈No.1実際直接作業時間〉)}$
　　　　　　　　　　切削部門

　　　　　$+\underline{(@\,1,200\,円\,〈予定配賦率〉×200時\,〈No.1実際直接作業時間〉)} = 990,000\,円$
　　　　　　　　　　　　組立部門

* 4 　No.4に集計された製造原価
* 5 　No.2に係わる仕損品評価額（補修不能 − 全部仕損）
* 6 　No.6に集計された製造原価 − 仕損品評価額
* 7 　No.2に集計された製造原価 − 仕損品評価額
* 8 　No.3に係わる仕損品評価額（補修不能 − 一部仕損）
* 9 　34,000,000円〈予定賃金支払額〉÷ 34,000時〈予定就業時間〉= @ 1,000円
*10 　12,600,000円〈予定賃金支払額〉÷ 14,000時〈予定就業時間〉= @ 900円

　なお、売上原価はNo.1に集計された製造原価3,178,000円となります。

問4　個別原価計算表の作成（仕損費を間接経費処理する場合）

（単位：円）

	No.1	No.2	No.3	No.4	No.5	No.6
期首仕掛品原価	150,000	——	——	——	——	——
直接材料費	360,000	480,000	288,000	72,000	528,000	72,000
直接労務費	680,000	816,000	544,000	374,000	970,000	156,000
製造間接費	1,990,000*1	2,388,000	1,592,000	1,192,000	2,810,000	468,000
小　　　計	3,180,000	3,684,000	2,424,000	1,638,000	4,308,000	696,000
仕損品評価額	——	△250,000	——	——	——	△20,000
仕　損　費	——	△3,434,000	——	△1,638,000	——	△676,000
合　　　計	3,180,000	0	2,424,000	0	4,308,000	0

* 1 　$\underline{(@\,3,500\,円\,^{*2}〈予定配賦率〉×500時\,〈No.1実際直接作業時間〉)}$
　　　　　　　　　　　切削部門

　　　　　$+\underline{(@\,1,200\,円\,〈予定配賦率〉×200時\,〈No.1実際直接作業時間〉)} = 1,990,000\,円$
　　　　　　　　　　　　組立部門

* 2 　$\underline{(24,960,000\,円\,〈変動費予算額〉+ 21,840,000\,円\,〈固定費予算額〉+ 62,400,000\,円\,〈仕損費予算額〉)}$
　　　　　　　　　　　　　　　　　問1より

　　　　　　　　　　　　　　　$÷ 31,200\,時\,〈基準操業度〉= @\,3,500\,円$

　なお、売上原価はNo.1に集計された製造原価3,180,000円となります。

問5　製造部門費配賦差異の計算（仕損費を間接経費処理する場合）

〈切削部門〉

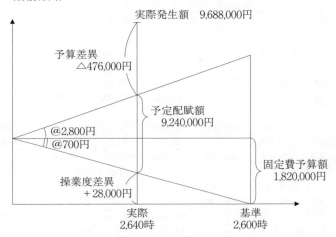

・予　算　差　異：9,212,000円^{*1}〈予算許容額〉 − 9,688,000円^{*2}〈実際発生額〉

$$= △476,000円（借方・不利差異）$$

＊1　＠2,800円^{*3}〈変動費率〉× 2,640時〈実際操業度〉＋ 1,820,000円〈固定費予算額〉

$$= 9,212,000円$$

＊2　3,940,000円〈仕損費以外の実際発生額〉＋ 5,748,000円^{*4}〈仕損費実際発生額〉
　　　問2より

$$= 9,688,000円$$

 仕損費を間接経費処理しているので、切削部門費実際発生額を集計する
際に仕損費実際発生額を加算する必要があります。

＊3　（24,960,000円〈変動費予算額〉＋ 62,400,000円〈仕損費予算額〉）÷ 31,200時〈基準操業度〉
　　　問1より

$$= ＠2,800円$$

＊4　3,434,000円（No.2）＋ 1,638,000円（No.4）＋ 676,000円（No.6）＝ 5,748,000円
　　　　　　　　　　　　　　問4より

・操業度差異：固定費率が変わらないため問2と同様となります。

〈組立部門〉
問2と同様です。

製造指図書別製造原価要約表　　　　　　（単位：円）

	No.101	No.101-2	No.102	No.102-2	No.103	No.103-2	合　計
前 月 繰 越	20,000	——					20,000
直 接 材 料 費	——	64,000	80,000	80,000	96,000	——	320,000
直 接 労 務 費							
切　　削　　部	160,000	80,000	120,000	140,000	100,000		600,000
組　　立　　部	154,000	66,000		22,000	110,000	66,000	418,000
製 造 間 接 費							
切　　削　　部	192,000	96,000	144,000	168,000	120,000	——	720,000
組　　立　　部	252,000	108,000		36,000	180,000	108,000	684,000
計	778,000	414,000	344,000	446,000	606,000	174,000	2,762,000
作 業 屑 評 価 額	——				△2,000		△2,000
仕 損 品 評 価 額	——	△10,000	△20,000	——	——		△30,000
仕　　損　　費	404,000	△404,000	△324,000			△174,000	△498,000
合　　　　計	1,182,000	0	0	446,000	604,000	0	2,232,000
備　　　考	完成	No.101へ	損益へ	仕掛中	完成	製間−組立部へ	

仕　　掛　　品　　　　　　（単位：円）

前 月 繰 越	20,000	製　　　　　品（	1,786,000）
材　　　　料	320,000	作　　業　　屑（	2,000）
賃 金・手 当（	1,018,000）	仕　　損　　品（	30,000）
製造間接費−切削部（	720,000）	製造間接費−組立部（	174,000）
製造間接費−組立部（	684,000）	損　　　　益（	324,000）
		翌　月　繰　越（	446,000）
（	2,762,000）	（	2,762,000）

本問は、個別原価計算における仕損費・作業屑の処理を確認する問題です。

1. 指図書別直接労務費および製造間接費の計算

指図書別の直接労務費を（予定平均賃率）×（製造指図書ごとの直接作業時間）により、製造間接費を（予定配賦率）×（製造指図書ごとの直接作業時間）により計算します。

製造指図書別製造原価要約表　　　　　　　　（単位：円）

		No.101	No.101-2	No.102	No.102-2	No.103	No.103-2	合計
	⋮							⋮
	直 接 労 務 費							
1,000円/時→	切　　削　　部	160時	80時	120時	140時	100時	——	600時
1,100円/時→	組　　立　　部	140時	60時	——	20時	100時	60時	380時
	製 造 間 接 費							
1,200円/時→	切　　削　　部	160時	80時	120時	140時	100時	——	600時
1,800円/時→	組　　立　　部	140時	60時	——	20時	100時	60時	380時

2. 作業屑の処理

製造指図書No.103について作業屑が発生し、製造指図書No.103の製造原価からその評価額を控除するケースです。この場合、製造指図書別製造原価要約表の作業屑評価額欄において評価額控除の記入を行います。

なお、作業屑に関する仕訳を示せば次のとおりです。

（作　　業　　屑）*	2,000	（仕　　掛　　品）	2,000

＊　作業屑評価額：＠200円×10kg＝2,000円

3. 仕損費の計算および処理

仕損費の計算および処理を、製造指図書の順に解説します。

(1) No.101とNo.101-2……一部仕損－代品製造

製造指図書の製品の一部が仕損となり、代品の製造を行った場合であるため、代品製造指図書No.101-2に集計された原価から仕損品評価額を控除した額を仕損費とします。その後、問題文の指示により、正常な仕損費として直接経費処理します。

仕損費の計算および処理に関する仕訳を示せば次のとおりです。

（仕　　損　　品）*	10,000	（仕　　掛　　品）	10,000

＊　仕損品評価額：10,000円

なお、本問は、解答用紙の仕掛品勘定に記入済みの相手勘定科目から、仕損費勘定を設けていないことが分かるため、仕損品評価額の計上のみが仕訳され、直接経費処理される仕損費に関しては、製造指図書別製造原価要約表での振替えのみになります。

(2) No.102とNo.102-2……全部仕損－代品製造

　製造指図書の製品の全部が仕損となり、代品の製造を行ったケースです。この場合、元の製造指図書No.102に集計された原価から仕損品評価額を控除した額を仕損費とします。その後、問題文の指示により、異常な仕損費として非原価処理します。

　仕損費の計算および処理に関する仕訳を示せば次のとおりです。

（仕　　損　　品）*1	20,000	（仕　　掛　　品）	344,000
（損　　　　　益）*2	324,000		

＊1　仕損品評価額：20,000円

＊2　異常仕損費（非原価）：344,000円－20,000円＝324,000円

(3) No.103とNo.103-2……補修

　仕損が発生し、補修によって良品に回復させたケースです。この場合、補修指図書No.103-2に集計された原価を仕損費とします。その後、問題文の指示により、正常な仕損費として間接経費処理します。

　仕損費の計算および処理に関する仕訳を示せば次のとおりです。

（製造間接費－組立部）*	174,000	（仕　　掛　　品）	174,000

＊　正常仕損費（間接経費）：174,000円

4．仕損費勘定を設定している場合の関係諸勘定の記入

　参考までに、仕損費勘定を設定している場合の仕掛品勘定および仕損費勘定の記入は次のとおりです。

仕　　掛　　品　　　　　（単位：円）

前　月　繰　越	20,000	製　　　　　品	1,786,000
材　　　　　料	320,000	作　　業　　屑	2,000
賃　金・手　当	1,018,000	仕　　損　　品	30,000
製造間接費－切削部	720,000	仕　　損　　費	902,000
製造間接費－組立部	684,000	翌　月　繰　越	446,000
仕　　損　　費	404,000		
	3,166,000		3,166,000

仕　　損　　費　　　　　（単位：円）

仕　　掛　　品	902,000	仕　　掛　　品	404,000
		製造間接費－組立部	174,000
		損　　　　　益	324,000
	902,000		902,000

120

(A)　製造指図書別製造原価要約表（11月）

製造指図書別製造原価要約表　　　　　　（単位：円）

	No.1	No.2	No.3	No.4	No.5	No.6	合　計
10 月 末 合 計	405,000	——	——	——	——	——	405,000
直 接 材 料 費	112,000	960,000	1,440,000	24,000	1,120,000	320,000	3,976,000
直 接 労 務 費							
切 削 部 門	120,000	1,200,000	2,520,000	48,000	1,440,000	360,000	5,688,000
組 立 部 門	252,000	1,064,000	2,240,000	70,000	938,000	252,000	4,816,000
製造間接費配賦額							
切 削 部 門	150,000	1,500,000	3,150,000	60,000	1,800,000	450,000	7,110,000
組 立 部 門	160,000	1,920,000	2,240,000	112,000	1,968,000	400,000	6,800,000
小　　　　計	1,199,000	6,644,000	11,590,000	314,000	7,266,000	1,782,000	28,795,000
仕 損 品 評 価 額	——	△600,000	——	——	——	△100,000	△700,000
仕　損　費	314,000	△6,044,000	——	△314,000	——	△1,682,000	△7,726,000
合　　　　計	1,513,000	0	11,590,000	0	7,266,000	0	20,369,000
備　　　考	完成	損益勘定へ振替	仕掛中	No.1へ振替	完成	製造間接費－組立部門勘定へ振替	

(B)　原価計算関係諸勘定

　　（注）以下の（　　）内に金額を記入しなさい。　　　　　　　（単位：円）

製造間接費－切削部門

諸　　口	7,390,000	仕 掛 品（7,110,000）
		原価差異（　280,000）
	7,390,000	（7,390,000）

製造間接費－組立部門

諸　　口	5,370,000	仕 掛 品（6,800,000）
仕 損 費	（1,682,000）	原価差異（　252,000）
	（7,052,000）	（7,052,000）

仕　　掛　　品　　　　（単位：円）

前 月 繰 越（　　405,000）	製　　　品（　8,779,000）
材　　　料（3,976,000）	仕 損 品（　700,000）
賃 金 手 当（10,504,000）	仕 損 費（8,040,000）
製造間接費－切削部門（7,110,000）	次 月 繰 越（11,590,000）
製造間接費－組立部門（6,800,000）	
仕 損 費（　314,000）	
（29,109,000）	（29,109,000）

(C)　製造間接費－組立部門の差異分析

予 算 差 異　（202,000）円（借・~~貸~~）

操業度差異　（ 50,000）円（借・~~貸~~）

総 差 異　（252,000）円（借・~~貸~~）

（注）（借・貸）は該当しないほうに ━ を引きなさい。

解説 ●‥‥●

本問は、個別原価計算における仕損費の処理を確認する問題です。

1．(A)指図書別製造原価要約表（11月）

(1) **10月末合計（月初仕掛品原価）**…解答用紙に記入されています。

(2) **直接材料費**

各指図書別の直接材料費＝予定消費価格×各指図書別の直接材料実際消費量

No.1	＠400円×	280kg =	112,000円
No.2	〃	×2,400kg =	960,000円
No.3	〃	×3,600kg =	1,440,000円
No.4	〃	× 60kg =	24,000円
No.5	〃	×2,800kg =	1,120,000円
No.6	〃	× 800kg =	320,000円
		合計	3,976,000円

(3) **直接労務費**

① 予定平均賃率の算定

$$予定平均賃率＝\frac{賃金手当・年間予算額}{年間予定就業時間}$$

切削部門：$\dfrac{64,800,000円}{108,000時}$ ＝＠600円

組立部門：$\dfrac{84,000,000円}{120,000時}$ ＝＠700円

② 予定消費額の算定

各指図書別の直接労務費＝予定平均賃率×各指図書別の直接作業時間数

ⓐ 切削部門の指図書別予定消費額

No.1	＠600円×	200時 =	120,000円
No.2	〃	×2,000時 =	1,200,000円
No.3	〃	×4,200時 =	2,520,000円
No.4	〃	× 80時 =	48,000円
No.5	〃	×2,400時 =	1,440,000円
No.6	〃	× 600時 =	360,000円
		合計	5,688,000円

ⓑ　組立部門の指図書別予定消費額

No.1	@700円×	360時 =	252,000円	
No.2	〃	× 1,520時 =	1,064,000円	
No.3	〃	× 3,200時 =	2,240,000円	
No.4	〃	× 100時 =	70,000円	
No.5	〃	× 1,340時 =	938,000円	
No.6	〃	× 360時 =	252,000円	
		合計	4,816,000円	

(4) 製造間接費

① 正常配賦率の算定

$$正常配賦率 = \frac{製造間接費年間予算額}{基準操業度}$$

切削部門： $\dfrac{67,500,000円}{90,000時} = $ @750円（直接作業時間）

組立部門： $\dfrac{82,560,000円}{103,200時} = $ @800円（機械運転時間）

② 正常配賦額の算定

各指図書別の製造間接費 ＝ 正常配賦率×各指図書別の実際操業度

ⓐ　切削部門の指図書別正常配賦額

No.1	@750円×	200時 =	150,000円
No.2	〃	× 2,000時 =	1,500,000円
No.3	〃	× 4,200時 =	3,150,000円
No.4	〃	× 80時 =	60,000円
No.5	〃	× 2,400時 =	1,800,000円
No.6	〃	× 600時 =	450,000円
		合計	7,110,000円

ⓑ　組立部門の指図書別正常配賦額

No.1	@800円×	200時 =	160,000円
No.2	〃	× 2,400時 =	1,920,000円
No.3	〃	× 2,800時 =	2,240,000円
No.4	〃	× 140時 =	112,000円
No.5	〃	× 2,460時 =	1,968,000円
No.6	〃	× 500時 =	400,000円
		合計	6,800,000円

(5) 個別原価計算における仕損費の計算

仕　損　の　内　容			仕損費の計算方法	
種　　類	補修または代品 製造指図書の発行の有無		売却価値または利用価値の有無	
			有	無
補　　修 可　　能	有　No.4		(*)	新製造指図書に集計された原価
	無		(*)	補修の見積額
補　　修 不　　能	有	全部仕損　No.2	旧製造指図書に集計された原価 −評価額の見積額	旧製造指図書に集計された原価
		一部仕損　No.6	新製造指図書に集計された原価 −評価額の見積額	新製造指図書に集計された原価
	無		代品製作の見積額−評価額の見積額	代品製作の見積額

* 　仕損品が補修により良品に回復できるため、処分価値である評価額はありません。

(6) 仕損費の処理

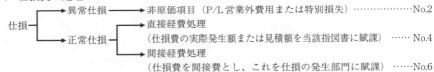

仕損 ─┬─ 異常仕損 ──── 非原価項目（P/L営業外費用または特別損失）……………No.2
　　　│
　　　└─ 正常仕損 ─┬─ 直接経費処理
　　　　　　　　　　（仕損費の実際発生額または見積額を当該指図書に賦課）…… No.4
　　　　　　　　└─ 間接経費処理
　　　　　　　　　　（仕損費を間接費とし、これを仕損の発生部門に賦課）……No.6

２．(B)原価計算諸勘定
(1) 勘定体系

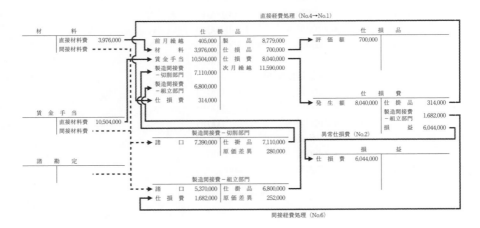

注意　直接労務費の計算は、部門別予定平均賃率によって部門ごとに計算をしますが、記帳上は、部門費集計を行っていないことが、上記仕掛品勘定の賃金手当勘定の使用よりわかります。

(2) （A)製造指図書別製造原価要約表と仕掛品勘定との関係

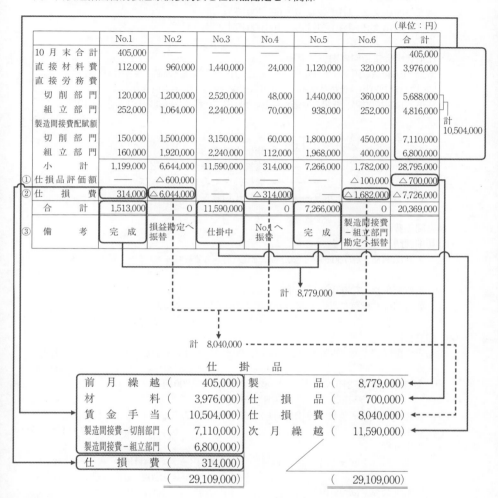

（単位：円）

	No.1	No.2	No.3	No.4	No.5	No.6	合　計	
10 月 末 合 計	405,000	──	──	──	──	──	405,000	
直 接 材 料 費	112,000	960,000	1,440,000	24,000	1,120,000	320,000	3,976,000	
直 接 労 務 費								
切 削 部 門	120,000	1,200,000	2,520,000	48,000	1,440,000	360,000	5,688,000	
組 立 部 門	252,000	1,064,000	2,240,000	70,000	938,000	252,000	4,816,000	計 10,504,000
製造間接費配賦額								
切 削 部 門	150,000	1,500,000	3,150,000	60,000	1,800,000	450,000	7,110,000	
組 立 部 門	160,000	1,920,000	2,240,000	112,000	1,968,000	400,000	6,800,000	
小　　　計	1,199,000	6,644,000	11,590,000	314,000	7,266,000	1,782,000	28,795,000	
① 仕損品評価額	──	△600,000	──	──	──	△100,000	△700,000	
② 仕　損　費	314,000	△6,044,000	──	△314,000	──	△1,682,000	△7,726,000	
合　　　計	1,513,000	0	11,590,000	0	7,266,000	0	20,369,000	
③ 備　　考	完　成	損益勘定へ振替	仕掛中	No.1へ振替	完　成	製造間接費－組立部門勘定へ振替		

計　8,779,000

計　8,040,000

仕　掛　品

前 月 繰 越 （	405,000）	製　　　　　品 （	8,779,000）	
材　　　　料 （	3,976,000）	仕　損　品 （	700,000）	
賃 金 手 当 （	10,504,000）	仕　損　費 （	8,040,000）	
製造間接費－切削部門 （	7,110,000）	次 月 繰 越 （	11,590,000）	
製造間接費－組立部門 （	6,800,000）			
仕　損　費 （	314,000）			
（	29,109,000）	（	29,109,000）	

注意 製造指図書別製造原価要約表のうち、仕掛品勘定の借方と対応するのは、行（横）合計の小計までと仕損費の処理として直接経費処理をとっている仕損費（No.1）です。
　また、製造指図書別製造原価要約表のうち、仕掛品勘定の貸方と対応するのは、製品（完成分）と次月繰越（未完成分）については、列（縦）合計で、仕損品は仕損品評価額の行（横）合計と対応し、仕掛品勘定貸方の仕損費は製造指図書別製造原価要約表の仕損費の△（マイナス）の合計と対応します。

① 仕損品評価額
　　No.2→問題文2.（注）(2)より　600,000円 ⎫
　　No.6→問題文2.（注）(3)より　100,000円 ⎬　計　700,000円
　　　　　　　　　　　　　　　　　　　　　　⎭

② 仕損費…製造指図書別製造原価要約表より
　　No.2：6,644,000円〈仕損品原価〉− 600,000円〈仕損品評価額〉= 6,044,000円
　　No.4：314,000円〈仕損品原価〉− 0円〈仕損品評価額〉= 314,000円
　　No.6：1,782,000円〈仕損品原価〉− 100,000円〈仕損品評価額〉= 1,682,000円

③ 備考
　　問題文2.（注）(4)より ⟶ 完　成：No.1、No.5
　　　　　　　　　　　　　⟶ 仕掛中：No.3
　　問題文2.（注）(1)より ⟶ 直接経費処理No.4→No.1
　　問題文3.（注）より ⟶ 間接経費処理No.6
　　問題文2.（注）(2)より ⟶ 異常仕損費No.2

３．製造間接費の差異分析

(1) 切削部門

① 正常配賦額：@750円 ×（200時 + 2,000時 + 4,200時 + 80時 + 2,400時 + 600時）
　　　　　　　　　　　　　　　　　　　　　　　　　　　　　= 7,110,000円

② 実際発生額：7,390,000円←解答用紙より

③ 製造間接費配賦差異（原価差異）：7,110,000円 − 7,390,000円
　　　　　　　　　　　　　　　　　= △280,000円（借方・不利差異）

(2) 組立部門

① 正常配賦額：@800円 ×（200時 + 2,400時 + 2,800時 + 140時 + 2,460時 + 500時）
　　　　　　　　　　　　　　　　　　　　　　　　　　　　　= 6,800,000円

② 実際発生額：5,370,000円 + 1,682,000円 = 7,052,000円
　　　　　　　　解答用紙より　　指図書No.6より

③ 製造間接費配賦差異（原価差異）：6,800,000円 − 7,052,000円
　　　　　　　　　　　　　　　　　= △252,000円（借方・不利差異）

④ 差異分析
　　予 算 差 異：@300円*1 × 8,500時 + 4,300,000円 − 7,052,000円
　　　　　　　　　　　　　　　　　= △202,000円（借方・不利差異）
　　操業度差異：@500円*2 ×（8,500時 − 8,600時）= △50,000円（借方・不利差異）
　　総　差　異：△202,000円 + △50,000円 = △252,000円（借方・不利差異）
　　＊1　変動費率：(82,560,000円 − 51,600,000円) ÷ 103,200時 = @300円
　　＊2　固定費率：51,600,000円 ÷ 103,200時 = @500円

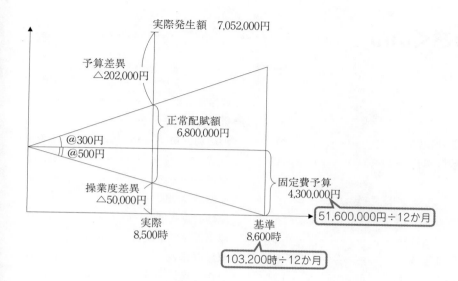

●さくいん

た

スッキリわかるシリーズ

スッキリわかる　日商簿記1級　工業簿記・原価計算Ⅰ
費目別・個別原価計算編　第4版

2008年12月31日　　初　版　　第1刷発行
2021年11月30日　　第4版　　第1刷発行
2024年 8 月30日　　　　　　　第3刷発行

編 著 者	TAC出版開発グループ	
発 行 者	多　田　敏　男	
発 行 所	TAC株式会社　出版事業部	
	（TAC出版）	

〒101-8383
東京都千代田区神田三崎町3-2-18
電 話 03 (5276) 9492（営業）
FAX 03 (5276) 9674
https://shuppan.tac-school.co.jp

イラスト	佐　藤　雅　則	
印　　刷	株式会社　ワ　コ　ー	
製　　本	東京美術紙工協業組合	

© TAC 2021　　　Printed in Japan　　　　　　　　ISBN 978-4-8132-9924-0
N.D.C. 336

簿記検定講座のご案内

選べる学習メディアでご自身に合う スタイルでご受講ください!

通学講座
3級コース　3・2級コース　2級コース　1級コース　1級上級コース

 教室講座 通って学ぶ

定期的な日程で通学する学習スタイル。常に講師と接することができるという教室講座の最大のメリットがありますので、疑問点はその日のうちに解決できます。また、勉強仲間との情報交換も積極的に行えるのが特徴です。

ビデオブース講座 通って学ぶ／予約制

ご自身のスケジュールに合わせて、TACのビデオブースで学習するスタイル。日程を自由に設定できるため、忙しい社会人に人気の講座です。

直前期教室出席制度
直前期以降、教室受講に振り替えることができます。

無料体験入学
ご自身の目で、耳で体験し納得してご入学いただくために、無料体験入学をご用意しました。

無料講座説明会
もっとTACのことを知りたいという方は、無料講座説明会にご参加ください。

無料
予約不要※

※ビデオブース講座の無料体験入学は要予約。
無料講座説明会は一部校舎では要予約。

通信講座
3級コース　3・2級コース　2級コース　1級コース　1級上級コース

 Web通信講座 スマホやタブレットにも対応／見て学ぶ

教室講座の生講義をブロードバンドを利用し動画で配信します。ご自身のペースに合わせて、24時間いつでも何度でも繰り返し受講することができます。また、講義動画はダウンロードして2週間視聴可能です。有効期間内は何度でもダウンロード可能です。
※Web通信講座の配信期間は、お申込コースの目標月の翌月末までです。

TAC WEB SCHOOL ホームページ
URL https://portal.tac-school.co.jp/
※お申込み前に、左記のサイトにて必ず動作環境をご確認ください。

 DVD通信講座 見て学ぶ

講義を収録したデジタル映像をご自宅にお届けします。講義の臨場感をクリアな画像でご自宅にて再現することができます。
※DVD-Rメディア対応のDVDプレーヤーでのみ受講が可能です。
パソコンやゲーム機での動作保証はいたしておりません。

Webでも無料配信中! スマホ／タブレット／パソコン
「**TAC動画チャンネル**」

● 講座説明会 ※収録内容の変更のため、配信されない期間が生じる場合がございます。
● 1回目の講義（前半分）が視聴できます

資料通信講座（1級のみ）

テキスト・添削問題を中心として学習します。

詳しくは、TACホームページ「TAC動画チャンネル」をクリック!
TAC動画チャンネル　簿記　検索

コースの詳細は、簿記検定講座パンフレット・TACホームページをご覧ください。

パンフレットのご請求・お問い合わせは、TACカスタマーセンターまで

通話無料 **0120-509-117** ゴウカク　イイナ

受付時間 月～金 9:30～19:00　土・日・祝 9:30～18:00
※携帯電話からもご利用になれます。

TAC簿記検定講座ホームページ
TAC 簿記　検索

簿記検定講座

お手持ちの教材がそのまま使用可能！
【テキストなしコース】のご案内

TAC簿記検定講座のカリキュラムは市販の教材を使用しておりますので、こちらのテキストを使ってそのまま受講することができます。独学では分かりにくかった論点や本試験対策も、TAC講師の詳しい解説で理解度も120％UP！ 本試験合格に必要なアウトプット力が身につきます。独学との差を体感してください。

左記の各メディアが
【テキストなしコース】で
お得に受講可能！

こんな人にオススメ！

● テキストにした書き込みをそのまま活かしたい！
● これ以上テキストを増やしたくない！
● とにかく受講料を安く抑えたい！

※お申込前に必ずお手持ちのバージョンをご確認ください。場合によっては最新のものに買い直していただくことがございます。詳細はお問い合わせください。

お手持ちの教材をフル活用!!

合格テキスト

合格トレーニング

会計業界への
就職・転職支援サービス

TACの100%出資子会社であるTACプロフェッションバンク（TPB）は、会計・税務分野に特化した転職エージェントです。勉強された知識とご希望に合ったお仕事を一緒に探しませんか？ 相談だけでも大歓迎です！ どうぞお気軽にご利用ください。

人材コンサルタントが無料でサポート

Step1 相談受付 完全予約制です。HPからご登録いただくか、各オフィスまでお電話ください。

Step2 面談 ご経験やご希望をお聞かせください。あなたの将来について一緒に考えましょう。

Step3 情報提供 ご希望に適うお仕事があれば、その場でご紹介します。強制はいたしませんのでご安心ください。

正社員で働く

● 安定した収入を得たい
● キャリアプランについて相談したい
● 面接日程や入社時期などの調整をしてほしい
● 今就職すべきか、勉強を優先すべきか迷っている
● 職場の雰囲気など、
　求人票でわからない情報がほしい

TACキャリアエージェント

https://tacnavi.com/

派遣で働く（関東のみ）

● 勉強を優先して働きたい
● 将来のために実務経験を積んでおきたい
● まずは色々な職場や職種を経験したい
● 家庭との両立を第一に考えたい
● 就業環境を確認してから正社員で働きたい

TACの経理・会計派遣

https://tacnavi.com/haken/

※ご経験やご希望内容によってはご支援が難しい場合がございます。予めご了承ください。　※面談時間は原則お一人様30分とさせていただきます。

自分のペースでじっくりチョイス

アルバイト・正社員で働く

● 自分の好きなタイミングで
　就職活動をしたい
● どんな求人案件があるのか見たい
● 企業からのスカウトを待ちたい
● WEB上で応募管理をしたい

Webで

TACキャリアナビ

https://tacnavi.com/kyujin/

就職・転職・派遣就労の強制は一切いたしません。会計業界への就職・転職を希望される方への無料支援サービスです。どうぞお気軽にお問い合わせください。

 TACプロフェッションバンク

■ 有料職業紹介事業 許可番号13-ユ-010678
■ 一般労働者派遣事業 許可番号（派）13-010932
■ 特定募集情報等提供事業 届出受理番号51-募-000541

東京オフィス
〒101-0051
東京都千代田区神田神保町 1-103 東京パークタワー 2F
TEL.03-3518-6775

大阪オフィス
〒530-0013
大阪府大阪市北区茶屋町 6-20 吉田茶屋町ビル 5F
TEL.06-6371-5851

名古屋 登録会場
〒453-0014
愛知県名古屋市中村区則武 1-1-7 NEWNO 名古屋駅西 8F
TEL.0120-757-655

TAC出版 書籍のご案内

TAC出版では、資格の学校TAC各講座の定評ある執筆陣による資格試験の参考書をはじめ、資格取得者の開業法や仕事術、実務書、ビジネス書、一般書などを発行しています!

TAC出版の書籍

*一部書籍は、早稲田経営出版のブランドにて刊行しております。

資格・検定試験の受験対策書籍

- ✪日商簿記検定
- ✪建設業経理士
- ✪全経簿記上級
- ✪税理士
- ✪公認会計士
- ✪社会保険労務士
- ✪中小企業診断士
- ✪証券アナリスト

- ✪ファイナンシャルプランナー(FP)
- ✪証券外務員
- ✪貸金業務取扱主任者
- ✪不動産鑑定士
- ✪宅地建物取引士
- ✪賃貸不動産経営管理士
- ✪マンション管理士
- ✪管理業務主任者

- ✪司法書士
- ✪行政書士
- ✪司法試験
- ✪弁理士
- ✪公務員試験(大卒程度・高卒者)
- ✪情報処理試験
- ✪介護福祉士
- ✪ケアマネジャー
- ✪電験三種　ほか

実務書・ビジネス書

- ✪会計実務、税法、税務、経理
- ✪総務、労務、人事
- ✪ビジネススキル、マナー、就職、自己啓発
- ✪資格取得者の開業法、仕事術、営業術

一般書・エンタメ書

- ✪ファッション
- ✪エッセイ、レシピ
- ✪スポーツ
- ✪旅行ガイド (おとな旅プレミアム/旅コン)

日商簿記検定試験対策書籍のご案内

TAC出版の日商簿記検定試験対策書籍は、学習の各段階に対応していますので、あなたのステップに応じて、合格に向けてご活用ください!

3タイプのインプット教材

❶

> 簿記を専門的な知識にしていきたい方向け

満点合格を目指し次の級への土台を築く

「合格テキスト」📱

「合格トレーニング」💻

- 大判のB5判、3級～1級 累計300万部超の、信頼の定番テキスト&トレーニング! TACの教室でも使用している公式テキストです。3級のみオールカラー。
- 出題論点はすべて網羅しているので、簿記をきちんと学んでいきたい方にぴったりです!
- ◆3級 □2級 商簿、2級 工簿 ■1級 商・会 各3点、1級 工・原 各3点

❷

> スタンダードにメリハリつけて学びたい方向け

教室講義のようなわかりやすさでしっかり学べる

「簿記の教科書」💻📱

「簿記の問題集」💻📱

滝澤 ななみ 著

- A5判、4色オールカラーのテキスト(2級・3級のみ)&模擬試験つき問題集!
- 豊富な図解と実例つきのわかりやすい説明で、もうモヤモヤしない!!
- ◆3級 □2級 商簿、2級 工簿 ■1級 商・会 各3点、1級 工・原 各3点

❸

> 気軽に始めて、早く全体像をつかみたい方向け

初学者でも楽しく続けられる!

「スッキリわかる」💻📱

テキスト／問題集一体型

滝澤 ななみ 著（1級は商・会のみ）

- 小型のA5判（4色オールカラー）によるテキスト／問題集一体型。これ一冊でOKの、圧倒的に人気の教材です。
- 豊富なイラストとわかりやすいレイアウト!かわいいキャラの「ゴエモン」と一緒に楽しく学べます。
- ◆3級 □2級 商簿、2級 工簿
- ■1級 商・会 4点、1級 工・原 4点

「スッキリうかる本試験予想問題集」💻

滝澤 ななみ 監修　TAC出版開発グループ 編著

- 本試験タイプの予想問題9回分を掲載
- ◆3級 □2級

コンセプト問題集

◉ 得点力をつける!
『みんなが欲しかった! やさしすぎる解き方の本』

B5判　滝澤 ななみ 著

● 授業で解き方を教わっているような新感覚問題集。再受験にも有効。
◆3級　□2級

本試験対策問題集

◉ 本試験タイプの 問題集
『合格するための 本試験問題集』
（1級は過去問題集）

B5判

● 12回分（1級は14回分）の問題を収載。ていねいな「解答への道」、各問対策が充実
● 年2回刊行。
◆3級　□2級　■1級

◉ 知識のヌケを なくす!
『まるっと 完全予想問題集』
（1級は網羅型完全予想問題集）

A4判

● オリジナル予想問題（3級10回分、2級12回分、1級8回分）で本試験の重要出題パターンを網羅。
● 実力養成にも直前の本試験対策にも有効。
◆3級　□2級　■1級

直前予想

『○年度試験をあてる TAC予想模試 +解き方テキスト ○~○月試験対応』
（1級は第○回試験をあてるTAC直前予想模試）

A4判

● TAC講師陣による4回分の予想問題で最終仕上げ。
● 2級・3級は、第1部解き方テキスト編、第2部予想模試編の2部構成。
● 年3回（1級は年2回）、各試験に向けて発行します。
◆3級　□2級　■1級

あなたに合った合格メソッドをもう一冊!

仕訳 『究極の仕訳集』
B6変型判
● 悩む仕訳をスッキリ整理。ハンディサイズ、一問一答式で基本の仕訳を一気に覚える。
◆3級　□2級

仕訳 『究極の計算と仕訳集』
B6変型判　境 浩一朗 著
● 1級商会で覚えるべき計算と仕訳がすべてつまった1冊!
■1級 商・会

理論 『究極の会計学理論集』
B6変型判
● 会計学の理論問題を論点別に整理、手軽なサイズが便利です。
■1級 商・会、全経上級

電卓 『カンタン電卓操作術』
A5変型判　TAC電卓研究会 編
● 実践的な電卓の操作方法について、丁寧に説明します!

：ネット試験の演習ができる模擬試験プログラムつき（2級・3級）

📱：スマホで使える仕訳Webアプリつき（2級・3級）

・2024年2月現在　・刊行内容、表紙等は変更することがあります　・とくに記述がある商品以外は、TAC簿記検定講座編です

書籍の正誤に関するご確認とお問合せについて

書籍の記載内容に誤りではないかと思われる箇所がございましたら、以下の手順にてご確認とお問合せをしてくださいますよう、お願い申し上げます。

なお、正誤のお問合せ以外の**書籍内容に関する解説および受験指導などは、一切行っておりません。**
そのようなお問合せにつきましては、お答えいたしかねますので、あらかじめご了承ください。

1 「Cyber Book Store」にて正誤表を確認する

TAC出版書籍販売サイト「Cyber Book Store」の
トップページ内「正誤表」コーナーにて、正誤表をご確認ください。

CYBER TAC出版書籍販売サイト
BOOK STORE

URL：https://bookstore.tac-school.co.jp/

2 1 の正誤表がない、あるいは正誤表に該当箇所の記載がない ⇒ 下記①、②のどちらかの方法で文書にて問合せをする

★ご注意ください★

お電話でのお問合せは、お受けいたしません。
①、②のどちらの方法でも、お問合せの際には、「お名前」とともに、
「対象の書籍名（○級・第○回対策も含む）およびその版数（第○版・○○年度版など）」
「お問合せ該当箇所の頁数と行数」
「誤りと思われる記載」
「正しいとお考えになる記載とその根拠」
を明記してください。
なお、回答までに１週間前後を要する場合もございます。あらかじめご了承ください。

① ウェブページ「Cyber Book Store」内の「お問合せフォーム」より問合せをする

【お問合せフォームアドレス】

https://bookstore.tac-school.co.jp/inquiry/

② メールにより問合せをする

【メール宛先　TAC出版】

syuppan-h@tac-school.co.jp

※土日祝日はお問合せ対応をおこなっておりません。
※正誤のお問合せ対応は、該当書籍の改訂版刊行月末日までといたします。

乱丁・落丁による交換は、該当書籍の改訂版刊行月末日までといたします。なお、書籍の在庫状況等により、お受けできない場合もございます。
また、各種本試験の実施の延期、中止を理由とした本書の返品はお受けいたしません。返金もいたしかねますので、あらかじめご了承くださいますようお願い申し上げます。

（2022年7月現在）

付録編
○問題編　解答用紙
○チェックテスト

〈解答用紙・チェックテストご利用時の注意〉
　本冊子には**問題編 解答用紙**と**チェックテスト**が収録されています。
この色紙を残したまま中の冊子をていねいに抜き取り、ご利用ください。
本冊子は以下のような構造になっております。

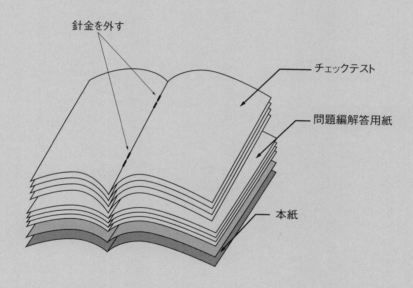

針金を外す

チェックテスト

問題編解答用紙

本紙

　チェックテストは、**上下2カ所の針金を外して**ご使用ください。
　針金を外す際には、ペンチ、軍手などを使用し、怪我などには十分ご注
意ください。また、抜き取りの際の損傷についてのお取替えはご遠慮願い
ます。

問題編

解答用紙

解答用紙はダウンロードもご利用いただけます。
TAC出版書籍販売サイト・サイバーブックストアにアクセスしてください。
https://bookstore.tac-school.co.jp/

① [　] 製品にそのまま取り付ける部品の消費額　2,750円
② [　] 工場の修理工の賃金　1,800円
③ [　] 工員募集費　900円
④ [　] 新技術の基礎研究費　2,100円
⑤ [　] 会社の支払う法人税・住民税　1,200円
⑥ [　] 新製品発表会の茶菓代　500円
⑦ [　] 工場で使用する消火器の購入額　700円
⑧ [　] 工場の運動会の運営費　300円
⑨ [　] 掛売集金費　600円
⑩ [　] 本社の役員給料　2,250円
⑪ [　] 工場の運転資金として必要な銀行借入金に対する支払利息　800円
⑫ [　] 工場の事務職員の給料　1,500円
⑬ [　] 工場従業員のための茶道、華道講師料　1,300円
⑭ [　] 本社の事務職員の給料　1,900円
⑮ [　] 工場の電力料、ガス代、水道料　750円
⑯ [　] 製造用切削油、電球、石けんなどの消費額　150円
⑰ [　] 工場建物の固定資産税　850円
⑱ [　] 工員の社会保険料などの会社負担額　1,000円
⑲ [　] 長期休止設備の減価償却費　1,600円
⑳ [　] 出荷運送費　550円

1．製 造 原 価 [　　　　] 円　　（内訳）材　料　費 [　　　　] 円
　　　　　　　　　　　　　　　　　　　　　労　務　費 [　　　　] 円
　　　　　　　　　　　　　　　　　　　　　経　　　費 [　　　　] 円
2．販　売　費 [　　　　] 円
3．一 般 管 理 費 [　　　　] 円

(1) 勘定記入

(単位：円)

材 料	
前期繰越	
買 掛 金	

製 造 間 接 費	

賃 金	
諸 口	未払賃金

仕 掛 品	
前期繰越	

経 費	
諸 口	

製 品	
前期繰越	

(2) 製造原価明細書

製 造 原 価 明 細 書	（単位：円）
Ⅰ　直 接 材 料 費	（　　　　）
Ⅱ　直 接 労 務 費	（　　　　）
Ⅲ　製 造 間 接 費	（　　　　）
（　　　　　　　）	（　　　　）
期首仕掛品棚卸高	（　　　　）
合　　　計	（　　　　）
期末仕掛品棚卸高	（　　　　）
（　　　　　　　）	（　　　　）

2

(3) 損益計算書

損　益　計　算　書　　　　　　　　（単位：円）

Ⅰ　売　上　高　　　　　　　　　　　　（　　　　　　　）
Ⅱ　売　上　原　価
　　1．期首製品棚卸高　　　　（　　　　　　）
　　2．(　　　　　　　　　)　　（　　　　　　）
　　　　　合　　　計　　　　　（　　　　　　）
　　3．期末製品棚卸高　　　　（　　　　　　）　　（　　　　　　　）
　　　　売上総利益　　　　　　　　　　　　　　　（　　　　　　　）

問題 3

製　造　原　価　報　告　書　　　　　（単位：円）

Ⅰ　直　接　材　料　費
　　1．月初原料棚卸高　　　　（　　　　　　）
　　2．当月原料仕入高　　　　（　　　　　　）
　　　　　合　　　計　　　　　（　　　　　　）
　　3．月末原料棚卸高　　　　（　　　　　　）　　（　　　　　　）
Ⅱ　直　接　労　務　費
　　1．直　接　工　賃　金　　　　　　　　　（　　　　　　）
Ⅲ　直　接　経　費
　　1．(　　　　　　　　　)　　　　　　　　（　　　　　　）
Ⅳ　製　造　間　接　費
　　1．補　助　材　料　費　　　（　　　　　　）
　　2．間　接　工　賃　金　　　（　　　　　　）
　　3．給　　　　　料　　　　　（　　　　　　）
　　4．電　　力　　料　　　　　（　　　　　　）
　　5．減　価　償　却　費　　　（　　　　　　）
　　　　　合　　　計　　　　　（　　　　　　）
　　　製造間接費配賦差異　　　（　　　　　　）　　（　　　　　　）
　　　当月総製造費用　　　　　　　　　　　　　　（　　　　　　）
　　　月初仕掛品棚卸高　　　　　　　　　　　　　（　　　　　　）
　　　　　合　　　計　　　　　　　　　　　　　　（　　　　　　）
　　　月末仕掛品棚卸高　　　　　　　　　　　　　（　　　　　　）
　　　(　　　　　　　　　)　　　　　　　　　　　（　　　　　　）

3

月 次 損 益 計 算 書　　　　　（単位：円）

I　売　　上　　高　　　　　　　　　　　　　10,000
II　売　上　原　価
　　1．月初製品棚卸高　　　（　　　　　）
　　2．当月製品製造原価　　（　　　　　）
　　　　　合　　　計　　　　（　　　　　）
　　3．月末製品棚卸高　　　（　　　　　）
　　　　　差　　　引　　　　（　　　　　）
　　4．原　価　差　異　　　（　　　　　）　　（　　　　　　　）
　　　　売上総利益　　　　　　　　　　　　　2,500
III　販売費及び一般管理費　　　　　　　　　1,500
　　　　営　業　利　益　　　　　　　　　　　（　　　　　　　）

問題 4

	A　材　料	B　材　料
購　入　原　価	円	円
購　入　単　価	円/kg	円/kg

問題 5

（注）〔　　〕内には、「借方」または「貸方」を記入しなさい。

問1　材料副費を一括して予定配賦する場合

	A　材　料	B　材　料	材料副費配賦差異
購　入　原　価	円	円	円〔　　〕
購　入　単　価	円/kg	円/kg	

問2　材料副費を費目別に予定配賦する場合

	A　材　料	B　材　料	材料副費配賦差異
購　入　原　価	円	円	円〔　　〕
購　入　単　価	円/kg	円/kg	

問1 　　　　　　　　　　　　　　　　　　　　　（単位：円）

材　　料

買　掛　金	2,000,000	仕　掛　品	(　　　　)
引　取　費　用	(　　　　)	次　月　繰　越	(　　　　)
	(　　　　)		(　　　　)

引　取　費　用

諸　　　　口	120,000	材　　　料	(　　　　)

内部材料副費

諸　　　　口	98,400	仕　掛　品	(　　　　)
		次　月　繰　越	(　　　　)
		配　賦　差　異	(　　　　)
	(　　　　)		(　　　　)

問2 　　　　　　　　　　　　　　　　　　　　　（単位：円）

材　　料

買　掛　金	2,000,000	仕　掛　品	(　　　　)
引　取　費　用	(　　　　)	次　月　繰　越	(　　　　)
	(　　　　)		(　　　　)

引　取　費　用

諸　　　　口	120,000	材　　　料	(　　　　)

内部材料副費

諸　　　　口	98,400	製　造　間　接　費	(　　　　)

(1) 諸勘定の記入　　　　　　　　　　　　　　　　　　　（単位：円）

材　料

前　月　繰　越	160,000	〔　　　　　〕（　　　　　）
〔　　　　　〕（　　　　　）		〔　　　　　〕（　　　　　）
	（　　　　　）		（　　　　　）

材料受入価格差異

〔　　　　　〕（　　　　　）	

（注）〔　　〕には適切な相手勘定科目名を記入しなさい。

(2) 製造指図書別原価計算表（一部）

製造指図書別原価計算表

	No.100	No.101	No.102	No.103	No.104	合　計
直接材料費(円)	（　　　）	（　　　）	（　　　）	（　　　）	（　　　）	（　　　）

問1　　　　　　　　　　　　　　　　　　　　　　　　　（単位：円）

① A材料購入

借　方　科　目	金　　額	貸　方　科　目	金　　額

② B材料購入

借　方　科　目	金　　額	貸　方　科　目	金　　額

③ A材料消費

借　方　科　目	金　　額	貸　方　科　目	金　　額

④ B材料消費

借 方 科 目	金 額	貸 方 科 目	金 額

A材料棚卸減耗

借 方 科 目	金 額	貸 方 科 目	金 額

材　　　料

月　初　在　高　(	)	〔　　　　　　　〕(	)
〔　　　　　　　〕(	)	〔　　　　　　　〕(	)
〔　　　　　　　〕(	)	月　末　在　高　(	)
(	)	(	)

問2　　　　　　　　　　　　　　　　　　　　　　　　（単位：円）

① 材料購入

借 方 科 目	金 額	貸 方 科 目	金 額

② 材料消費

借 方 科 目	金 額	貸 方 科 目	金 額

③ 差異計上

借 方 科 目	金 額	貸 方 科 目	金 額

材　　　料

月　初　在　高　(	)	〔　　　　　　　〕(	)
〔　　　　　　　〕(	)	月　末　在　高　(	)
〔　　　　　　　〕(	)		
(	)	(	)

(1) 棚卸減耗の計上に関する仕訳

（単位：円）

借　方　科　目	金　　額	貸　方　科　目	金　　額

(2) 材料勘定の記入

材　　　　料　　　　（単位：円）

前　月　繰　越 （　　　　）	仕　掛　品 （　　　　）
買　　掛　　金 （　　　　）	製　造　間　接　費 （　　　　）
	材料消費価格差異 （　　　　）
	棚　卸　減　耗　費 （　　　　）
	次　月　繰　越 （　　　　）
（　　　　）	（　　　　）

問1

No.100 ＿＿＿＿＿＿ 円

No.200 ＿＿＿＿＿＿ 円

No.300 ＿＿＿＿＿＿ 円

問2

(1) ＿＿＿＿＿＿ 円　(2) ＿＿＿＿＿＿ 円　(3) ＿＿＿＿＿＿ 円（　　差異）

(4) ＿＿＿＿＿＿ 円　(5) ＿＿＿＿＿＿ 円

問3

(1) ＿＿＿＿＿＿ 円　(2) ＿＿＿＿＿＿ 円　(3) ＿＿＿＿＿＿ 円（　　差異）

(4) ＿＿＿＿＿＿ 円　(5) ＿＿＿＿＿＿ 円

問4

(1) ＿＿＿＿＿＿ 円　(2) ＿＿＿＿＿＿ 円　(3) ＿＿＿＿＿＿ 円

問5

＿＿＿＿＿＿ 円（　　差異）

問1 (単位：円)

① 前月未払振替

借　方　科　目	金　　額	貸　方　科　目	金　　額

② 賃金支給

借　方　科　目	金　　額	貸　方　科　目	金　　額

③ 当月未払計上

借　方　科　目	金　　額	貸　方　科　目	金　　額

④ 賃金消費

借　方　科　目	金　　額	貸　方　科　目	金　　額

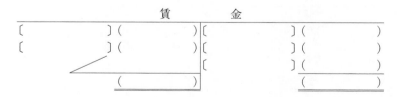

9

問2　　　　　　　　　　　　　　　　　　　　　　　　（単位：円）

① 前月未払

借　方　科　目	金　　額	貸　方　科　目	金　　額

② 賃金支給

借　方　科　目	金　　額	貸　方　科　目	金　　額

③ 賃金消費

借　方　科　目	金　　額	貸　方　科　目	金　　額

④ 当月未払

借　方　科　目	金　　額	貸　方　科　目	金　　額

⑤ 差異計上

借　方　科　目	金　　額	貸　方　科　目	金　　額

賃　　　　金

〔　　　　　　〕（　　　　　　）	前　月　繰　越（　　　　　　）
〔　　　　　　〕（　　　　　　）	〔　　　　　　〕（　　　　　　）
	〔　　　　　　〕（　　　　　　）
（　　　　　　）	（　　　　　　）

賃 金 ・ 手 当　　　　　　　　（単位：円）

諸　　　　口 （　　　　　）	未払賃金・手当 （　　　　　）
〔　　　　　　〕（　　　　　）	仕　掛　品 （　　　　　）
	製 造 間 接 費 （　　　　　）
	〔　　　　　　〕（　　　　　）
（　　　　　）	（　　　　　）

当月の間接労務費　[　　　　　　]　円

（単位：円）

賃 金 ・ 手 当

諸　　　　口 （　　　　　）	未払賃金・手当 （　　　　　）
〔　　　　　　〕（　　　　　）	仕　掛　品 （　　　　　）
	製 造 間 接 費 （　　　　　）
	〔　　　　　　〕（　　　　　）
（　　　　　）	（　　　　　）

法 定 福 利 費

諸　　　　口 （　　　　　）〔　　　　　　〕（　　　　　）

退職給付引当金繰入額

退職給付引当金 （　　　　　）〔　　　　　　〕（　　　　　）

（単位：円）

	借 方 科 目	金 額	貸 方 科 目	金 額
1				
2				

〈勘定記入〉

（注）　　　　には適切な勘定科目名を記入しなさい。また勘定は締め切る必要は
なく、相手勘定科目を記入する必要もない。

（単位：円）

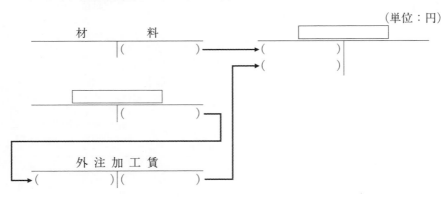

（単位：円）

	借　方　科　目	金　　額	貸　方　科　目	金　　額
1				
2				
3				

〈勘定記入〉

　（注）　□□□□には適切な勘定科目名を記入しなさい。また勘定は締め切る必要は
　　なく、相手勘定科目を記入する必要もない。

（単位：円）

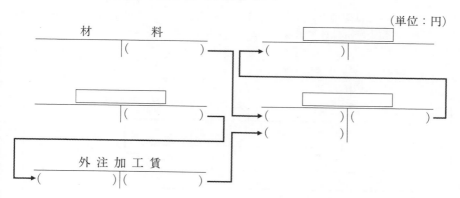

（単位：円）

	借 方 科 目	金 額	貸 方 科 目	金 額
1				
2				
3				
4				
5				

〈勘定記入〉

　（注） ☐ には適切な勘定科目名を記入しなさい。また勘定は締め切る必要は
　なく、相手勘定科目を記入する必要もない。

（単位：円）

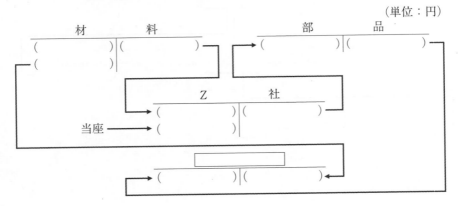

事 務 用 消 耗 品 費： 　　　　　円
旅 費 交 通 費： 　　　　　円
保 　 管 　 料： 　　　　　円
電 　 力 　 料： 　　　　　円
ガ 　 ス 　 代： 　　　　　円
減 価 償 却 費： 　　　　　円
修 繕 引 当 金 繰 入 額： 　　　　　円
保 　 険 　 料： 　　　　　円
材 料 棚 卸 減 耗 費： ＿＿＿＿＿＿＿　円
　合 　 　 　 計 ＿＿＿＿＿＿＿　円

間接経費の実際額 　　□□□□□□　円

下記の（　　）内には金額を、〔　　〕内には適当な語句を記入しなさい。

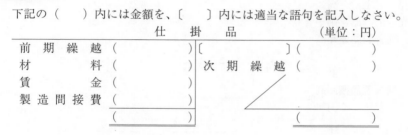

仕　掛　品　　　　　（単位：円）

前 期 繰 越	（　　　　）	〔　　　　　〕	（　　　　）
材 　 　 料	（　　　　）	次 期 繰 越	（　　　　）
賃 　 　 金	（　　　　）		
製 造 間 接 費	（　　　　）		
	（　　　　）		（　　　　）

製 造 原 価 明 細 書

××社 　自×年×月×日
　　　　至×年×月×日　　　　　　　　（単位：円）

I　直 接 材 料 費
　1．期首材料棚卸高　　　（　　　　）
　2．当期材料仕入高　　　（　　　　）
　　　　合　　計　　　　　（　　　　）
　3．期末材料棚卸高　　　（　　　　）　　（　　　　　　　）
II　直 接 労 務 費　　　　　　　　　　　　（　　　　　　　）
III　製 造 間 接 費　　　　　　　　　　　　（　　　　　　　）
　　〔　　　　　　〕　　　　　　　　　　　（　　　　　　　）
　　　期首仕掛品棚卸高　　　　　　　　　　（　　　　　　　）
　　　　合　　計　　　　　　　　　　　　　（　　　　　　　）
　　　期末仕掛品棚卸高　　　　　　　　　　（　　　　　　　）
　　〔　　　　　　〕　　　　　　　　　　　（　　　　　　　）

損 益 計 算 書

××社 　自×年×月×日
　　　　至×年×月×日　　　　　　　　（単位：円）

I　売　　上　　高　　　　　　　　　　　　（　　　　　　　）
II　売　上　原　価
　1．期首製品棚卸高　　　（　　　　）
　2．〔　　　　　　〕　　（　　　　）
　　　　合　　計　　　　　（　　　　）
　3．期末製品棚卸高　　　（　　　　）
　　　　差　　引　　　　　（　　　　）
　4．〔　　　　　　〕　　（　　　　）　　（　　　　　　　）
　　　売 上 総 利 益　　　　　　　　　　　（　　　　　　　）
III　販売費及び一般管理費　　　　　　　　　（　　　　　　　）
　　　営 業 利 益　　　　　　　　　　　　　（　　　　　　　）

1級 工業簿記・原価計算
チェックテスト

（制限時間：90分）

　本試験と同様の形式のテスト問題（工業簿記1問、原価計算1問）です。

　テキストⅠ〜Ⅳを学習したあと、解いて実力をチェックしておきましょう。

工業簿記

下記の当月の資料から、全部実際個別原価計算を行い、製造間接費勘定、仕掛品勘定、おx月次損益計算書（営業利益まで）を作成しなさい。なお原価差異はすべて当月の売上原価に賦課するものとする。

1. 各製造指図書の生産・販売状況

(1) ＃201については前月から製造着手しており、前月中に2,500千円の製造原価が集計されている。なお、当月には残りもすべて完成しており当月中に顧客に引き渡し済みである。

(2) ＃201-1については＃201の一部に補修可能な仕損が生じたため発行した補修指図書である。なお、当該仕損費は＃201の製造原価に賦課するものとする。

(3) ＃202については当月に製造着手し、製作過程で仕損が生じたが軽微であったため仕損に関する製造指図書は発行していない。なお、仕損品の評価額は150千円であり、当該指図書に集計された製造原価から控除するものとする。この指図書は当月中にすべて完成しており顧客に引き渡し済みである。

(4) ＃203については当月に製造着手したが、製作過程で異常な原因によりすべて失敗してしまったため、新たに代品製造指図書＃203-1を発行し、全量完成させた。仕損品の評価額は1,300千円である。顧客にはまだ引き渡されていない。

3. 労務費に関する資料

当工場では直接工は職種ごとに甲グループと乙グループに分かれており、職種別予定平均賃率を用いている。その予定賃率算定の基礎となる資料および当月の実績資料は次のとおりである。

なお、予定賃率の計算に諸手当は含めないものとする。

(1) 直接工の年間予定総就業時間

(単位：時間)

	加工時間	段取時間	間接作業時間	手待時間	合　計
甲グループ直接工	68,000	12,000	21,400	3,600	105,000
乙グループ直接工	49,000	8,500	10,500	2,000	70,000

(2) 当年度における直接工の賃金等予定額

(単位：千円)

	基本賃金	加給金	諸手当
甲グループ直接工	268,800	67,200	29,400
乙グループ直接工	156,800	39,200	14,000

(3) 直接工の当月実際総就業時間の内訳

(単位：時間)

	＃201	＃202	＃203	＃204	＃201-1	＃203-1	合　計

(5) ＃202の製造に要する特許権使用料　300千円

(6) 工場で使用する耐用年数1年未満または取得価額10万円未満の荷台、自転車など　130千円

(7) 工場設備に関する支払修繕料　95千円

(8) 当月分の減価償却費　本社建物分 1,300千円、工場建物分 900千円、

(9) 工場設備分 550千円（内 長期休止設備分 90千円）

(10) 工場電力料・ガス代・水道料　当月支払額　320千円、当月測定額　310千円

(11) 工場事務職員給料　5,850千円

(12) 工場従業員社会保険料の会社負担額　7,200千円

(13) 販売用店舗の賃借料月額　420千円

(14) 銀行からの借入金に対する利息支払額　250千円

(15) 本社事務員給料　16,500千円

(16) 販売員研修費　130千円

(17) 本社役員給料　7,000千円

(18) 営業所員給料　12,000千円

(19) 重役会費　70千円

(20) 製品出荷運送費　150千円

(21) 本社企画部費　180千円

(22) 当社製品の広告宣伝費等　900千円

その他の間接経費　400千円

原価計算

製品A、BおよびCを生産・販売しているH工業では、次期の予算を編成中であり、現在までに次の資料を入手している。そこで、以下の資料にもとづき下記の問いに答えなさい。

[資 料]

1. 製品A、BおよびCの販売単価はそれぞれ8,000円、8,250円および7,550円である。

2. 直接材料は各製品に共通で、1kgあたり500円であり、標準消費量は製品Aが3kg、製品Bが3kg、製品Cが4kgである。

3. 直接労務費は平均賃率700円/時間を用いて計算しており、各製品の直接作業時間は製品Aが3時間、製品Bが4時間、製品Cが2.5時間である。

4. 変動製造間接費は機械稼働時間を基準に配賦しており、予定配賦率は300円/時間で、機械稼働時間はいずれの製品も3時間である。

5. 変動販売費はいずれの製品も同じ物流ラインを使用することから200円/個である。

6. 個別固定製造原価として製品Aが4,339,800円、製品Bが2,498,700円、製品Cが4,734,300円かかり、共通固定製造原価として4,260,000円発生する。また、固定販売費および一般管理費（すべて固定費）は全社的に発生し4,680,000円である。

予想される。そこで、この人員削減策が実行された場合の最適セールス・ミックスを求めなさい。また、そのときの営業利益を求めなさい。

〔問6〕次期においては、新規機械を1台導入する案も検討されている。この新規機械は1日最大7.5時間まで稼働させることができるが、新たに共通固定費が254,700円だけ発生することになる。ただし、作業日数は他と同様240日である。そこで、〔問5〕の人員削減策と新規機械導入案を同時に行った場合の最適セールス・ミックスを求めなさい。また、そのときの営業利益を求めなさい。なお、新規機械の導入の可否に関する事項は考えなくてよい。

工 業 簿 記

(注) 下記の製造間接費勘定および仕掛品勘定の〔　〕内には相手勘定科目名を、（　）内には金額を記入しなさい。また、損益計算書の（　）内には金額を記入しなさい。不要な括弧には「—」を記入しなさい。

（単位：千円）

製造間接費

間接材料費	（　　　　）
間接労務費	（　　　　）
間接経費	（　　　　）　〔　　〕（　　　　）
〔　　　　〕	（　　　　）

仕掛品

前月繰越	（　　　　）	製品	（　　　　）
直接材料費	（　　　　）	仕損品	（　　　　）
直接労務費	（　　　　）	作業屑	（　　　　）

原 価 計 算

受 験 番 号

[問1]

製品	A	B	C
単位あたり貢献利益	円	円	円

[問2]

製品	A	B	C
損益分岐点の販売量	個	個	個

[問3]

製品	A	B	C
目標利益を達成する販売量	個	個	個

[問4]

製品	A	B	C

工 業 簿 記

（注）下記の製造間接費勘定および仕掛品勘定の〔　〕内には相手勘定科目名を、（　）内には金額を記入しなさい。また、損益計算書の（　）内には金額を記入しなさい。不要な括弧には「―」を記入しなさい。

（単位：千円）

製 造 間 接 費

間 接 材 料 費	（2）4,367.4	〔仕　掛　品〕	（　）46,060
間 接 労 務 費	（2）37,350	〔製造間接費配賦差異〕	（　）1,505.1
間 接 経 費	（2）5,847.7	（　）	（―）
〔　―　〕	（　）47,565.1	（　）	（　）47,565.1

仕 掛 品

前 月 繰 越	（　）2,500	製　　品	（2）102,068
直 接 材 料 費	（2）68,080	仕　損　品	（1）1,450
直 接 労 務 費	（2）34,468	〔　　　　〕	（　）50

解説

1. 材料費の計算

(1) 直接材料費（A材料）の計算〈先入先出法〉

A　材　料　　　　　　　　　（単位：千円）

月　初　有　高	5,532	直接材料費（正常）	68,080
購　入　原　価	68,850	棚卸減耗費（正常）	137.7 *1
材料消費価格差異	124	棚卸減耗費（異常）	91.8 *2
		月　末　有　高	6,196.5
	74,506		74,506

（*1）正常な棚卸減耗費は間接経費となる。
（*2）異常な棚卸減耗費は非原価項目となる。

① 購入原価の計算（B材料も同様）
　　　購　入　代　価　　　　　　　　　　　67,500千円
　　　外部材料副費（引取費用）67,500千円×2％=　1,350
　　　購　入　原　価　　　　　　　68,850千円（@4,590円）

② 予定消費額、材料消費価格差異の計算
　　予定消費額（直接材料費）：@4,600円×14,800kg= **68,080千円**
　　実際消費額：@4,600円（月初）＋@4,590円×（14,800kg－1,200kg）= 67,956千円
　　材料消費価格差異：68,080千円－67,956千円= 124千円〔貸方〕

③ 棚卸減耗費の計算

資料番号	項　目	間接材料費
2	補助材料費（B材料）	3,997.4千円
4の(1)	工場消耗品費	240
(6)	消耗工具器具備品費	130
	合　計	**4,367.4千円**

2. 労務費の計算

(1) 直接工の計算

① 直接労務費の計算

（単位：千円）

賃　金（直接工）		
当 月 支 給 額　44,110	前　月　未　払	11,050
当 月 未 払　10,980	直 接 労 務 費	34,468
賃 率 差 異　28 *	間 接 労 務 費	9,600
55,118		55,118

（＊）賃率差額

甲グループ：＠3,200円* × 6,580時間（加工時間＋段取時間）＝ 21,056千円

乙グループ：＠2,800円* × 4,790時間（加工時間＋段取時間）＝ 13,412

合　計　　　　　　　　　　　　　　　　　　　　　　　　　　**34,468千円**

② 間接労務費の計算

甲グループ：＠3,200円* × 2,090時間（間接作業時間＋手待時間）＝ 6,688千円

乙グループ：＠2,800円* × 1,040時間（間接作業時間＋手待時間）＝ 2,912

合　計　　　　　　　　　　　　　　　　　　　　　　　　　　**9,600千円**

3. 経費の計算

(1) 直接経費の計算

資料番号4の(5)より特許権使用料300千円（#202へ）

(2) 間接経費の計算

資料番号2の(1)、(2)、資料番号4の(2)、(3)、(4)、(7)、(8)、(9)、(22)が間接経費となる。

資料番号	項　目	間接経費
2の(1)	内部材料副費	650千円[*1]
(2)	棚卸減耗費（正常分）	137.7
4の(2)	厚生費	85
(3)	福利施設負担額	610
(4)	厚生費	2,200
(7)	支払修繕料	95
(8)	減価償却費	1,360[*2]
(9)	水道光熱費	310
(22)	その他の間接経費	400
		5,847.7千円

(＊1) 購入事務費50千円、検収費450千円および保管費150千円の合計
(＊2) 減価償却費のうち、工場建物分900千円と工場設備分460千円の合計。
　　　なお、長期休止設備分の減価償却費は非原価項目（営業外費用）となる。

4. 製造間接費勘定の記入

（単位：千円）

製造間接費

			掛　　品] (	46,060)
間接材料費	(	4,367.4) [仕		

5. 製造指図書別原価計算表の作成

解説5. の製造指図書別原価計算表より記入する。

製造指図書別原価計算表

(単位：千円)

		#201	#202	#203	#204	#201-1	#203-1	合計
	月初仕掛品原価	2,500	—	—	—	—	—	2,500
@4,600円	直接材料費（A材）	10,028	18,952	13,156	9,476	2,944	13,524	68,080
@3,200円	直接労務費（甲）	3,008	5,824	4,128	2,816	928	4,352	21,056
@2,800円	〃 （乙）	1,876	3,528	2,632	1,792	574	3,010	13,412
	直 接 経 費	—	300	—	—	—	—	300
@7,000円	製 造 間 接 費	6,580	12,740	9,030	6,160	2,030	9,520	46,060
	小 計	23,992	41,344	28,946	20,244	6,476	30,406	151,408
	作業屑評価額	—	—	—	—	—	—	△50
	仕損品評価額	—	△150	△1,300	—	—	—	△1,450
	仕 損 費	6,476	—	△27,646	△50	△6,476	—	△27,646
	合 計	30,468	41,194	0	20,194	0	30,406	122,262
	備 考	完成・引渡	完成・引渡	非原価	仕掛中	#201へ	完成	

6. 仕掛品勘定の記入

解説5. の製造指図書別原価計算表より記入する。

仕 掛 品

(単位：千円)

前 月 繰 越	(	2,500	)	製 品	(	102,068	)
直 接 材 料 費	(	68,080	)	仕 損 品	(	1,450	)
直 接 労 務 費	(	34,468 *	)	作 業 屑	(	50	)

(1) 売上原価の計算

　　＃201と＃202の原価合計71,662千円

(2) 原価差額の計算

　　A材料消費価格差異124千円〔貸方〕（解説1(1)②）、材料副費差異40千円*1〔借方〕、賃率差異28千円〔貸方〕（解説2(1)）、製造間接費配賦差異1,505.1千円〔借方〕（解説4）の合計1,393.1千円〔借方〕

　（*1）1,430千円*2 − 1,470千円*3 ＝（−）40千円〔借方〕
　（*2）(67,500千円＋4,000千円）×2％
　（*3）引取運賃＋買入手数料

(3) 販売費の計算

　　資料番号4の(12)、(15)、(17)、(19)、(21)、(23)が販売費となる。

資料番号	項　　目	販　売　費
4 の(12)	販売用店舗賃料	420千円
(15)	販売員研修費	130
(17)	営業所員給料	12,000
(19)	製品出荷運送費	150
(21)	広告宣伝費等	900
(23)	その他の販売費	740
合　計		14,340千円

(4) 一般管理費の計算

原 価 計 算

〔問1〕

製品	A	B	C
単位あたり貢献利益 ❷	3,300 円	2,850 円	2,700 円

〔問2〕

製品	A	B	C
損益分岐点の販売量	2,331 個 ❷	1,554 個	3,108 個

〔問3〕

製品	A	B	C
目標利益を達成する販売量 ❷	3,441 個	2,294 個 ❷	4,588 個

〔問4〕

製品	A	B	C

[問1] 各製品の単位あたり貢献利益

	製品 A	製品 B	製品 C
販 売 価 格	8,000円	8,250円	7,550円
変 動 費			
直接材料費	500円/kg×3kg = 1,500円	500円/kg×3kg = 1,500円	500円/kg×4kg = 2,000円
直接労務費	700円/時×3時 = 2,100円	700円/時×4時 = 2,800円	700円/時×2.5時 = 1,750円
変動製造間接費	300円/時×3時 = 900円	300円/時×3時 = 900円	300円/時×3時 = 900円
変動販売費	200	200	200
変動費合計	4,700円	5,400円	4,850円
貢 献 利 益	**3,300円**	**2,850円**	**2,700円**

[問2] 販売量割合が一定の場合の損益分岐点の販売量

販売量の割合が製品A：製品B：製品C＝3：2：4で一定の場合には、製品A3個、製品B2個、製品C4個を1セットとして販売すると考える。

1セットの貢献利益＝3,300円×3個＋2,850円×2個＋2,700円×4個＝26,400円

次に、セット販売量を x（セット）とおいて、当社のCVP関係を示すと次のようになる（単位：円）。

	製 品 A	製 品 B	製 品 C	合 計
売 上 高	$8,000 \times 3\,x$	$8,250 \times 2\,x$	$7,550 \times 4\,x$	$70,700x$
変 動 費	$4,700 \times 3\,x$	$5,400 \times 2\,x$	$4,850 \times 4\,x$	$44,300x$

【問4】

1. 制約条件の算定

(1) 各製品の需要限度

　　製品A：40,000個×10％＝4,000個

　　製品B：50,000個×7％＝3,500個

　　製品C：50,000個×11％＝5,500個

(2) 機械稼働時間の上限

　　240日×20台×6.5時間＝31,200時間

2. 制約条件単位あたりの貢献利益および最適セールス・ミックス

(1) 直接材料消費量あたりの貢献利益

　　製品A：3,300円÷3kg＝1,100円/kg

　　製品B：2,850円÷3kg＝　950円/kg

　　製品C：2,700円÷4kg＝　675円/kg

(2) 機械稼働時間あたりの貢献利益

　　製品A：3,300円÷3時間＝1,100円/時間

　　製品B：2,850円÷3時間＝　950円/時間

　　製品C：2,700円÷3時間＝　900円/時間

(3) 最適セールス・ミックスの決定

　　各製品に共通する制約条件が複数ある場合には、制約条件単位あたりの貢献利益が高い製品を優先して生産・販売すればよい。本問では、いずれの条件からも製品A　→　製品B　→　製品Cの順番で生産・販売すればよいことになる。

[問5]

1. 直接作業時間1時間あたりの貢献利益

製品A：3,300円÷3時間 ＝ 1,100円／時間

製品B：2,850円÷4時間 ＝ 712.5円／時間

製品C：2,700円÷2.5時間 ＝ 1,080円／時間

制約条件単位あたりの貢献利益を比較すると、直接材料消費量、機械稼働時間および直接作業時間のいずれの制約条件からも製品Aを優先的に生産・販売することになる。

しかし、製品Bおよび製品Cについては、直接材料消費量と機械稼働時間では製品Bが、直接作業時間では製品Cが優先されることになる。この場合には、線型計画法（LP）によって最適セールス・ミックスを決定する。

なお、製品Aは優先的に需要限度の4,000個が生産されるため、製品Bおよび製品Cの生産にあてられる直接材料消費量、機械稼働時間および直接作業時間は次のとおりになる。

直接材料消費量：35,650kg － 4,000個×3 kg ＝ 23,650kg

機械稼働時間：31,200時間－4,000個×3時間＝19,200時間

直接作業時間：32,200時間－4,000個×3時間＝20,200時間

2. 線型計画法（LP）による最適セールス・ミックスの決定

製品B、製品Cの生産・販売量をそれぞれB（個）、C（個）、貢献利益をZ（円）とする。

目的関数：MaxZ ＝ Max（2,850B ＋ 2,700C）

制約条件：直接材料消費量：3 B＋ 4 C≦23,650 ……… ①

機械稼働時間：3 B＋ 3 C≦19,200 ……… ②

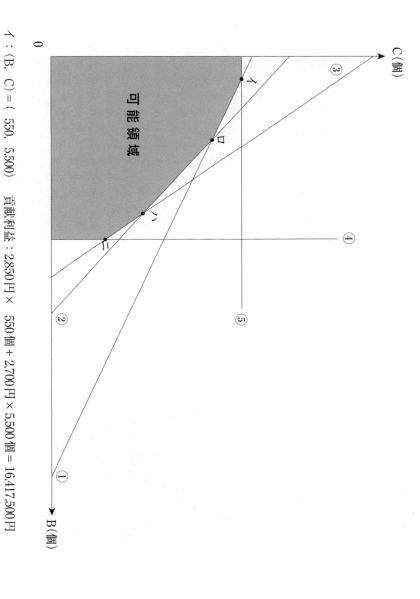

0

C (個)

③

④

⑤

②

①

B (個)

可能領域

イ

ロ

ハ

ニ

イ：(B, C) = (550, 5,500)　貢献利益：2,850円 × 550個 + 2,700円 × 5,500個 = 16,417,500円

ロ：(B, C) = (1,950, 4,450)　貢献利益：2,850円 × 1,950個 + 2,700円 × 4,450個 = 17,572,500円

ハ：(B, C) = (2,800, 3,600)　貢献利益：2,850円 × 2,800個 + 2,700円 × 3,600個 = 17,700,000円〔最大〕

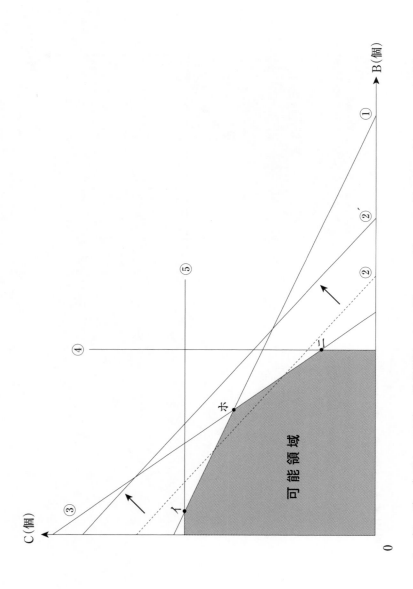

イ：(B, C) = (550, 5,500)　貢献利益：2,850円 × 550個 + 2,700円 × 5,500個 = 16,417,500円
ニ：(B, C) = (3,500, 2,480)　貢献利益：2,850円 × 3,500個 + 2,700円 × 2,480個 = 16,671,000円
ホ：(B, C) = (2,550, 4,000)　貢献利益：2,850円 × 2,550個 + 2,700円 × 4,000個 = 18,067,500円〔最大〕

以上より、最適セールスミックスは、表品Aが4,000個、表品Bが2,550個、表品Dが4,000個、表品Cが4,000個となる。

また、営業利益は次のとおりである。

3,300円 × 4,000個 + 2,850円 × 2,550個 + 2,700円 × 4,000個 − (20,512,800円 + 254,700円) = **10,500,000円**

以上より、最適セールス・ミックスは、製品Aが**4,000個**、製品Bが**2,800個**、製品Cが**3,600個**となる。

また、営業利益は次のとおりである。

3,300円×4,000個＋2,850円×2,800個＋2,700円×3,600個－20,512,800円＝**10,387,200円**

〔問6〕

新規の機械を導入することにより機械稼働時間が増加することになる。

機械稼働時間の上限：240日×20台×6.5時間＋240日×1台×7.5時間＝33,000時間

この機械稼働時間の増加は、〔問5〕のグラフにおいて②の直線が右上方に平行シフトすることを意味し、②の制約条件は次のようになる。他の制約条件は不変である。

制約条件：機械稼働時間：3B＋3C≦21,000* …… ②′

(＊) 33,000時間－4,000個×3時間＝21,000時間

19

非負条件：B, C ≧ 0

C ≦ 5,500 ········ ⑤

18

直接材料消費量：4,000個×3kg ＝12,000kg

機械稼働時間：4,000個×3時間＝12,000時間

とおりである。

次に、製品Bを需要限度の3,500個まで生産する。そのときの直接材料消費量および機械稼働時間は次の

直接材料消費量：3,500個×3kg ＝10,500kg

機械稼働時間：3,500個×3時間＝10,500時間

そして、直接材料消費量および機械稼働時間の残余分を製品Cの生産にあてることになる。

残余直接材料消費量より：(35,650kg－12,000kg－10,500kg)÷4kg＝3,287.5個

残余機械稼働時間より：(31,200時間－12,000時間－10,500時間)÷3時間＝2,900個

以上より、最適セールス・ミックスは製品Aが**4,000個**、製品Bが**3,500個**、製品Cが**2,900個**となる。

また、営業利益は次のとおりである。

3,300円×4,000個＋2,850円×3,500個＋2,700円×2,900個－20,512,800円＝**10,492,200円**

固 定 費
営 業 利 益 ‖ 20,512,800＊

$26,400x - 20,512,800$

（＊）固定費：4,339,800円＋2,498,700円＋4,734,300円＋4,260,000円＋4,680,000円＝20,512,800円

したがって、損益分岐点のセット販売量および各製品の損益分岐点販売量は次のとおりである。

$26,400x - 20,512,800 = 0$ ∴ $x = 777$セット

製品A：777セット×3個＝2,331個
製品B：777セット×2個＝1,554個
製品C：777セット×4個＝3,108個

〔問3〕 目標営業利益を達成するための販売量

営業利益＝目標営業利益とすればよいから、目標営業利益を達成するためのセット販売量および各製品の販売量は次のとおりである。

$26,400x - 20,512,800 = 9,768,000$ ∴ $x = 1,147$セット

製品A：1,147セット×3個＝3,441個
製品B：1,147セット×2個＝2,294個
製品C：1,147セット×4個＝4,588個

営業利益 ❸ 10,492,200 円

【問5】

製品	A	B	C
販売量	❷ 4,000 個	❷ 2,800 個	3,600 個

営業利益 ❸ 10,387,200 円

【問6】

製品	A	B	C
販売量	❷ 4,000 個	2,550 個	❷ 4,000 個

営業利益 ❸ 10,500,000 円

●数字は採点基準　合計25点

資料番号	項　　目	一般管理費
4の(8)	減価償却費（本社建物分）	1,300千円
(14)	本社事務員給料	16,500
(16)	本社役員給料	7,000
(18)	重役室費	70
(20)	本社企画部費	180
(24)	その他の一般管理費	470
合 計		25,520千円

| | | 135,000 | | | | | 20,174 | |
| (| 151,408 |) | | (| | 151,408 |) |

（＊）21,056千円＋13,412千円＝34,468千円

7. 損益計算書の作成

（単位：千円）

損 益 計 算 書

売　　上　　高					135,600
売　上　原　価	(	71,662	)	(	73,055.1)
原　価　差　額	(	1,393.1	)	(	62,544.9)
売　上　総　利　益				(	62,544.9)
販　　売　　費	(	14,340	)		
一　般　管　理　費	(	25,520	)	(	39,860)
営　業　利　益				(	22,684.9)

13

$$\boxed{(\quad) \quad 47{,}565.1} \qquad (\quad) \qquad \boxed{47{,}565.1}$$

製造間接費予定配賦額：7,000円／時間×6,580時間（甲グループ加工時間＋段取時間）＝ **46,060千円**

製造間接費実際発生額：間接材料費（解説1(2)）＋間接労務費（解説2(2)）＋間接経費（解説3(2)）

= 4,367.4千円 + 37,350千円 + 5,847.7千円 = 47,565.1千円

製造間接費配賦差異：46,060千円 − 47,565.1千円 =（−）**1,505.1千円〔借方〕**

12

乙グループ直接工：(156,800千円＋39,200千円)÷70,000時間＝@2,800円

(2) 間接労務費の計算

資料番号3の(3)、(4)、(5)、(6)、資料番号4の(10)、(11)が間接労務費となる。

資料番号	項　目	間接労務費	
3の(3)	直接工間接労務賃	9,600千円	
(4)(5)	間接工賃金	9,650	…… 9,700千円－2,450千円＋2,400千円
(4)	諸手当	4,200	…… 支給額＝消費額
(6)	退職給付引当金繰入額	850	…… 10,200千円÷12か月
4の(10)	工場事務職員給料	5,850	
(11)	法定福利費	7,200	
合　計		37,350千円	

11

棚卸減耗量・1,400kg（正常）　30kg（入庫）　30kg

棚卸減耗費（正常）：@4,590円×30kg＝137.7千円
棚卸減耗費（異常）：@4,590円×（50kg－30kg）＝91.8千円

(2) 間接材料費の計算

資料番号2のB材料、資料番号4の(1)、(6)が間接材料費となる。なお、B材料費は問題指示より先入先出法で計算する。

B　材　料　　　　　　　　　　（単位：千円）

月 初 有 高	407	間 接 材 料 費	3,997.4
購 入 原 価	4,080	月 末 有 高	489.6
	4,487		4,487

購入原価：4,000千円×（100%＋2%）＝4,080千円（@816円）
月末有高：@816円×600kg＝489.6千円
間接材料費：407千円＋4,080千円－489.6千円＝3,997.4千円

10

損　益　計　算　書

科目		金額
売　上　高		135,600
売　上　原　価	⓶ 71,662	
原　価　差　額	⓶ 1,393.1	（ 73,055.1 ）
売　上　総　利　益		（ 62,544.9 ）
販　売　費	⓶ 14,340	
一般管理費	⓶ 25,520	（ 39,860 ）
営　業　利　益		（ 22,684.9 ）

（ 46,000 ） （ ... 万 株 応 ） ⓶ 20,134 ） （ 151,408 ）

（ 151,408 ）

●数字は採点基準　合計25点

[問5]

営 業 利 益	円

製　品	A	B	C
販 売 量	個	個	個

営 業 利 益	円

[問6]

製　品	A	B	C
販 売 量	個	個	個

営 業 利 益	円

損 益 計 算 書

売 上 高 （ ） 135,600

売 上 原 価 （ ）

売 上 総 利 益 （ ）

販 売 費 （ ）

一 般 管 理 費 （ ）

営 業 利 益 （ ）

7

［問2］ 仮に製品A、BおよびCの販売量を3：2：4の割合で販売するとした場合、各製品について損益分岐点の販売量を求めなさい。

［問3］［問2］の販売量割合のもとで、目標営業利益が9,768,000円であるとした場合の各製品の目標販売量を求めなさい。

［追加資料］

7. 各製品の市場における総需要量と当社の市場占拠率の予算が編成され、そこから各製品に対する需要限度が計算されることになった。総需要量は製品Aが40,000個、製品Bが50,000個、製品Cが50,000個であり、当社の市場占拠率は製品Aが10％、製品Bが7％、製品Cが11％であると予想される。

8. 直接材料は輸入材で、その入手量には上限があり、年間35,650kgである。

9. 当社の年間作業可能日数は240日で、20台の機械により1日最大で6.5時間／台まで稼働させることができる。

［問4］ 上記の［追加資料］を考慮に入れた場合、各製品を何個ずつ生産・販売すれば、最大の営業利益が得られるか。すなわち、最適セールス・ミックスを求めなさい。また、そのときの営業利益を求めなさい。

［問5］ 上記の［追加資料］のほか、新たに条件を追加する。当社において次期に大幅な人員削減策が検討されており、それが実行されると、直接作業時間は32,200時間が上限になると

4

(25) 当工場において製造間接費は甲グループ直接工の直接作業時間を配賦基準として予定配賦しており、その配賦率は7,000円/時間である。

段取時間	甲グループ	140	270	190	130	40	210	980
	乙グループ	95	180	135	95	30	175	710
間接作業時間	甲グループ	—	—	—	—	—	—	1,790
	乙グループ	—	—	—	—	—	—	880
手待時間	甲グループ	—	—	—	—	—	—	300
	乙グループ	—	—	—	—	—	—	160

(4) 当月実際賃金手当支給額

支払賃金 53,810千円（うち間接工分 9,700千円）、

諸手当 4,200千円（うち間接工分 600千円）

(5) 前月および当月の未払賃金

前月末未払賃金 13,500千円（うち間接工分 2,450千円）、

当月末未払賃金 13,380千円（うち間接工分 2,400千円）

(6) 退職給付引当金の当月繰入予定額は10,200千円であり、当月はその12分の1を計上する。

4. その他の資料

(1) 製造用油脂類、電球、作業服等の工場消耗品買入額 240千円

(2) 工場従業員のための茶道、華道講師料 85千円

(3) 工場従業員用社宅、託児所など福利施設負担額 610千円

(4) 工場従業員のための慰安旅行費 2,200千円

2

ら控除するものとする。

2. 材料費に関する資料

(1) 当工場ではA材料を主要材料、B材料を補助材料として使用している。月初有高はA材料が
5,532千円（1,200kg）、B材料が407千円（500kg）であり、当月の購入代価はA材料が67,500
千円（15,000kg）、B材料が4,000千円（5,000kg）であった。また、当工場では外部材料副費の
みを購入原価に算入しており、内部材料副費については間接経費として処理している。外部材
料副費を購入原価に算入する際には予定配賦を行っており、予定配賦率は購入代価の2%であ
る。なお、材料副費の実際発生額は次のとおりであった。

　　購入事務費　50千円　引取運賃　1,200千円　検収費　450千円　保管費　150千円
　　買入手数料　270千円

(2) A材料の消費価格は予定価格を用いており、4,600円/kgである。材料の実際消費価格の計
算については先入先出法により計算し、実際消費量の把握はA材料が継続記録法、B材料が棚
卸計算法によっている。なお、当月中のA材料の出庫状況は下記のとおりであり、月末の実
地棚卸量はA材料が1,350kg、B材料が600kgであった。なお、棚卸減耗のうち30kg分につい
ては原価性を有するものである。

（単位：kg）

#201	#202	#203	#204	#201-1	#203-1	合計
2,180	4,120	2,860	2,060	640	2,940	14,800

問1

		ケース1 実際的生産能力		ケース2 平 均 操 業 度		ケース3 期待実際操業度	
予定配賦率	固定費率	@	円	@	円	@	円
	変動費率	@	円	@	円	@	円
	計	@	円	@	円	@	円
予定配賦額	固 定 費		円		円		円
	変 動 費		円		円		円
	計		円		円		円
配 賦 差 異	予算差異		円		円		円
	操業度差異		円		円		円
	計		円		円		円

問2

	ケース1 実際的生産能力	ケース2 平 均 操 業 度	ケース3 期待実際操業度
予定配賦額	円	円	円
操業度差異	円	円	円

(1) 予定配賦率 ☐ 円/時間

(2) 勘定記入

製 造 間 接 費

実 際 発 生 額 (	)	予 定 配 賦 額 (	)
総 差 異 (	)	総 差 異 (	)
(	)	(	)

変動費予算差異		固定費予算差異		操 業 度 差 異	
( )	( )	( )	( )	( )	( )

(注) 上記勘定の（ ）内には金額（単位：円）を記入しなさい。差異の勘定は借
方または貸方のいずれかに記入しなさい。なお、不要な（ ）には、――を記
入すること。

（注）下記勘定の（　　）内に適切な金額（単位：円）を記入しなさい。差異の勘定
　　　には、借方または貸方のいずれかの記入のみでよい。なお、不要な（　　）に
　　　は、──を記入すること。

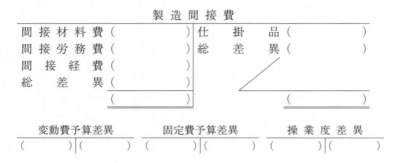

（単位：円）

変動費予算差異			固定費予算差異		
補 助 材 料 費		〔　　〕	工 場 消 耗 品 費		〔　　〕
工 場 消 耗 品 費		〔　　〕	間 接 工 賃 金		〔　　〕
電　　力　　料		〔　　〕	給　　　　料		〔　　〕
			賞 与 ・ 手 当		〔　　〕
			減 価 償 却 費		〔　　〕
			賃　　借　　料		〔　　〕
			電　　力　　料		〔　　〕
合　　　　計		〔　　〕	合　　　　計		〔　　〕

（注）〔　　〕内には、「借方」または「貸方」を記入しなさい。
　　　なお、不要な〔　　〕には──を入れなさい。

（単位：円）

	借　方　科　目	金　　額	貸　方　科　目	金　　額
(1)				
(2)				
(3)				
(4)				

問題 26

部　門　費　配　賦　表　　　　　　　　（単位：円）

摘　　要	配　賦基　準	合　計	製　造　部　門		補　助　部　門		
			切削部門	組立部門	動力部門	修繕部門	事務部門
部門個別費							
間接材料費							
間接労務費							
部門共通費							
間接労務費	従業員数						
建物減価償却費	床　面　積						
電　力　料	電力消費量						
部　門　費							

（単位：円）

部 門 費 配 賦 表

摘 要	合 計	製 造 部 門		補 助 部 門		
		切 削 部	組 立 部	動 力 部	修 繕 部	事 務 部
部 門 費	5,100,000	1,332,000	1,368,000	1,000,000	800,000	600,000
動 力 部 費						
修 繕 部 費						
事 務 部 費						
製 造 部 門 費						

切 削 部

製 造 間 接 費	1,332,000		
動 力 部	（ ）		
修 繕 部	（ ）		
事 務 部	（ ）		
（ ）	（ ）		

組 立 部

製 造 間 接 費	1,368,000		
動 力 部	（ ）		
修 繕 部	（ ）		
事 務 部	（ ）		
（ ）	（ ）		

動 力 部

製 造 間 接 費	1,000,000	切 削 部	（ ）
		組 立 部	（ ）
（ ）	（ ）	（ ）	（ ）

修 繕 部

製 造 間 接 費	800,000	切 削 部	（ ）
		組 立 部	（ ）
（ ）	（ ）	（ ）	（ ）

事 務 部

製 造 間 接 費	600,000	切 削 部	（ ）
		組 立 部	（ ）
（ ）	（ ）	（ ）	（ ）

（単位：円）

部 門 費 配 賦 表

摘　　要	合　　計	製　造　部　門		補　助　部　門		
		切　削　部	組　立　部	動　力　部	修　繕　部	事　務　部
部　　門　　費	5,600,000	1,200,000	1,600,000	1,200,000	1,000,000	600,000
第 1 次 配 賦						
動 力 部 費						
修 繕 部 費						
事 務 部 費						
第 2 次 配 賦						
動 力 部 費						
修 繕 部 費						
製 造 部 門 費						

切　　削　　部

製 造 間 接 費	（	）
動 　力 　部	（	）
修 　繕 　部	（	）
事 　務 　部	（	）
	（	）

組　　立　　部

製 造 間 接 費	（	）
動 　力 　部	（	）
修 　繕 　部	（	）
事 　務 　部	（	）
	（	）

動　　力　　部

製 造 間 接 費	（　　　）	切 　削 　部	（　　　）
修 　繕 　部	（　　　）	組 　立 　部	（　　　）
事 　務 　部	（　　　）	修 　繕 　部	（　　　）
	（　　　）		（　　　）

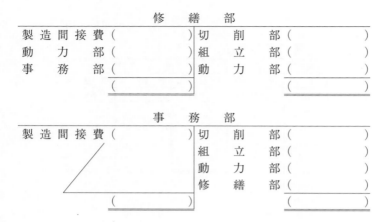

修　繕　部

製 造 間 接 費（　　　　　）	切　　削　　部（　　　　　）
動　力　　部（　　　　　）	組　　立　　部（　　　　　）
事　　務　　部（　　　　　）	動　力　　部（　　　　　）
（　　　　　）	（　　　　　）

事　務　部

製 造 間 接 費（　　　　　）	切　　削　　部（　　　　　）
	組　　立　　部（　　　　　）
	動　力　　部（　　　　　）
	修　　繕　　部（　　　　　）
（　　　　　）	（　　　　　）

問題 29

（単位：円）

部 門 費 配 賦 表

摘　　要	合　　計	製 造 部 門		補 助 部 門		
		切削部門	組立部門	動力部門	修繕部門	事務部門
部 門 個 別 費						
部 門 共 通 費						
部　門　費　計						
動力部門費						
修繕部門費						
事務部門費						
製 造 部 門 費						

切　削　部　門

部 門 個 別 費（　　　　　）
部 門 共 通 費（　　　　　）
動　力　部　門（　　　　　）
修　繕　部　門（　　　　　）
事　務　部　門（　　　　　）
（　　　　　）

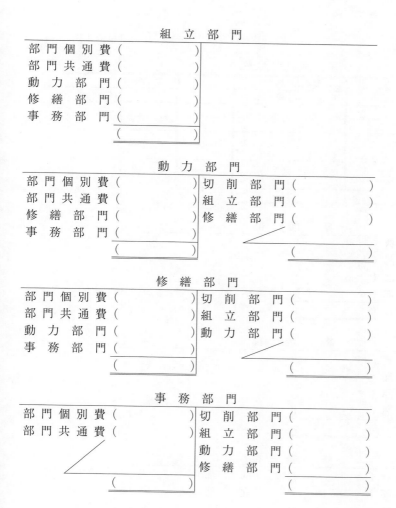

組　立　部　門

部 門 個 別 費 (	)	
部 門 共 通 費 (	)	
動 　力 　部 　門 (	)	
修 　繕 　部 　門 (	)	
事 　務 　部 　門 (	)	
(	)	

動　力　部　門

部 門 個 別 費 (	)	切 　削 　部 　門 (	)
部 門 共 通 費 (	)	組 　立 　部 　門 (	)
修 　繕 　部 　門 (	)	修 　繕 　部 　門 (	)
事 　務 　部 　門 (	)		
(	)	(	)

修　繕　部　門

部 門 個 別 費 (	)	切 　削 　部 　門 (	)
部 門 共 通 費 (	)	組 　立 　部 　門 (	)
動 　力 　部 　門 (	)	動 　力 　部 　門 (	)
事 　務 　部 　門 (	)		
(	)	(	)

事　務　部　門

部 門 個 別 費 (	)	切 　削 　部 　門 (	)
部 門 共 通 費 (	)	組 　立 　部 　門 (	)
		動 　力 　部 　門 (	)
		修 　繕 　部 　門 (	)
(	)	(	)

（単位：円）

部 門 費 配 賦 表

摘　要	合　計	製 造 部 門		補 助 部 門		
		切 削 部	組 立 部			
部門個別費						
部門共通費						
部　門　費						
製造部門費						

切　　削　　部

製 造 間 接 費	（　　　　）
事　　務　　部	（　　　　）
動　　力　　部	（　　　　）
修　　繕　　部	（　　　　）
	（　　　　）

組　　立　　部

製 造 間 接 費	（　　　　）
事　　務　　部	（　　　　）
動　　力　　部	（　　　　）
修　　繕　　部	（　　　　）
	（　　　　）

修　　繕　　部

製 造 間 接 費	（　　　　）	切　　削　　部	（　　　　）
事　　務　　部	（　　　　）	組　　立　　部	（　　　　）
動　　力　　部	（　　　　）		
	（　　　　）		（　　　　）

動　　力　　部

製 造 間 接 費	（　　　　）	切　　削　　部	（　　　　）
事　　務　　部	（　　　　）	組　　立　　部	（　　　　）
		修　　繕　　部	（　　　　）
	（　　　　）		（　　　　）

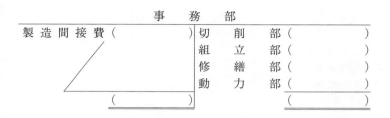

製 造 間 接 費 （　　　　　） | 事　　務　　部 | 切　　削　　部 （　　　　　）
組　　立　　部 （　　　　　）
修　　繕　　部 （　　　　　）
動　　力　　部 （　　　　　）
（　　　　　　　　） | （　　　　　）

問題 31

問1

（単位：千円）

	製　造　部　門		補　助　部　門		
	切　削　部	組　立　部	部	部	部
部　門　費					
部　費					
部　費					
部　費					
製 造 部 門 費					

問2

（単位：千円）

	製　造　部　門				補　助　部　門				
	切　削　部		組　立　部		部		部		部
	F	V	F	V	F	V	F	V	F	V
部　門　費										
部費										
部費										
部費										
製造部門費										

F：固定費、V：変動費

問1

切削部に対する実際配賦額 = ⬚ 円
組立部に対する実際配賦額 = ⬚ 円

問2

切削部に対する実際配賦額 = ⬚ 円
組立部に対する実際配賦額 = ⬚ 円

問3

動　力　部					(単位：円)
実　際　発　生　額		予　定　配　賦　額			
変　　動　　費	152,000	切　　削　　部	(	)	
固　　定　　費	168,000	組　　立　　部	(	)	
		総　　差　　異	(	)	
	320,000		(	)	

動力部の差異分析

総　差　異　　＝ ⬚ 円〔　　〕
内訳：変動費予算差異 ＝ ⬚ 円〔　　〕
　　　固定費予算差異 ＝ ⬚ 円〔　　〕
　　　操 業 度 差 異 ＝ ⬚ 円〔　　〕

（注）⬚内には計算した差異の金額を、〔　　〕内には借方または貸方を記入
　　すること。

問4

動　力　部					(単位：円)
実　際　発　生　額		予　算　許　容　額			
変　　動　　費	152,000	切　　削　　部	(	)	
固　　定　　費	168,000	組　　立　　部	(	)	
		総　　差　　異	(	)	
	320,000		(	)	

動力部の差異分析

総　　差　　異	＝	☐	円〔　　〕
内訳：変動費予算差異	＝	☐	円〔　　〕
固定費予算差異	＝	☐	円〔　　〕
操　業　度　差　異	＝	☐	円〔　　〕

（注）　☐　内には計算した差異の金額を、〔　　　〕内には借方または貸方を記入
　　　すること。また、不要な欄には「——」を記入すること。

問題 33

(イ)	円
(ロ)	円
(ハ)	円
(ニ)	円
(ホ)	円
(ヘ)	円

問題 34

問1　切削部門費予定配賦率 ＿＿＿＿＿＿＿ 円／h
　　　組立部門費予定配賦率 ＿＿＿＿＿＿＿ 円／h

問2　切削部門費予　算　差　異 ＿＿＿＿＿＿＿ 円
　　　　　　　　　操業度差異 ＿＿＿＿＿＿＿ 円
　　　組立部門費予　算　差　異 ＿＿＿＿＿＿＿ 円
　　　　　　　　　操業度差異 ＿＿＿＿＿＿＿ 円

問3

（単位：円）

	No.1	No.2	No.3	No.4	No.5	No.6
期首仕掛品原価						
直 接 材 料 費						
直 接 労 務 費						
製 造 間 接 費						
小　　　計						
仕損品評価額						
仕　損　費						
合　　　計						

売上原価 ＿＿＿＿＿＿＿ 円

問4

（単位：円）

	No.1	No.2	No.3	No.4	No.5	No.6
期首仕掛品原価						
直 接 材 料 費						
直 接 労 務 費						
製 造 間 接 費						
小　　計						
仕 損 品 評 価 額						
仕　損　費						
合　　計						

売上原価 ＿＿＿＿＿＿ 円

問5　切削部門費予算差異　＿＿＿＿＿＿　円
　　　　　　　操業度差異　＿＿＿＿＿＿　円
　　　組立部門費予算差異　＿＿＿＿＿＿　円
　　　　　　　操業度差異　＿＿＿＿＿＿　円

問題 35

製造指図書別製造原価要約表　　　　（単位：円）

	No.101	No.101-2	No.102	No.102-2	No.103	No.103-2	合　計
前 月 繰 越	20,000	――					20,000
直 接 材 料 費	――	64,000	80,000	80,000	96,000	――	320,000
直 接 労 務 費							
切　削　部							
組　立　部							
製 造 間 接 費							
切　削　部							
組　立　部							
計							
作 業 屑 評 価 額							
仕 損 品 評 価 額							
仕　損　費							
合　　計							
備　　考							

	仕　掛　品	（単位：円）
前　月　繰　越	20,000	製　　　品 （　　　　）
材　　　料	320,000	作　業　屑 （　　　　）
賃　金・手　当 （　　　　）		仕　損　品 （　　　　）
製造間接費−切削部 （　　　　）		製造間接費−組立部 （　　　　）
製造間接費−組立部 （　　　　）		損　　　益 （　　　　）
		翌　月　繰　越 （　　　　）
	（　　　　）	（　　　　）

問題 36

(A)　製造指図書別製造原価要約表（11月）

製造指図書別製造原価要約表　　　　　　　　（単位：円）

	No.1	No.2	No.3	No.4	No.5	No.6	合　計
10 月 末 合 計	405,000	——	——	——	——	——	405,000
直 接 材 料 費							
直 接 労 務 費							
切 削 部 門							
組 立 部 門							
製造間接費配賦額							
切 削 部 門							
組 立 部 門							
小　　　計							
仕損品評価額							
仕　損　費							
合　　　計							
備　　　考							

(B)　原価計算関係諸勘定
　　（注）以下の（　　　）内に金額を記入しなさい。　　　　　　　　（単位：円）

製造間接費−切削部門		
諸　　口　 7,390,000	仕 掛 品 （　　　　）
	原 価 差 異 （　　　　）
7,390,000	（　　　　）

製造間接費−組立部門		
諸　　口　 5,370,000	仕 掛 品 （　　　　）
	仕 損 費 （　　　　）	原 価 差 異 （　　　　）
（　　　　）	（　　　　）

仕　掛　品　　　　（単位：円）

前　月　繰　越	（　　　）	製　　　　　品	（　　　）
材　　　　　料	（　　　）	仕　損　品	（　　　）
賃　金　手　当	（　　　）	仕　損　費	（　　　）
製造間接費−切削部門	（　　　）	次　月　繰　越	（　　　）
製造間接費−組立部門	（　　　）		
仕　損　費	（　　　）		
	（　　　）		（　　　）

(C)　製造間接費−組立部門の差異分析

予算差異　（　　　　）円（借・貸）

操業度差異　（　　　　）円（借・貸）

総　差　異　（　　　　）円（借・貸）

（注）（借・貸）は該当しないほうに ― を引きなさい。

MEMO

MEMO